# GUÍA

# Holman Ilustrada
## de la Biblia

## Mike Beaumont

Nashville, Tennessee

B & H Publishing Group
127 Ninth Avenue, North
Nashville, TN 37234

ISBN: 978-08054-9496-9

Publicado originalmente en el Reino Unido por **Lion Hudson plc** 2006 con el título *The One-Stop Bible Guide*. Publicado originalmente en EE.UU. por **B & H Publishing Group** 2007 con el título lo *Holman Illustrated Guide to the Bible*.

Versión en español: Leticia Calçada, Nora Redaelli y Adriana Tessore Firpi.
El autor reivindica el derecho moral de ser identificado como el autor de este libro.

Clasificación Decimal Dewey: 220.95
Temas: BIBLIA–ESTUDIO DE EVENTOS BÍBLICOS

Impreso en China
1 2 3 4 5 * 10 09 08 07
LH

## Cómo leer la Biblia

La Biblia no es solo un libro, sino que también es una colección de libros, cada uno de los cuales está dividido en capítulos y luego subdividido en versículos. Los dos últimos no estaban incluidos cuando se escribieron los libros, pero se agregaron posteriormente para ayudarnos a encontrar con más facilidad una parte del libro en particular.

primera carta a
  la iglesia en Corinto
              capítulo
                  versículo

**1 Corintios 10:13**

Orden de los libros del Antiguo y del Nuevo Testamento:

**Antiguo Testamento**

Génesis
Éxodo
Levítico
Números
Deuteronomio
Josué
Jueces
Rut
1 Samuel
2 Samuel
1 Reyes
2 Reyes
1 Crónicas
2 Crónicas
Esdras
Nehemías
Ester
Job
Salmos
Proverbios
Eclesiastés
Cantares
Isaías
Jeremías
Lamentaciones
Ezequiel
Daniel
Oseas
Joel
Amós
Abdías
Jonás
Miqueas
Nahúm
Habacuc
Sofonías
Hageo
Zacarías
Malaquías

**Nuevo Testamento**

Mateo
Marcos
Lucas
Juan
Hechos
Romanos
1 Corintios
2 Corintios
Gálatas
Efesios
Filipenses
Colosenses
1 Tesalonicenses
2 Tesalonicenses
1 Timoteo
2 Timoteo
Tito
Filemón
Hebreos
Santiago
1 Pedro
2 Pedro
1 Juan
2 Juan
3 Juan
Judas
Apocalipsis

# Contenido

# Introducción

Cuando hace muchos años me senté al piano para la primera lección de música, tuve ante mis ojos una hoja de papel donde parecía haber solo líneas y garabatos. No podía entender cómo era posible que alguien mirara eso y pudiera producir una hermosa melodía. Era incomprensible para mí. Sin embargo, fue pasando el tiempo y esas líneas y garabatos empezaron a tener sentido, y gradualmente empecé a disfrutar la música. Eso mismo le sucede a mucha gente con la Biblia, en especial si recién comienzan. Todo pareciera ser 'líneas y garabatos', y los relatos, las personas y los conceptos en cada página parecieran estar a millones de kilómetros de la realidad. Pero al comenzar a aprender a qué apuntamos y al empezar a percibir qué quieren decir las cosas, todo adquiere sentido.

Este es el objetivo de la *Guía Holman Ilustrada de la Biblia*: ayudar al lector a empezar a entender la Biblia y las verdades que creen los cristianos, y por cierto ayudarlo a creer que hay un Dios y que este Dios nos ama. El lenguaje de la *Guía Holman Ilustrada de la Biblia* intencionalmente no es técnico, y eso lo hace ideal para quienes no son cristianos pero desean aprender más sobre el cristianismo. Además es ideal para nuevos cristianos que desean entender más sobre su fe, y para los cristianos de mucha data, quienes apreciarán la sencillez del relato bíblico.

La *Guía Holman Ilustrada de la Biblia* es una introducción a la Biblia, y no puede ser exhaustiva en la presentación del material ni puede explorar todos las perspectivas para ciertos eventos o temas. Por lo tanto, el objetivo de esta guía es ayudar a que el lector entienda los aspectos básicos de la Biblia y las verdades esenciales que ella encierra.

Si usted desea un panorama de todo el relato bíblico, comience con las primeras páginas de este libro y sígalo en el orden en que aparece el material. El relato está en orden cronológico aproximado y se presenta de acuerdo al trasfondo de ese tiempo. Muestra cómo Dios reveló su plan para restaurar nuestra relación con Él. Sin embargo, en vista de que el material se presenta en unidades independientes de dos páginas, el lector puede encarar el material y enfocar la atención en eventos, personas o ideas en particular sin necesidad de leer todo de antemano. Los recuadros "VER TAMBIÉN" nos llevan a temas similares en otros lugares de la Biblia.

La Biblia no tiene por qué seguir siendo 'líneas y garabatos'; lo único que necesitamos es ayuda inicial para saber dónde encontrar las cosas. Es mi deseo que esta *Guía Holman Ilustrada de la Biblia* pueda ser precisamente eso.

Mike Beaumont,
Oxford, Inglaterra

# La Biblia

En líneas generales, cuando uno piensa en la Biblia no piensa en una carta de amor de parte de Dios. Se considera que la Biblia es un libro de normas, una serie de pautas morales, o bien historia antigua, lo cual difiere mucho de una carta de amor. Sin embargo, probablemente esta sea la mejor descripción. Es una historia del gran error de la humanidad, de lo que hizo Dios para resolver el desastre, y de cómo, finalmente, todo redundó para bien por el amor de Dios para con los seres humanos. Para los cristianos, lo asombroso es que la Biblia no solo relata una historia sino que además invita a los lectores a ser parte de ella.

## Antiguo Testamento

### 1. La ley
**GÉNESIS–DEUTERONOMIO**
La historia de cómo comenzó el mundo pero enseguida cayó en un gran error, y de cómo Dios comenzó a edificar una nación (Israel), a quien le dio leyes divinas y a través de quien planeó salvar a la humanidad.

### 2. Historia de Israel
**JOSUÉ–ESTER**
Un documento de cómo Israel obtuvo la "Tierra Prometida", pero luego la perdió por su repetida desobediencia. Sin embargo, Dios, siempre cumple sus promesas, y restauró a la nación y le permitió volver a empezar.

### 3. Poesía y sabiduría
**JOB–CANTARES**
Observaciones sobre cómo vivir de la mejor manera al caminar en los senderos de Dios.

### 4. Los profetas
**ISAÍAS–MALAQUÍAS**
Mensajes de esperanza con desafíos para el pueblo de Dios, especialmente por medio de la esperanza en el Mesías que habría de llegar.

## CÓMO EN LA BIBLIA TODO CUADRA

La Biblia no es solo un libro sino una colección de 66. Es como un rompecabezas gigante; y como en la mayoría de los rompecabezas, una vez que hemos visto el dibujo o la foto en la tapa y sabemos qué debemos buscar, es tanto más fácil de entender.

## Nuevo Testamento

### 1. Evangelios
**MATEO–JUAN**
Escritos sobre la vida, muerte y resurrección de Jesucristo, el mesías prometido en el Antiguo Testamento.

### 2. HECHOS
La historia de cómo los seguidores de Jesús comenzaron a difundir su mensaje en todo el mundo.

### 3. Cartas
**ROMANOS–JUDAS**
Escritos a las iglesias nacientes, donde se explica la fe cristiana y cómo aplicarla a la vida diaria.

### 4. APOCALIPSIS
Un vislumbre del plan divino para destruir la maldad y crear un nuevo mundo.

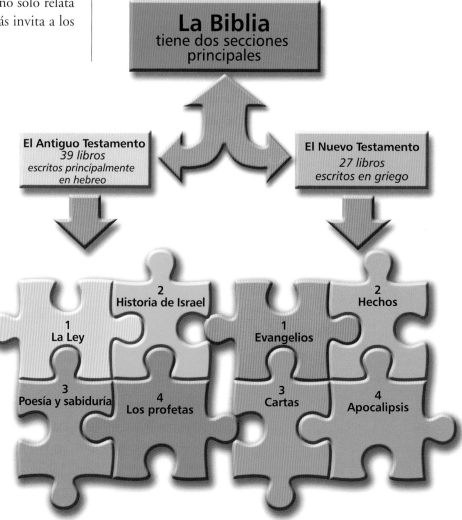

**La Biblia** tiene dos secciones principales

**El Antiguo Testamento** 39 libros escritos principalmente en hebreo

**El Nuevo Testamento** 27 libros escritos en griego

1 La Ley
2 Historia de Israel
3 Poesía y sabiduría
4 Los profetas

1 Evangelios
2 Hechos
3 Cartas
4 Apocalipsis

2000 AC
1900 AC
1800 AC
1700 AC
1600 AC
1500 AC
1400 AC
1300 AC
1200 AC
1100 AC
1000 AC
900 AC
800 AC
700 AC
600 AC
500 AC
400 AC
300 AC
200 AC
100 AC
1 DC
100 DC

*Yo les abriré mi corazón; les daré a conocer mis pensamientos.*

**PROVERBIOS 1:23**

● VER TAMBIÉN
APÓCRIFOS P77
ESCRIBA P68
PROFECÍA P39

## La Biblia: La Palabra inspirada por Dios

Los cristianos consideran que la Biblia es distinta de cualquier otro libro (incluso libros religiosos), porque creen que los escritores fueron "inspirados" de una manera especial (2 Timoteo 3:16). Esto no significa que les dio ideas a dichos escritores, que luego ellos consideraron y luego escribieron; tampoco significa que Dios hizo un "dictado celestial" para que ellos escribieran mecánicamente. El término "inspirado" literalmente significa "dado por el aliento de Dios". Los cristianos creen que Dios exhaló su palabra, e hizo que los escritores la aspiraran, y guió los pensamientos humanos para que ellos escribieran *exactamente* lo que Dios quiso que escribieran. Por eso, para millones y millones, la Biblia es mucho más que simple historia e incluso buenos consejos; es la Palabra de Dios para todas las personas de todas las generaciones.

## La Biblia: Revelación de Dios

Para los cristianos, la Biblia es algo único porque es donde Dios se revela a sí mismo y nos muestra cómo es Él. En la Biblia se revelan cuatro cosas sobre Dios:

■ **Su corazón:** Cómo es Dios, y no cómo la gente lo imagina o teme que sea.

■ **Sus caminos:** Cómo son diferentes de los caminos humanos y cómo pueden cambiarnos para bien.

■ **Su plan:** La manera en que está obrando para corregir el caos en lo individual y en el mundo en general.

■ **Su desafío:** Cómo Él ve el corazón de las personas y les dice que es posible cambiar.

## Traducciones de la Biblia

Como la mayoría no tenemos conocimientos de hebreo ni griego, debemos leer traducciones de la Biblia. En esta época hay muchas buenas traducciones que encajan en dos categorías amplias: las bastantes literales y las que usan modernas expresiones equivalentes. Ambas tienen puntos fuertes y débiles; lo más importante es usar una que podamos entender.

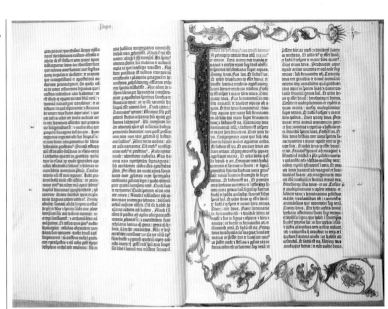

Gutenberg y la invención de la imprenta con tipos movibles alrededor del 1450 fue un importante avance tecnológico. Su primera producción fue la Biblia (en la fotografía). Era un texto a dos columnas por las limitaciones de su imprenta (aunque desde ese momento, curiosamente, esta sigue siendo la manera común de imprimir Biblias). Los capítulos y los versículos no aparecen en los textos originales sino que se incluyeron después. Los capítulos se insertaron en el siglo XIII, y los versículos luego de la invención de la imprenta. Sin embargo, las divisiones no siempre resultan útiles, y a veces interrumpen el fluir de las ideas.

Originalmente los escribas escribieron la Biblia en rollos de pergamino. Pero estos eran incómodos y para el siglo II d.C. se reemplazaron por códices, una forma de libro antigua con páginas dobladas y sujetadas en uno de sus lados.

## Lectura de la Biblia

Un esquema simple para entender la Biblia es pensar en tres palabras:

■ **Ellos:** Pensar en quienes son parte de la historia y preguntarse qué podrían haber pensado o sentido.

■ **Nosotros:** No dejar de lado material pensando que era para aquella época, sino buscar equivalentes actuales.

■ **Yo:** Considerar si Dios nos está diciendo algo en forma personal y qué haremos al respecto.

## Idea central: Revelación

Los cristianos consideran que la Biblia es la revelación de Dios de sí mismo a las personas. Creen que Dios es tan inmenso y misterioso que (así como al jugar a las escondidas cósmicas) nunca podríamos hallarlo por nosotros mismos. Entonces, Él elige venir a buscarnos y revelarse a sí mismo. La Biblia es su revelación final de quién es Él y cómo es, y nos invita a que todos lo conozcamos personalmente.

# El comienzo de todas las cosas

## EL CREADOR Y SU CREACIÓN

2000 AC
1900 AC
1800 AC
1700 AC
1600 AC
1500 AC
1400 AC
1300 AC
1200 AC
1100 AC
1000 AC
900 AC
800 AC
700 AC
600 AC
500 AC
400 AC
300 AC
200 AC
100 AC
1 DC
100 DC

Mucha gente va a los primeros capítulos de la Biblia con preguntas como *de qué manera* se creó todo y *cuándo*. Pero la Biblia enfoca la atención en lo que podría considerarse más importante, *quién y por qué: quién* hizo todo lo que existe y *por qué* lo hizo. Estas preguntas sencillas se contestan en Génesis 1 y 2. El capítulo 1 enfoca la atención en Dios como *el creador,* y el capítulo 2 en la humanidad como *la culminación* de su creación.

### En el principio...

La Biblia dice que en el principio no había absolutamente nada, con la excepción de Dios. Sólo Él creó la materia y le dio forma para hacer el universo que hoy conocemos. La palabra hebrea para "creó" (Génesis 1:1) es la única que se usa en la Biblia con respecto a Dios mismo, y resalta que nadie más podría hacer lo que Él hizo, es decir hacer cosas de la nada. En los primeros tres días de la creación Él "formó" todas las cosas, y en los últimos tres días Él "llenó" lo que había formado. Su obra creativa de cada día se describe como "buena"; pero cuando todo se hubo acabado, era más que bueno; era "muy bueno" (Génesis 1:31).

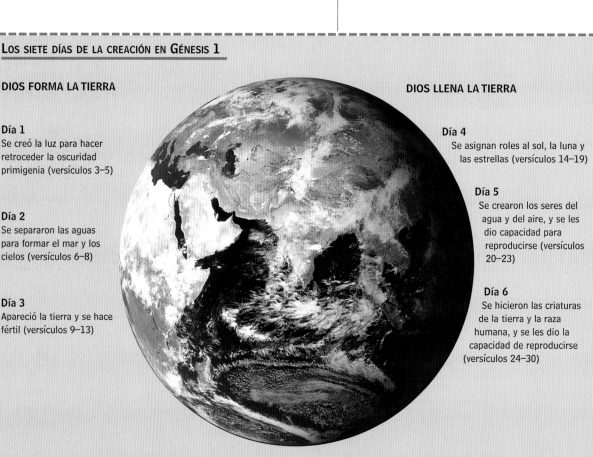

### LOS SIETE DÍAS DE LA CREACIÓN EN GÉNESIS 1

**DIOS FORMA LA TIERRA**

**DIOS LLENA LA TIERRA**

**Día 1**
Se creó la luz para hacer retroceder la oscuridad primigenia (versículos 3–5)

**Día 2**
Se separaron las aguas para formar el mar y los cielos (versículos 6–8)

**Día 3**
Apareció la tierra y se hace fértil (versículos 9–13)

**Día 4**
Se asignan roles al sol, la luna y las estrellas (versículos 14–19)

**Día 5**
Se crearon los seres del agua y del aire, y se les dio capacidad para reproducirse (versículos 20–23)

**Día 6**
Se hicieron las criaturas de la tierra y la raza humana, y se les dio la capacidad de reproducirse (versículos 24–30)

**Día 7**
Después de los seis días de la creación, Dios descansó, no porque estuviera cansado sino porque había terminado su obra. La palabra 'descansó' (Génesis 2:2-3) proviene de la palabra hebrea para 'sabat', el día de reposo para los judíos. Dios establece un modelo para nuestra vida: seis días de trabajo seguidos de un día de descanso.

● **VER TAMBIÉN**
ADÁN Y EVA P12–13
APOCALIPSIS P120–121
BABILONIA P64

## LO QUE ESTOS RELATOS NOS DICEN SOBRE…

### DIOS

**Eterno** – siempre existió.

**Único** – no hay dos dioses (dualismo) ni muchos (politeísmo), sino un solo Dios (monoteísmo)

**Personal** – no es una 'fuerza' ni cierto 'poder'. Dios creó de manera personal. No por medio de mecanismos remotos ni independientes.

**Todopoderoso** (omnipotente) – Dios creó todas las cosas de la nada.

**Espiritual** – no es parte del universo físico y, por tanto, no está limitado por este; Dios existe en otra dimensión.

**Relacional** – Dios quiere que la gente lo conozca.

### LA RAZA HUMANA

**Creada a imagen de Dios** – esto es lo que distingue a las personas de los animales.

**Varón y mujer** – juntos, ambos expresan la raza humana y la imagen de Dios. La mujer es la 'ayuda' del hombre, no su subordinada.

**Como los animales, pero distintos** – creados el mismo día, pero una obra de creación separada; la culminación de la creación.

**Creados para el trabajo** – el trabajo no es resultado del pecado sino un bondadoso regalo de Dios. El trabajo nos da dignidad.

**Custodios de la creación** – autorizados y capacitados por Dios para utilizar la creación y cuidarla.

**Relacional** – creados para disfrutar relación unos con otros y con Dios.

### LA CREACIÓN

**Buena, no mala** – para ser disfrutada, no evitada.

**Diseñada** – no sucedió al azar sino que fue creada detalladamente por Dios.

**Finita** – vasta, pero limitada. Creada por Dios, pero no debe confundirse con Dios.

**Tiene dueño** – es de Dios, no nuestra, y entonces debe respetarse.

**Fructífera** – tanto plantas como animales fueron creados para reproducirse.

**Dependiente** – no obtiene su vida de sí misma sino de Dios. Necesita que personas la cuiden.

### ¿Qué significan en Génesis los 'días'?

Algunos cristianos interpretan literalmente los seis días de la creación, es decir como períodos de 24 horas. Creen que interpretarlo de otra manera socava la verdad de la Biblia, y ofrecen detallados argumentos científicos para defender su posición. Sin embargo, otros cristianos creen que el propósito del autor nunca fue que Génesis se considerada un manual de ciencias naturales. Ellos consideran que la palabra hebreo para 'día' también se usaba en un sentido más amplio como también la usamos hoy (por ejemplo, 'en los días de mi abuelo…') y que por lo tanto debemos considerar que 'días' son períodos de tiempo o categorías de creación, y no períodos literales de 24 horas.

### OTROS RELATOS DE LA CREACIÓN

Todas las civilizaciones antiguas cuentan con sus propios relatos de la creación. Esta tablilla de piedra, que data de la Babilonia del siglo VII a.C., refleja un relato que se remonta al 3000 a.C. Es *Enuma Elish,* y en siete tablillas de piedra relata la historia del dios babilónico Marduk, que mata al monstruo Tiamat y crea todas las cosas a partir de su propio cuerpo. Esta disparatada historia contrasta con la simpleza del relato de la creación en Génesis, donde no hay batallas entre dioses, sino un solo Dios supremo que amorosamente crea todo de la nada, y luego crea a la raza humana, no para servirlo (como es el caso en otras historias creacionistas) sino para tener comunión con ella.

Génesis 1 contiene el único relato completo de la creación de la mujer en la literatura del antiguo Cercano Oriente.

### Idea central: Creación y Creador

La Biblia considera que la creación es buena, pero nunca es Dios mismo. Por eso los cristianos siempre ven a Dios como el Padre Dios, no como la Madre Tierra, y consideran que la creación es un reflejo de la creatividad, el esplendor y el cuidado divino, y que actúa como señal indicadora de Dios. Es triste, pero la raza humana ha estropeado la creación, pero Dios tiene un plan para renovarla en el futuro. Entre tanto, Dios requiere que la cuidemos.

# Adán y Eva

## UNA DECISIÓN QUE CAMBIÓ EL MUNDO

2000 AC
1900 AC
1800 AC
1700 AC
1600 AC
1500 AC
1400 AC
1300 AC
1200 AC
1100 AC
1000 AC
900 AC
800 AC
700 AC
600 AC
500 AC
400 AC
300 AC
200 AC
100 AC
1 DC
100 DC

Si Génesis 1 y 2 relatan lo bueno en el mundo, Génesis 3 explica lo malo. Dios no deseaba que las personas fueran meros robots, que hicieran lo correcto al tocar un botón celestial, por eso les dio libre albedrío, la capacidad de elegir. Desafortunadamente, leemos que haciendo uso de ese libre albedrío, Adán y Eva cometieron craso error, pues eligieron aquello que Dios les había dicho que no hicieran, pues creyeron que ellos sabían más que Él. A partir de ese momento, como vemos claramente en la Biblia, las decisiones incorrectas y las acciones egoístas se convirtieron en el modo de ser de los seres humanos.

### Las cosas comienzan a ir mal

De todos los árboles que Dios plantó en el huerto del Edén, solo se especifican dos: "el árbol de la vida", y "el árbol del conocimiento del bien y del mal". A Adán y Eva se les prohibió este último, tanto como prueba de amor y obediencia a Dios, como también para reconocer que los límites establecidos por Dios eran para bien de ellos. Sin embargo, lo que Dios no les permitió fue precisamente lo que ellos quisieron.

Cuestionando a Dios y llamándolo mentiroso, la serpiente le dijo a Eva que si ella comía del árbol prohibido, sucedería lo contrario a lo advertido por Dios; Eva fue ingenua y le creyó. Decidió comer y, como consecuencia, desobedeció a Dios. Pero Eva no fue la única culpable. Adán, que estaba con ella, no dijo nada durante la tentación, y como no sucedió nada terrible, él también comió. Ambos desobedecieron y, como consecuencia, trajeron sobre sí el desastre.

Inmediatamente después de haber comido, se sintieron desnudos y con miedo, e incluso trataron de esconderse de Dios, cuyo juicio divino se tornó inevitable. Expulsados del huerto y sin la protección de la presencia del Señor, fueron alejados del lugar para que se valieran por sí mismos y experimentaran cómo sería la vida sin Dios (Génesis 3:21–24). Para los cristianos, "la caída" es esta pérdida de la presencia de Dios por el pecado humano.

Por haber querido lo que se les había prohibido (el fruto del árbol del conocimiento del bien y del mal), Adán y Eva perdieron lo que podrían haber tenido (el árbol de la vida). Y recién en Apocalipsis, el último libro de la Biblia, la raza humana encuentra nuevamente el árbol de la vida (Apocalipsis 22:2), que Jesús recobró.

*La creación de Adán* de Miguel Ángel consigue captar la intimidad entre Adán y su Creador, una intimidad que se arruinó cuando Adán eligió desobedecer a Dios.

*Por medio de un solo hombre el pecado entró en el mundo, y por medio del pecado entró la muerte… la muerte pasó a toda la humanidad, porque todos pecaron.*

ROMANOS 5:12

● VER TAMBIÉN
ESPERANZA PARA EL FUTURO
P122–123
LA CRUZ P114
UN MUNDO SIN DIOS P14–15

Los pintores a menudo representan como una manzana el fruto que Adán y Eva tomaron del árbol, pero la Biblia no menciona qué fruto fue. En la mayoría de los idiomas europeos, "manzana" significaba "fruto"; y sólo posteriormente adquirió su significado moderno. De hecho, quizás el fruto haya sido uno típico del Medio Oriente, tal vez un durazno.

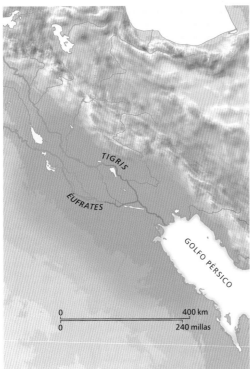

TIGRIS

ÉUFRATES

GOLFO PÉRSICO

0 ——— 400 km
0 ——— 240 millas

### EL JARDÍN DEL EDÉN

La creación de Adán y Eva, narrada en Génesis 1 (relato abreviado) y Génesis 2 (un relato más detallado), se desarrolla en una zona llamada "Edén" (que significa "delicia" o "placer"), ubicada cerca de la unión de los ríos Tigris y Éufrates (Génesis 2:10–14), donde muchos antropólogos creen que comenzó la vida humana. Cuando el Antiguo Testamento fue traducido del hebreo al griego, la palabra "huerto" (o bien "jardín") se tradujo *paradeisos* (que significa "jardín" o "parque"), y a partir de esto surgió la idea del Edén como "Paraíso".

### LA SERPIENTE

Si bien a menudo se interpreta que la serpiente era Satanás, la Biblia en sí no lo especifica. Recién en el Nuevo Testamento se nos dice que Satanás es la "serpiente antigua, que es el diablo" (Apocalipsis 20:2). Satanás fue un ángel de alto rango que, como Adán, abusó de su libertad y se rebeló contra Dios. Como castigo, fue expulsado del cielo (Isaías 14:12–15; Ezequiel 28:12–19).

## Los resultados del pecado

La Biblia declara que el pecado humano tuvo los siguientes efectos de largo alcance:

■ **La serpiente** recibió maldición y se le dijo que siempre sería enemiga de la humanidad (Génesis 3:14–15); pero en el futuro, vendría un hombre (que ahora sabemos es Jesús) y finalmente vencería y aplastaría a esta serpiente.

■ **La tierra** recibió maldición (Génesis 3:17) al tiempo que el pecado humano comenzó a verse en el sistema ecológico. El Nuevo Testamento declara que las cosas seguirían empeorando hasta que Jesús regrese al final de los tiempos (Romanos 8:20–21); recién allí la tierra sería renovada.

■ **Adán y Eva** no recibieron una maldición, pero recibieron recordatorios permanentes de lo que habían hecho. La vida de Eva iba a estar marcada por el dolor al dar a luz los hijos, y por tensiones en la relación matrimonial, y la vida de Adán iba a estar signada por trabajo con grandes dificultades en vez de placer (Génesis 3:16–19). Ambos habían querido la vida, pero su destino ahora era la muerte (ver también Romanos 6:23).

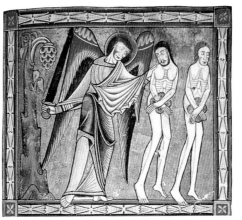

Sus acciones en el Huerto del Edén llevaron a la maldición, a enfrentar el juicio divino, a estar separados de Dios, y finalmente a la muerte. Desde entonces, la Biblia habla de que todos los seres humanos caminaron por la misma senda que los primeros padres, infectados por el mismo virus mortal, el pecado, y lo único que lo podría revertir un día era el plan de Dios a través de Jesús.

## Idea central: Pecado

En la Biblia, el pecado se describe de muchas maneras: no alcanzar el estándar de Dios (Romanos 3:23), quebrantar la ley divina (1 Juan 3:4), ir por los propios caminos (Isaías 53:6) y no poner en primer lugar a Dios y al prójimo (Mateo 22:37–40). La Biblia enseña que el pecado arruina nuestra vida y nos separa de Dios, y si bien Adán y Eva trajeron el pecado a la raza humana, a partir de entonces todos han seguido ese ejemplo y ninguno puede hacer nada al respecto. Necesitamos que alguien nos rescate. El Nuevo Testamento indica que ese "alguien" es Jesús.

# Noé

## UN MUNDO SIN DIOS

2000 AC
1900 AC
1800 AC
1700 AC
1600 AC
1500 AC
1400 AC
1300 AC
1200 AC
1100 AC
1000 AC
900 AC
800 AC
700 AC
600 AC
500 AC
400 AC
300 AC
200 AC
100 AC
1 DC
100 DC

Génesis va rápidamente del mundo como lo hizo Dios al mundo que conocemos hoy. Se remonta a cómo la raza humana, arruinada por el pecado de Adán y Eva, comenzó a deteriorarse a medida que ignoraba a Dios cada vez más, y a hacer lo que quería o pensaba era lo mejor. Sin embargo, los seres humanos todavía están hechos a la imagen de Dios, de modo que aunque en estos capítulos se vea lo peor, también podremos ver lo más positivo de las personas. Lamentablemente, como sucede a menudo, el lado malo comenzó a vencer y así, con dolor en su corazón, Dios envió un diluvio para destruir a todos de manera de comenzar de nuevo (Génesis 6–9). Destruir a todos, excepto a Noé, el único hombre piadoso que quedaba en la tierra.

### Lo mejor y lo peor de las personas

El pecado de Adán y Eva se propagó a sus hijos. La rivalidad entre Caín (pastor y ganadero) y Abel (agricultor) llegó a su clímax cuando Caín asesinó a su hermano. Vemos a los descendientes de Adán y Eva multiplicarse y comenzar a diseminarse por todo el mundo conocido; y vemos lo mejor y lo peor de las personas (Génesis 4–11).

| LO MEJOR | LO PEOR |
|---|---|
| Destreza agrícola (4:2b; 9:20) | Asesinato (4:1–16) |
| Vida en familia (4:17–18) | Poligamia (4:19) |
| Música (4:21) | Venganza (4:23–24) |
| Tecnología (4:22) | Deseo de hacer el mal (6:5) |
| Adoración (9:26) | Corrupción y violencia |
| Construcción (11:4) | (6:11–12) |
| | Orgullo (11:1–9) |

## Noé y el arca

Dios decidió refrenar el pecado, y comenzó por acortar la esperanza de vida (Génesis 6:1–3). Pero cuando eso no modificó el accionar humano y la maldad se multiplicó, decidió comenzar todo nuevamente (Génesis 6:5–7). Esto incluyó la destrucción de la raza humana, con excepción de Noé y su familia.

Dios le había dicho a Noé que construyera un "arca" (una inmensa "caja" flotante con tres niveles) en la cual debían entrar Noé, su familia y especímenes de todo el reino animal (Génesis 6:11–7:24).

Durante 40 días hubo lluvias torrenciales, salieron a chorros las aguas subterráneas, y se inundó la tierra. Como resultado, perecieron los animales y las personas que quedaron fuera del arca. Luego, durante los 150 días siguientes, las aguas empezaron a retirarse, y finalmente el arca se detuvo sobre lo que hoy es el Monte Ararat en la actual Turquía.

En el fin del relato los seres humanos responden a Dios y Él también les responde. Noé edificó un altar y ofreció sacrificios al Señor, quien hizo un "pacto" (promesa vinculante) con él asegurándole que desde ese momento las estaciones serían sistemáticas y que la tierra nunca más sería destruida con un diluvio; además confirmó este pacto con la señal del arco iris. Dios también le ordenó a Noé que volviera a poblar la tierra ya que el pecado había sido eliminado y había un nuevo comienzo. La raza humana, entonces, ¿aprovechó al máximo esta nueva oportunidad? Lamentablemente la respuesta parece ser no.

## Listas largas, vidas largas

Génesis 5 es un ejemplo de los árboles genealógicos que aparecen en la Biblia. Si bien estas listas nos podrían parecer aburridas e irrelevantes, en la antigüedad tenían importancia extrema para determinar la ascendencia y los derechos de sucesión. Los creyentes las han considerado como la preocupación divina por los detalles de las cosas que importan a las personas. Sin embargo, este tipo de listas a menudo eran selectivas, y los lectores no deben tratar de sumar los años para resolver la fecha de la creación, ya que esta no es la manera en que funciona la Biblia.

En estos primeros capítulos de Génesis, las personas vivían muchísimos años, tal vez en razón de que los efectos del pecado aún no habían afectado totalmente a la raza humana (notar cómo la duración de la vida va disminuyendo a medida que transcurre la historia), o tal vez haya sido porque los números eran simbólicos y no literales, una característica muy frecuente en el mundo antiguo. Pero al margen de cuánto hubieran vivido, la vida de cada uno termina con la misma palabra triste: "murió"; e independientemente de lo que las personas pudieran hacer para alargar su vida, el fin era, y todavía es, el mismo para todos: "la paga del pecado es muerte" (Romanos 6:23).

**UN RELATO BABILÓNICO DEL DILUVIO**

En la mayoría de las religiones hay relatos de un diluvio, y eso refleja un recuerdo popular en común de esta histórica catástrofe. Esta tablilla de barro del siglo VII a.C. es parte de la *Épica de Gilgamesh*, un relato babilónico del diluvio. Es notable que desde varios aspectos se parezca tanto al relato del Génesis, aunque la razón del diluvio (los dioses no podían dormir por el ruido que hacía la raza humana) es diferente.

## Torre de Babel

Después del diluvio, conforme la población aumentó y se desarrollaron las naciones (Génesis 10), la gente se alejaba cada vez más, no solo del Edén sino también de Dios. Algunos pensaron en construir una ciudad y hacerse famosos con ella, y quisieron edificar "una torre que llegue hasta el cielo" (Génesis 11:4). Eso no era una simple alusión al tamaño, si no a la determinación de obtener acceso a la misma presencia de Dios, algo que la raza humana había perdido. Dichos templos-torres, o "zigurats", tenían una base cuadrada con laterales escalonados y una escalera que llevaba a un santuario en la parte superior, que a su vez llevaba al cielo.

Pero Dios intervino, y confundió tanto los planes como los idiomas. La gente ya no podía comunicarse en virtud de las variadas lenguas que aparecieron, y el proyecto de construcción se detuvo rápidamente. La ciudad recibió el nombre de "Babel" (más tarde, Babilonia), que significa "confusión".

Si bien las pinturas clásicas a menudo representan la torre de Babel como una torre tradicional, casi con certeza fue un zigurat, tal como esta reconstrucción de un zigurat en Ur.

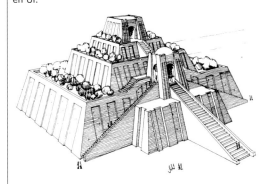

## Idea central: Juicio

La Biblia dice que Dios ama a todos y hace todo lo posible para que luego de haber pecado, las personas vuelvan a Él. Sin embargo, los cristianos creen que el pecado repetido endurece los corazones y hace que la gente ignore cada vez más los caminos divinos; y aunque Dios tiene mucha paciencia, llega el momento en que su odio hacia el pecado y la consecuencia en nuestra vida exige el juicio divino. Si bien pareciera que las personas quedaran impunes, tendrán que dar cuentas a Dios.

# Un mundo de superpotencias
## EL ESCENARIO LISTO

2000 AC
1900 AC
1800 AC
1700 AC
1600 AC
1500 AC
1400 AC
1300 AC
1200 AC
1100 AC
1000 AC
900 AC
800 AC
700 AC
600 AC
500 AC
400 AC
300 AC
200 AC
100 AC
1 DC
100 DC

La tierra donde tuvo lugar la mayor parte de la historia bíblica era una zona pequeña a lo largo de la costa este del Mediterráneo, que en el Antiguo Testamento se llamaba Canaán o, más adelante, Israel. A su alrededor dominaban las superpotencias de esa época, y a menudo se veía en medio de los deseos expansionistas de sus vecinos, ya que estaba situada en el cruce de las rutas comerciales de la antigüedad. Aunque los israelitas encontraban aliento en la promesa de Dios a Abraham de que un día Israel también sería una gran nación, a menudo el pueblo luchaba para incluso establecer su propia identidad, y más aún en cuanto a resistir o vencer a estos formidables invasores.

Sin embargo, las luchas de Israel no solo eran resultado de la realidad política ya que había algo más profundo. Dios estaba develando un plan para beneficio del mundo entero.

### NACIONES EN EL ANTIGUO CERCANO ORIENTE

**El imperio hitita (heteo)**, en la Turquía de la actualidad, se extendía hacia Siria y al norte de la Mesopotamia, por ello a menudo dominó a Canaán durante la historia inicial en el Antiguo Testamento. Aunque eran guerreros, los hititas también habían alcanzado una alta civilización conocida por su sistema legal, sus artes y arquitectura, como también por ser el primer pueblo que pudo fundir hierro. Abraham le compró a los hititas una parcela funeraria para su familia.

ARRIBA: Un guerrero hitita con escudo y lanza, representado en un relieve de Zinjirli, aprox. siglo IX a.C.

ABAJO: Los templos de Abu Simbel en Aswan, construidos durante el reinado del faraón Ramesés II durante el siglo XIII a.C.

**Los egipcios:** Una de las civilizaciones más antiguas del mundo. Se establecieron a lo largo de la ribera del Río Nilo hace más de 5000 años. Con un alto grado de cultura, se convirtió en una superpotencia que rara vez sufría los efectos de hambrunas por la abundante provisión de agua del Nilo. Por esta razón, a veces fue el hogar temporal del pueblo de Israel cuando este pasaba por alguna crisis. Sin embargo, con mucha más frecuencia Egipto en realidad fue su enemigo, pues competía por las tierras al norte y al este en un deseo de controlar Canaán y las rutas comerciales que la atravesaban.

*¿Cómo podré expulsar a estas naciones, si son más numerosas que yo?*
**Deuteronomio 7:17**

● **Ver también**
ASIRIA P59
BABILONIA P64
EGIPTO P24–25
LA TIERRA PROMETIDA P34–35

**Los sumerios** habitaron la región sur de Mesopotamia durante 3000 años. Vivían en ciudades–estado que con frecuencia entraban en conflicto por el tema de provisión de agua. La ciudad de Ur, donde habitaba Abraham, era una de las más ricas y poderosas. Los sumerios fueron un pueblo muy civilizado que desarrolló agricultura, comercio, matemáticas, astronomía, artes, arquitectura y escritura (usando el estilo cuneiforme, símbolos pictóricos para representar palabras). Además eran sumamente religiosos y adoraban a muchos dioses. La familia de Abraham se originó en esta gran nación. Como sus conciudadanos en Ur, es probable que Abraham haya adorado al dios de la luna antes de su encuentro con "el Dios viviente", a quien se menciona de este modo en todo el Antiguo Testamento.

Lista sumeria de reyes que data de aprox. 1740 a.C.; y registra a los monarcas que reinaron antes y después de una gran inundación.

**La medialuna fértil** era una franja de tierra muy irrigada que se extendía desde Egipto con el Río Nilo, hacia el norte a lo largo de la costa Mediterránea, y hacia el sur a Mesopotamia (lo que hoy se conoce como Iraq), y estaba irrigada por sus dos ríos más importantes, el Tigris y el Éufrates. Dicha zona fértil resultaba sumamente atractiva, en especial para los pueblos montañeses del norte y los pueblos del desierto en el sur, y eso explica por qué había tantas luchas por este tema durante la época bíblica.

**Mesopotamia** (que significa "entre los ríos") es el lugar donde habitaron una serie de civilizaciones durante el período del Antiguo Testamento. En la época de Abraham, los pueblos principales eran los sumerios y los caldeos. En la época bíblica posterior, asirios, babilonios y persas provinieron de varias partes de esta región. Los arameos se extendían desde la parte norte de Mesopotamia hacia el sur hasta Siria, y el idioma que hablaban, el arameo, se convirtió en el idioma internacional de ese tiempo.

## Comienza la historia...

Dios comenzó a revelar su plan con este trasfondo de potentes naciones politeístas que no lo conocían. La Biblia relata que desde el corazón mismo de una de estas naciones, Dios llamó a un hombre, Abraham, instándolo a seguirlo y ser ejemplo para que otros también lo hicieran. La historia de la Biblia es este sendero hacia Dios.

En las primeras páginas, al ir refiriéndonos al período inicial de la historia del pueblo de Dios, tal vez alguno note que las fechas mencionadas no concuerdan con las que aparecen en otros libros de consulta. La razón es que es muy difícil ubicar con exactitud fechas del tiempo inicial de la historia.

## Idea central: Las naciones

A menudo la Biblia habla de "las naciones" para referirse a quienes se oponen a Dios, pero también espera con expectación el momento en que pueblos de todas las naciones habrán de conocerlo. Aunque Dios comenzó a poner en obra su plan a través de un hombre que fue el fundador de una nación, Israel, desde el mismo comienzo leemos que el deseo de Dios era que *todas* las naciones del mundo lo conocieran, tal como le prometió a Abraham.

Mapa: HITITAS · Hatusa · CARIA · LIDIA · MESEC · MITTANI · ÚRARTU · Mar Grande · Biblos · Sidón · Tiro · SIRIA · Damasco · ASIRIA · Río Éufrates · PERSIA · Río Tigris · BABILONIA · CALDEA · SUMERIA · Gaza · Petra · EGIPTO · Río Nilo · Dedán · Mar Inferior · Mar Rojo · NUBIA · CUS · Medialuna Fértil · 0 400 km · 0 250 millas

# Abraham: Comienza la aventura
## AMIGO DE DIOS

2000 AC
1900 AC
1800 AC
1700 AC
1600 AC
1500 AC
1400 AC
1300 AC
1200 AC
1100 AC
1000 AC
900 AC
800 AC
700 AC
600 AC
500 AC
400 AC
300 AC
200 AC
100 AC
1 DC
100 DC

La historia del pueblo de Dios comenzó con Abraham en la Edad de Bronce media. A los 75 años y con una esposa estéril de 65, no era el candidato ideal para engendrar una familia, y mucho menos una nación. Pero la Biblia indica que Abraham fue el elegido de Dios a quien se le encomendó tomar parte en la revelación del plan divino para el mundo. Abraham respondió el llamado de dejar su hogar para ir a la tierra que Dios le mostraría (Génesis 12:1). Este fue el primero de los muchos pasos de fe de Abraham, al confiar en Dios para el futuro. Y a pesar de muchos obstáculos, su fe lo llevó a ser llamado "amigo de Dios". En la actualidad, las tres grandes religiones monoteístas del mundo –el judaísmo, el cristianismo y el Islam– lo consideran un gran ejemplo de fe.

## HACIA LA TIERRA PROMETIDA

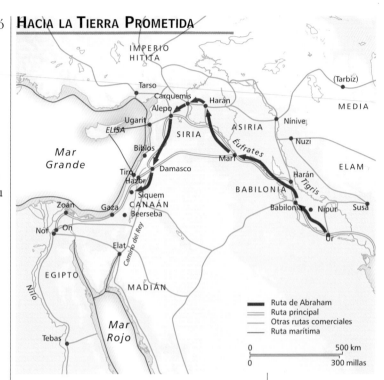

Ruta de Abraham
Ruta principal
Otras rutas comerciales
Ruta marítima

0 — 500 km
0 — 300 millas

### La ciudad de Ur

Esta estatuilla de una cabra hallada en una tumba real en Ur, data de quizás 500 años antes de la época de Abraham. Es de oro, plata, lapislázuli y nácar.

Ur fue la ciudad de Abraham, una de las grandes ciudades de la civilización sumeria. Aunque se destacaba por su desarrollo y su cultura, Abraham estuvo dispuesto a dejarla en pro de una aventura con Dios, aunque desconocida. Como los habitantes de Ur, Abraham tiene que haber adorado al dios de la luna antes de encontrarse con el "Dios vivo".

### ¿Por qué Canaán?

Dios podría haber elegido cualquier lugar del mundo para que su plan comenzara a desarrollarse, y sin embargo escogió esta pequeña tierra de Canaán (que más tarde se llamó Israel) como patria para su pueblo. ¿Por qué? Probablemente por su influencia potencial, ya que estaba en la encrucijada de todas las grandes rutas comerciales de la antigüedad. Dios colocó aquí a su pueblo a fin de que influencie a otros para Él. Pero en la historia de Israel con frecuencia la influencia se daba de manera inversa.

### Promesas de Dios a Abraham

En Canaán Dios le hizo tres grandes promesas a Abraham:

■ Que sus descendientes se convertirían en una gran nación (Génesis 12:1–3; 15:5).

■ Que todas las naciones de la tierra serían benditas a través de él (Génesis 12:3; 18:16–19).

■ Que esa tierra donde él era solo un peregrino, un día pertenecería a sus descendientes para siempre (Génesis 15:12–21).

Abraham salió de Ur en la tierra de los caldeos y viajó hacia el norte a lo largo del Río Éufrates hasta que llegó a Harán. Después de la muerte de su padre, Taré, continuó el viaje siguiendo las grandes rutas mercantiles, hasta que llegó a Canaán, la tierra a la cual Dios estaba guiándolo.

Sin embargo, para que estas promesas se cristalizaran Abraham necesitaba un hijo. Después de varios intentos inútiles de "ayudar a Dios", Abraham se dio cuenta de que solo Dios podría hacer realidad la promesa. Y sucedió que a la avanzada edad de 90 años, la esposa de Abraham dio a luz a Isaac, tal como Dios había prometido. Había comenzado a crecer la familia.

*Creyó Abraham a Dios, y esto se le tomó en cuenta como justicia, y fue llamado amigo de Dios.*
**SANTIAGO 2:23**

● **VER TAMBIÉN**
ISAAC P22
PACTO P21
PATRIARCAS P23

### VIDA NÓMADA

Tal como estos beduinos lo hacen en la actualidad, Abraham vivía en tiendas e iba de uno a otro lugar, buscando pasturas para sus crecientes manadas y rebaños. Las tiendas, que se hacían con pelo de cabra, se armaban cerca unas de otras para que todos pudieran vivir como una gran familia.

Sin, el dios babilónico de la luna, a menudo se representaba con el símbolo de una medialuna similar a la que hoy se usa en el Islam.

Un juego de herramientas usado en la ceremonia de circuncisión.

## Ayudar a Dios

La historia de Agar e Ismael demuestra lo que puede suceder cuando la gente intenta "ayudar a Dios". Frustrada por la imposibilidad de quedar embarazada como Dios había prometido, y olvidando que la fe a veces implica ser paciente y esperar, Sara, la esposa de Abraham, lo animó a adoptar la costumbre social de ese tiempo al tomar a Agar, su sierva, para tener un hijo de ella. Abraham lo hizo, pero inevitablemente eso condujo a celos en la familia, y al final Agar y su hijo Ismael fueron expulsados del hogar. Sin embargo, Dios, siempre preocupado por los oprimidos y los impotentes, mostró su bondad y prometió que Ismael también se convertiría en padre de otra gran nación. En realidad, Ismael se convirtió en padre de muchas de las naciones árabes.

## Circuncisión

A diferencia de las naciones vecinas, donde la circuncisión se asociaba con la llegada a la hombría, Israel la consideró como regalo de Dios, una señal del pacto ("un acuerdo vinculante") que el Señor había hecho con ellos. Cada varón israelita debía ser circuncidado a los ocho días de vida, y no hacerlo significaba que no sería contado como parte del pueblo de Dios. Sin embargo, la circuncisión en sí no hacía que los israelitas tuvieran una relación personal con Dios, aunque con el tiempo Israel a menudo lo olvidaba; la circuncisión no era *el medio* sino *la señal* de su relación con Dios. Abraham llegó a una posición justa ante Dios solo por su fe (Génesis 15:6).

## Idea central: Fe

La fe es el reconocimiento de que en la vida hay más de lo que vemos con los ojos. Es la convicción de que hay un Dios que puede impactar nuestra vida y nuestro mundo, un Dios en quien siempre podemos confiar. Pero la historia de Abraham demuestra que hacer la voluntad divina a veces incluye hacer sacrificios y correr riesgos, aunque ese riesgo se basa en creer que Dios cumple sus promesas. Para los cristianos, fe es tomarle la palabra a Dios y obrar de acuerdo a su voluntad.

# Abraham: Continúan sus viajes

## SEGUIDOR DE DIOS

Los viajes de Abraham no concluyeron cuando llegó a Canaán. Ese solo fue el comienzo de su emocionante aventura de la mano de Dios. Pasó el resto de su larga vida yendo a uno y a otro lugar, no solo buscando tierras de pastoreo para sus animales, sino también procurando seguir la guía del Señor. Dondequiera que iba, se preocupaba de que Dios fuera el centro de su vida y su adoración. Sin embargo, Abraham descubrió que ello no era garantía de una vida sencilla o sin errores. Era un viaje difícil, pero leemos que al procurar seguir a Dios de corazón, Dios demostró ser fiel.

En este vitral del siglo XV del Priorato de Malvern en Inglaterra, se representa a Dios al hacer su pacto con Abraham.

## VIAJES Y SUCESOS MÁS EMOCIONANTES DE LA VIDA DE ABRAHAM

### 1. SIQUEM
Lo primero que hizo Abraham al llegar a la "Tierra Prometida" fue edificar un altar al "Dios viviente" y adorarlo (Génesis 12:6–7).

### 2. EGIPTO
Durante una hambruna, Abraham se dirigió a Egipto, que por el Río Nilo contaba con una provisión adecuada de alimento. Pero lo traicionó su miedo y casi terminó en problemas con Faraón (Génesis 12:10–20).

### 3. HEBRÓN
Después de regresar de Egipto, sus rebaños y manadas seguían creciendo, y Abraham y Lot tuvieron que separarse (Génesis 13:1–9). Le permitió a Lot elegir primero, y se trasladó a Hebrón, donde pasó gran parte del resto de su vida (Génesis 13:14–18). Allí probablemente Dios realizó con él un acuerdo vinculante (conocido como "pacto") para darle un hijo y una nación (Génesis 15), y se inició el rito de la circuncisión como señal exterior de ese pacto (Génesis 17:1–27).

### 4. MAMRE
Tres ángeles visitaron a Abraham y Sara y les prometieron que en un año

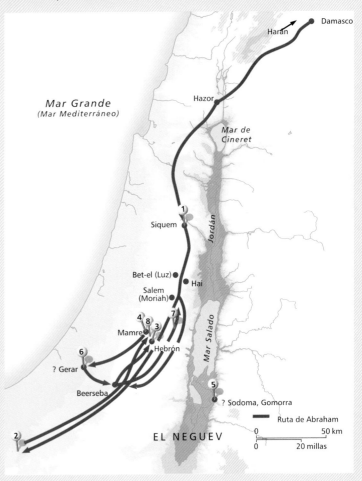

Mar Grande (Mar Mediterráneo)

Damasco

Harán

Hazor

Mar de Cineret

Jordán

Siquem

Bet-el (Luz)

Haí

Salem (Moriah)

Mamre

Hebrón

Mar Salado

Gerar

Beerseba

? Sodoma, Gomorra

EL NEGUEV

Ruta de Abraham

0          50 km
0     20 millas

● VER TAMBIÉN
ÁNGELES P83
CANAÁN P18
CIRCUNCISIÓN P19
ISAAC P22

*Por la fe Abraham, cuando fue llamado para ir a un lugar que más tarde recibiría como herencia, obedeció y salió sin saber a dónde iba.*

**HEBREOS 11:8**

tendrían su propio hijo, ante lo cual Sara se rió (Génesis 18:1–5).

### 5. SODOMA

Lot decidió trasladarse a Sodoma, una región fértil que era tanto inmoral como inestable políticamente (Génesis 13:10–13), y Abraham tuvo que rescatarlo del juicio divino sobre esta malvada ciudad (Génesis 18:16–19:29). Tal vez convencidas de que solo ellas habían sobrevivido a la gran destrucción que siguió, a fin de producir descendencia las dos hijas de Lot durmieron con su padre mientras este estaba borracho (Génesis 19:30–38). Así llegaron los moabitas y los amonitas, futuros enemigos de Israel.

### 6. GERAR

Temiendo perder la vida, Abraham nuevamente aparentó que Sara era su hermana, y casi produjo juicio sobre el rey Abimelec (Génesis 20:1–18). Fiel a su promesa, alrededor de este tiempo Dios les concedió un hijo, Isaac (Génesis 21:1–7). Abraham tenía 100 años, y había pasado 25 años esperando la promesa.

### 7. MONTE MORIAH

Dios puso a prueba la fe de Abraham al pedirle que sacrificara a Isaac. La fe inconmovible del patriarca vio su recompensa cuando a último momento Dios intervino y proporcionó un sustituto, un carnero (Génesis 22:1–19). Este es el primer relato de la Biblia de cómo Dios actuó para con el pecado humano: proveyó un sustituto que muriera en lugar de las personas, primero a través de variados sacrificios de la ley del Antiguo Testamento, y finalmente a través del sacrificio de Jesús, el Hijo de Dios.

### 8. MACPELA

Abraham compró una cueva como lugar de sepultura para su familia (Génesis 23:1–20), la única porción de la Tierra Prometida que le perteneció. Sara murió a los 127 años, y Abraham a los 175. Ambos fueron sepultados en esta cueva.

El extremo sur del Mar Salado (Mar Muerto), que tiene importantes depósitos de sal y minerales. Es la probable ubicación de Sodoma y Gomorra.

Este santuario, edificado en Macpela por Herodes el Grande en el siglo I a.C., indica la cueva donde fue sepultada Sara. Abraham, Isaac, Rebeca, Jacob y Lea también fueron sepultados allí.

## Importancia del nombre

● ● ● ● ● ● ● ● ● ● ● ● ● ● ● ● ●

En tiempos de la Biblia los nombres tenían suma importancia, y reflejaban algo de la historia, el carácter o el destino de la persona. Dios cambió el nombre de Abram ("padre exaltado") a Abraham ("padre de muchos") para que este nunca olvidara la promesa divina. El hijo que finalmente tuvieron Abraham y Sara se llamó Isaac (que significa "él ríe"), para recordarles cómo Sara en su incredulidad se había reído de la noticia de que tendría un hijo, y esto se convirtió en risa de gozo en el nacimiento.

## Idea central: Pacto

● ● ● ● ● ● ● ● ● ● ● ● ● ● ● ● ●

Los pactos, contratos solemnes e inquebrantables entre dos partes, resultaban comunes en el mundo antiguo. Sin embargo, la Biblia considera que el pacto entre Dios y Abraham fue único en su clase, y provino de Dios mismo. Lo único que hizo Abraham fue ser testigo de lo ocurrido (Génesis 15:1–21). Los cristianos creen que esto destaca una característica singular de todos los pactos que hizo Dios en la Biblia: se basaban enteramente en la gracia divina (bondad inmerecida) y nunca en el esfuerzo o el accionar humano. Así como sucedió con Abraham, lo único que podemos hacer es confiar en Dios y creer que Él hará lo que prometió (Génesis 15:6).

GÉN
ÉXODO
LEVÍT
NÚM
DEUT
JOSUÉ
JUECES
RUT
1 SAM
2 SAM
1 REYES
2 REYES
1 CRÓN
2 CRÓN
ESDRAS
NEHEM
ESTER
JOB
SALMOS
PROV
ECLES
CANT
ISAÍAS
JEREM
LAMEN
EZEQ
DAN
OSEAS
JOEL
AMÓS
ABDÍAS
JONÁS
MIQUEAS
NAHÚM
HABAC
SOFON
HAGEO
ZACAR
MALAQ
MATEO
MARCOS
LUCAS
JUAN
HECHOS
ROMAN
1 COR
2 COR
GÁLATAS
EFESIOS
FILIP
COLOS
1 TES
2 TES
1 TIM
2 TIM
TITO
FILEM
HEBR
SANT
1 PEDRO
2 PEDRO
1 JUAN
2 JUAN
3 JUAN
JUDAS
APOC

# Isaac y Jacob

## FAMILIA EN AUMENTO

2000 AC
1900 AC
1800 AC
1700 AC
1600 AC
1500 AC
1400 AC
1300 AC
1200 AC
1100 AC
1000 AC
900 AC
800 AC
700 AC
600 AC
500 AC
400 AC
300 AC
200 AC
100 AC
1 DC
100 DC

Después que murió Abraham, su hijo Isaac se convirtió en líder de la familia, y a él le siguió su hijo Jacob, y ambos continuaron viviendo en tiendas como itinerantes en Canaán. Si bien la condición de jefe de familia por lo general se transmitía al hijo mayor, tanto Isaac como Jacob fueron segundos hijos, lo cual demuestra que Dios no se ve limitado por la cultura ni las tradiciones humanas. Con frecuencia en la Biblia leemos que Dios eligió a quien Él quiso para llevar a cabo sus propósitos divinos, y eso es lo que ahora debía aprender la familia de Isaac.

### Un matrimonio hermoso

Como Abraham se estaba volviendo muy anciano e Isaac, de 40 años de edad, aún no se había casado, Abraham concertó el matrimonio de su hijo, y envió a su siervo a fin de que encontrara una esposa para Isaac entre su propia familia en el norte de Mesopotamia. Después de mucha oración, el siervo fue guiado a la hermosa Rebeca, que regresó con él y se casó con Isaac (Génesis 24:1–67). Al principio ella era estéril, y tuvo que esperar 20 años antes de poder dar a luz a hijos mellizos, Esaú y Jacob. Incluso antes de nacer los niños lucharon entre sí, y dejaron entrever lo que luego sucedería.

Esaú (que significa "velludo") era el más "macho", y se convirtió en experto cazador y en favorito de su padre. Jacob (que significa "él toma del talón", por la manera en que tomó el talón de Esaú durante el nacimiento) era un muchacho tranquilo y hogareño, y a la vez favorito de su madre. Durante un tiempo de hambruna, Isaac pensó en trasladarse a Egipto, pero Dios se le apareció y le confirmó que lo prometido a Abraham sobre Canaán, era también una promesa para él (Génesis 26:1–6). De manera que permaneció allí y comenzó a cultivar la tierra y a hacer pozos de agua, y finalmente se estableció en Beerseba.

Un antiguo pozo de agua, como el pozo donde el siervo de Abraham encontró a Rebeca, que se convirtió en esposa de Isaac.

Aunque Dios planeaba hacer grandes cosas a través de Isaac, esto de pronto pareció incierto ya que le hizo un reto a Abraham para que sacrificara a su tan esperado hijo como prueba de su fe. Una vez que Abraham se mostró dispuesto a ofrecer incluso lo que era tan preciado a su corazón, Dios finalmente intervino proveyendo un sustituto (Génesis 22:1–18). Mil años después, esta ubicación (el Monte Moriah) se convirtió en el lugar del primer templo de Israel en Jerusalén.

A veces Jacob erigía pilares de roca, como estos de Gezer, como recordatorio de importantes encuentros con Dios o eventos relevantes de su vida (Génesis 28:10–22; 31:45–55; 35:9–15,20). En la Biblia a menudo leemos que Dios alentó a su pueblo a dar pasos prácticos para recordar lo que Él había hecho por ellos.

*Cuando Abraham tuvo a su hijo Isaac, lo circuncidó a los ocho días de nacido, e Isaac a Jacob, y Jacob a los doce patriarcas.*

HECHOS 7:8

● VER TAMBIÉN
ABRAHAM P18–21
ÁNGELES P83
ISMAEL P19
PACTO P21

# LOS VIAJES DE JACOB Y RAQUEL

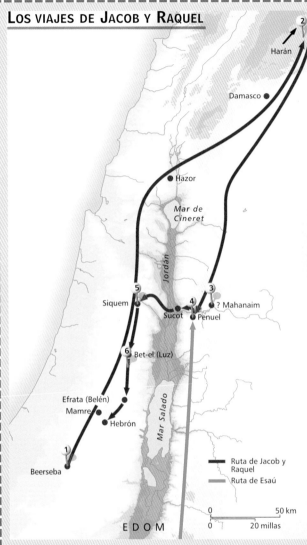

Leyenda del mapa:
— Ruta de Jacob y Raquel
— Ruta de Esaú

Lugares: Harán, Damasco, Hazor, Mar de Cineret, Jordán, Siquem, Sucot, Penuel, ? Mahanaim, Bet-el (Luz), Efrata (Belén), Mamre, Hebrón, Mar Salado, Beerseba, EDOM

0   50 km
0   20 millas

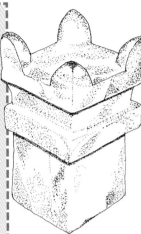

En varios lugares de Israel se han encontrado altares cananeos similares a este de Meguido.

## 1. BEERSEBA

A pesar de la promesa divina de que el mayor serviría al menor (Génesis 25:23), en vez de confiar en Dios, Jacob confabuló para que esto sucediera. Primero, llevó a cabo un ardid para que Esaú, como hijo mayor, le vendiera la primogenitura (Génesis 25:27–34); luego, alentado por Rebeca, engañó a su anciano padre ciego para que le diera a él la bendición del hijo mayor (Génesis 27:1–40). Cuando Esaú

se enteró de que había sido engañado, Jacob huyó y fue a la casa de su tío Labán (hermano de Rebeca) en Harán.

## 2. HARÁN

Después de servir a Labán siete años, éste lo engañó para que se casara con su hija mayor, Lea —que usó un velo nupcial de tela gruesa para cubrir su rostro— en vez de casarse con Raquel, a quien Jacob amaba. Este tuvo que continuar trabajando para

Labán otros siete años para obtener a su amada. Once de los 12 hijos de Jacob nacieron en Harán, y fueron los fundadores de las 12 tribus de Israel (Génesis 30:1–24).

## 3. MAHANAIM

Cansado de las tretas de su tío, Jacob huyó con su creciente familia y su rebaños (Génesis 31:1–55). Al llegar a Mahanaim, se encontró con ángeles que le aseguraron de la presencia de Dios y lo alentaron a buscar a Esaú.

## 4. PENUEL

Esa noche, Jacob se encontró con Dios por medio de algo inusual: una lucha con un ángel que le dislocó la cadera. Finalmente su fuerza humana se hizo pedazos. Dios hizo que lo recordara, y le cambió el nombre y le puso Israel ("él lucha con Dios"). Más tarde ese mismo día, llegó Esaú con 400 hombres, pero en vez de pelear con su hermano, se reconcilió con él (Génesis 33).

## 5. SIQUEM

Jacob se estableció en Siquem con su familia, y allí su hija Dina fue violada y vengada por sus hermanos Simeón y Leví (Génesis 34).

## 6. BE-TEL/EFRATA

Raquel murió al dar a luz a Benjamín, el hijo número 12 de Jacob, en el camino entre Be-tel y Efrata (Génesis 35:16–20). Jacob continuó su viaje a Hebrón para reunirse con su padre, que finalmente murió y fue sepultado por sus hijos.

## Idea central: Patriarcas

Abraham, Isaac, Jacob y sus 12 hijos fueron "patriarcas" ("padres que gobiernan"); y como tales guiaron y gobernaron sus familias y clanes. La historia de estos hombres muestra que estaban lejos de ser perfectos, pero los cristianos creen que Dios no exige perfección antes que podamos conocerlo o ser usados por Él. Dios simplemente pide que la gente confíe en Él y lo siga, como hicieron los patriarcas. Si bien hoy día una sociedad patriarcal parecería anticuada, indica que Dios desea una familia, no una nación, ni una organización, ni una religión.

# José

## VESTIDO VÍVIDO, SUEÑOS VÍVIDOS

2000 AC
1900 AC
1800 AC
1700 AC
1600 AC
1500 AC
1400 AC
1300 AC
1200 AC
1100 AC
1000 AC
900 AC
800 AC
700 AC
600 AC
500 AC
400 AC
300 AC
200 AC
100 AC
1 DC
100 DC

Como bien saben quienes son parte de una familia grande, a veces hay riñas; también le pasaba a personajes de la Biblia. De los 12 hijos de Jacob, el predilecto era José, tal vez por haber nacido cuando Jacob era ya muy viejo. Sin embargo, sus hermanos pronto se molestaron por el favoritismo de su padre, especialmente por el regalo de un vestido de vivos colores, y por la interpretación de los sueños de José que parecía denigrarlos, y decidieron matarlo. La intervención de Rubén, el hermano mayor, logró salvar de la muerte a José, pero fue vendido a una caravana de mercaderes (Génesis 37:1–36). Al final José terminó en Egipto, donde su destino cambió varias veces, pero donde hizo un descubrimiento increíble: aquello que la gente hace para mal, Dios puede cambiarlo para bien (Génesis 50:20).

VENTA DE JOSÉ

Mar Grande

Dotán
Siquem
GALAAD
Mar Salado
Hebrón
GOSÉN
EL NEGUEV
Camino a la tierra de los filisteos
DESIERTO DE SHUR
Nilo
On (Heliópolis)
EGIPTO

— Ruta de José
— Rutas comerciales

0       100 km
0    60 millas

### 1. SIQUEM
José trató de encontrar a sus hermanos, que estaban apacentando el ganado, pero descubrió que ya se habían ido de ese lugar (Génesis 37:12–17).

### 2. DOTÁN
Cuando José finalmente encontró a sus hermanos, ellos pensaron matarlo, pero en su lugar lo vendieron a mercaderes ismaelitas, quienes lo llevaron a Egipto. Los hermanos le dijeron a su padre que animales salvajes habían matado a José (Génesis 37:18–36).

### 3. ON
José fue vendido como esclavo a Potifar, uno de los funcionarios de Faraón. Pronto sus responsabilidades aumentaron porque su amo "se dio cuenta de que el Señor estaba con José y lo hacía prosperar en todo" (Génesis 39:3). Pero la esposa de

Potifar falsamente lo acusó de haber querido violarla, y José terminó en la cárcel.

Incluso allí Dios bendijo a José, quien finalmente llegó a oídos de Faraón por su habilidad para interpretar sueños. El faraón lo nombró primer ministro a fin de preparar a Egipto para la época de hambruna que llegaría. Durante este tiempo José tuvo dos hijos, Efraín y Manasés.

Los hermanos de José llegaron a Egipto para comprar alimento, pero no lo reconocieron ya que habían transcurrido más de 20 años de cuando lo vieron por última vez. Finalmente él les reveló su identidad, les aseguró que los había perdonado, y envió a buscar a toda la familia para que vivieran con él en los seguros confines de Egipto.

Las pirámides se construyeron como grandiosas tumbas para los faraones, y como puerta de acceso para la vida de estos más allá de la tumba. Construidas con escalones de piedras cuadradas, a veces se recubrían con piedra caliza. La pirámide más antigua data de alrededor del 2600 a.C.

### REGISTRO PICTÓRICO
Los detalles de la vida de José encajan exactamente con lo descubierto sobre la vida de los pueblos semitas del Delta del Nilo entre el 2000 y el 1500 a.C., e indica la confiabilidad de los registros bíblicos.

Esta escena de la tumba de Khnumhotep, un gobernante provincial egipcio, representa una visita de semitas. Las inscripciones muestran que llegaron para comerciar antimonio (usado en cosméticos) y pintura de ojos, muy valiosos para los egipcios, tanto hombres como mujeres.

*Fue Dios quien me envió aquí, y no ustedes. Él me ha puesto como asesor del faraón y administrador de su casa, y como gobernador de todo Egipto.*

**GÉNESIS 45:8**

● VER TAMBIÉN
DANIEL P74
EGIPCIOS P16
JACOB P22–23

## FERTILIDAD DEL NILO

La riqueza de Egipto radicaba mayormente en su economía agrícola, que era confiable debido al gran Río Nilo. Este se desbordaba anualmente entre junio y septiembre durante una época llamada *akhet* ("la inundación"), que se consideraba enviada por el dios Hapi, que otorgaba fertilidad a la tierra. En ese momento se plantaban los cultivos, y para el momento en que el Nilo había llegado a su nivel más bajo en marzo o abril, era el tiempo de cosecha. La fiabilidad de la provisión de alimentos hacía que en tiempos de hambruna o necesidad la gente fuera a ese lugar; ese fue el caso de Abraham y Jacob en el Antiguo Testamento, y María, José y Jesús en el Nuevo.

## EL FARAÓN Y EGIPTO

José estuvo en Egipto durante el Reino Medio, un tiempo de suma expansión y riqueza creciente, reflejado en grandes palacios, templos y tumbas, todo hermosamente edificado y ornamentado. Esta es la entrada al templo del faraón Senwosret I en Lúxor.

## El reloj de Dios

Muchos relatos de la Biblia ponen de relieve que el reloj de Dios a menudo anda más lentamente que el nuestro, y que, a diferencia de nosotros, Dios tiene paciencia infinita. Abraham tuvo que esperar 25 años para tener el hijo prometido, y José tuvo que esperar 13 años entre cuando fue vendido como esclavo y cuando se convirtió en el primer ministro de Faraón, suficiente tiempo para haberse cuestionado el accionar divino. Pero leemos que para Dios, esperar no es perder el tiempo ya que Él siempre está obrando, no solo en las circunstancias sino que, aún más importante, también en la vida y el carácter de su pueblo.

## Sueños y visiones

En el mundo antiguo los sueños y las visiones tenían gran importancia, y se consideraban predicciones divinas. De modo que era crucial comprender los sueños, y para ello los egipcios solían consultar a especialistas o manuales de sueños para poder interpretarlos. Cuando Faraón oyó sobre esta habilidad de José, se interesó de inmediato.

Aunque en nuestra época parecería extraño pensar que Dios se revelaba en sueños y visiones, en la Biblia era algo natural. Muchas personas, tanto en el Antiguo como en el Nuevo Testamento, tenían encuentros con Dios, oían los planes divinos y entendían la voluntad divina a través de sueños y visiones; personas como Abraham, Jacob, José, Salomón y Daniel (en el Antiguo Testamento), y Zacarías, José, Pablo y Pedro (en el Nuevo Testamento). En realidad, el profeta Joel esperaba el día en que esto sería lo normal para todo el pueblo de Dios (Joel 2:28).

## Idea central: Soberanía

Los cristianos consideran que la historia de José es un ejemplo de cómo Dios invalida las circunstancias que parecieran negativas a fin de conformarlas a su plan y propósitos. Esta completa autoridad sobre todo lo que pasa, sea bueno o malo, se llama soberanía, y es la razón por la cual muchos cristianos siguen confiando en Dios aun cuando las cosas no vayan bien.

# Moisés: Los comienzos

## EL GRAN ESCAPE

Habían transcurrido 430 años entre el final del libro de Génesis y el principio de Éxodo, y en Egipto había surgido una nueva dinastía (Éxodo 1:8). Como se desconocía la historia de José y su servicio a Egipto, la actitud para con los descendientes de José fue notablemente distinta. Su preocupación por cómo se multiplicaban los israelitas, los llevó a convertirlos en esclavos para construir nuevas ciudades. A medida que aumentó la opresión, aumentó también la necesidad de liberación. Los israelitas clamaron a Dios, quien "al oír sus quejas se acordó del pacto que había hecho con Abraham, Isaac y Jacob" (Éxodo 2:24). Sin embargo, el plan de Dios era más grande que el de ellos, y Moisés estaba a punto de descubrirlo.

### Encuentro con Dios

Aunque Moisés era hebreo, se crió como egipcio. A fin de protegerlo de la matanza ordenada por Faraón de los bebés israelitas varones, su madre lo escondió entre los juncos del Nilo, y así lo descubrió la hija de Faraón y lo adoptó. En los años que siguieron, desarrolló aptitudes sumamente útiles para liderar al pueblo de Dios: liderazgo, escritura, leyes, técnicas de guerra. Pero también se crió adorando a dioses egipcios, y por eso fue hora de tener un encuentro con el "Dios viviente".

A los 40 años, mató a un egipcio para proteger a un esclavo hebreo, y huyó a Madián, donde pasó los 40 años siguientes, aprendiendo a vivir en el desierto, algo que le resultaría beneficioso. Sin embargo, su vida cambió cuando encontró a Dios en una zarza ardiente en el Monte Sinaí, la montaña donde posteriormente recibió los Diez Mandamientos. Allí el Señor se le reveló como el Dios de sus antepasados, y le dijo que iba a utilizarlo para cumplir las promesas a su pueblo y libertarlo (Éxodo 3:1–22). Al principio Moisés argumentó que no estaba en condiciones de hacerlo, pero finalmente se rindió y regresó a Egipto.

### El nombre de Dios

En el encuentro con la zarza ardiente, Dios le reveló a Moisés su nombre: Jehová, el Señor, la manera en que muchas Biblias en español traducen la palabra hebrea "YHWH", que probablemente se pronunciaba "Yahweh". Éste nombre subraya que:

■ Dios es un Dios *personal* que desea que nosotros lo conozcamos.

■ Dios siempre *es.* Sí, Él *es,* y esto se refleja en un juego de palabras en el hebreo. Cuando Moisés le pregunta a Dios por su nombre, Dios le contesta "Yo soy", y luego dice "Me puedes llamar 'Él es'" (*YHWH*, "el Señor"). Por medio de este juego de palabras a partir del verbo "ser", Dios revela que Él siempre "es", en todo momento, lugar y situación.

### Diez plagas

Faraón, reacio a liberar al pueblo esclavo, inicialmente se resistió a las exigencias que Moisés, quien tenía ya 80 años, manifestó de parte de Dios. La Biblia pasa a describir cómo Dios presionó cada vez más a Faraón por medio de diez plagas sobre Egipto (Éxodo 7:14–12:51). Cada una no fue solo una consecuencia natural de la anterior, sino además un desafío directo a los dioses egipcios, porque cada aspecto de la creación que fue atacado se consideraba un dios, como el Nilo, o representaba a un dios, por ejemplo un toro. Hasta el dios egipcio más importante, Ra (el dios del sol) fue humillado. Y por último la muerte, para la cual los egipcios se preparaban con tanto detalle, llegó sin aviso y se llevó a los hijos primogénitos. Recién allí Faraón cedió y libertó a los israelitas. Ese escape se conoce como "el éxodo" (de una palabra griega que significa "partida").

יהוה

Manera en que *YHWH*, el nombre de Dios, se escribe en hebreo (se lee de derecha a izquierda, y en castellano se pronuncia Yahvéh). En varias versiones de la Biblia en español, *YHWH* se traduce "Señor", con letras mayúsculas, para que se distinga de *Adonai*, otra palabra hebrea que se traduce "Señor", y para la cual se usan letras minúsculas.

Thutmose III, probablemente el faraón que esclavizó a los israelitas. Su hijo, Amenhotep II, fue faraón en el tiempo de las plagas de Egipto y de la huida posterior de Israel.

2000 AC
1900 AC
1800 AC
1700 AC
1600 AC
1500 AC
1400 AC
1300 AC
1200 AC
1100 AC
1000 AC
900 AC
800 AC
700 AC
600 AC
500 AC
400 AC
300 AC
200 AC
100 AC
1 DC
100 DC

*Ve a advertirle al faraón que así dice el Señor: Deja ir a mi pueblo para que me rinda culto.*

ÉXODO 8:1

● Ver también
JOSÉ P24–25
LA CRUZ P114
MILAGRO P55
SACRIFICIO P31

## La pascua

Tal como Dios lo ordenó, durante la fiesta anual de la Pascua los judíos aún celebran la libertad de Egipto concedida divinamente (Éxodo 12:14–27). Recuerdan la promesa de que el ángel pasaría por alto sus casas y sus primogénitos se salvarían. Los acontecimientos se reviven durante una comida especial, donde varios alimentos ponen de relieve diferentes aspectos de la historia. Una pasta dulce representa el barro que sus antepasados usaron para hacer ladrillos; el agua salada, sus lágrimas; un huevo duro, sus penurias; hierbas amargas, la amargura de la esclavitud; una pierna de cordero, los corderos para el sacrificio; pan sin levadura, su apresurada huida; y perejil, señal de nueva esperanza.

La **Pascua** (o **fiesta de los panes sin levadura**) era una de las tres fiestas anuales que según la Biblia Dios estableció para Israel (Éxodo 23:14–17). Las otras dos eran la **fiesta de la siega** (también llamada **fiesta de las semanas** o **Pentecostés**), que celebraba la principal siega de grano en mayo/junio, y la **fiesta de la cosecha** (también llamada **fiesta de los tabernáculos**), que celebraba la cosecha de frutos en septiembre/octubre, y conmemoraba cómo habían vivido en tabernáculos (tiendas) durante su viaje a la Tierra Prometida.

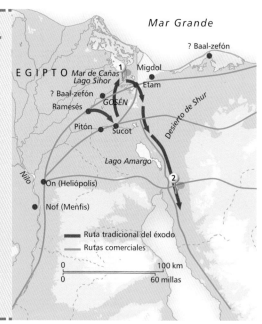

Una familia judía celebra junta la cena de la Pascua, como recordatorio de la liberación divina de sus antepasados en Egipto. La mesa incluye siete alimentos, y cada uno es símbolo de un aspecto de la cautividad en Egipto y de la peregrinación por el desierto.

### COMIENZA EL VIAJE A CASA

1. Los israelitas quedaron atrapados entre el ejército de Faraón que los perseguía y el mar que tenían por delante. A pesar de lo que dice la tradición, no fue el Mar Rojo sino el "Mar de Cañas" —en hebreo Yam Suf ("Mar de Cañas")—, un área pantanosa en el Delta del Nilo donde "un recio viento del este" (Éxodo 14:21) hizo que se retirara el agua para que el pueblo pudiera cruzar en seco. Sin embargo, los grandes carros de Faraón se empantanaron y fueron anegados cuando el mar volvió con toda su fuerza.

2. El viaje de Egipto a Canaán normalmente hubiera demorado 10 días vía el camino de la costa, pero el viaje de Israel por caminos desolados duró 40 años como resultado de las quejas y la incredulidad del pueblo. Si bien se han sugerido otras rutas, este mapa muestra la tradicional y más probable.

*Mar Grande*

? Baal-zefón

EGIPTO  Mar de Cañas / Lago Sihor
Migdol
Etam
? Baal-zefón
Ramsés
GOSÉN
Desierto de Shur
Pitón
Sucot
Nilo
Lago Amargo
On (Heliópolis)
Nof (Menfis)

— Ruta tradicional del éxodo
— Rutas comerciales

0        100 km
0        60 millas

### Idea central: Redención

La Biblia llama "redención" al divino rescate israelita de la esclavitud. Redención es el pago de un precio para liberar algo o alguien. El precio aquí fue la muerte de los corderos, cuya sangre los israelitas rociaron sobre las puertas para salvar de la muerte a sus primogénitos y darle libertad a Israel. En el Nuevo Testamento, la sangre de Jesús se considera el precio más alto que se pagó para redimir del pecado a la humanidad.

# Moisés: Viajes
## LOS COMIENZOS DE UNA NACIÓN

2000 AC
1900 AC
1800 AC
1700 AC
1600 AC
1500 AC
1400 AC
1300 AC
1200 AC
1100 AC
1000 AC
900 AC
800 AC
700 AC
600 AC
500 AC
400 AC
300 AC
200 AC
100 AC
1 DC
100 DC

La huida de Israel de la tierra de Egipto fue un acontecimiento masivo: un éxodo de 600.000 hombres, más mujeres y niños (Éxodo 12:37), probablemente 2 ó 3 millones de personas. Sin embargo, en la Edad de Bronce tardía, las migraciones de este tipo no resultaban fuera de lo común. Guiados por Dios de manera milagrosa (Éxodo 13:21), comenzaron su viaje por el desierto, y luego de tres meses llegaron al Monte Sinaí, donde Moisés había tenido su primer encuentro con Dios. Permanecieron allí casi un año, y se dieron cuenta de que el plan de Dios no había sido simplemente librarlos de la esclavitud, sino además establecerlos como nación.

Un judío ortodoxo con "filacterias", pequeñas cajitas que contenían porciones de las Escrituras. Eran un recordatorio del mandamiento de Dios: *"Átalas a tus manos como un signo; llévala en tu frente como una marca"* (Deuteronomio 6:8)

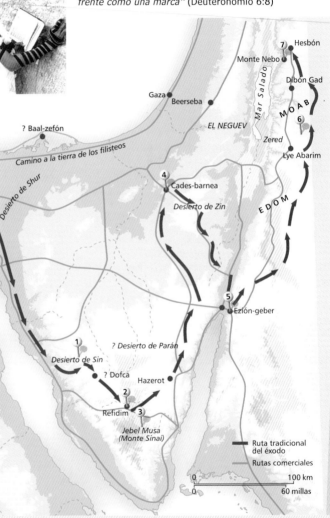

### VIAJE HACIA LA TIERRA PROMETIDA

**1. DESIERTO DE SIN**
La euforia inicial por la libertad pronto se transformó en quejas por las dificultades de la vida en el desierto, pero Dios milagrosamente proveyó "maná" y codornices (Éxodo 16:1–36).

**2. REFIDIM**
Cuando la provisión de agua se acabó, Dios le indicó a Moisés que golpeara una roca, y de allí también milagrosamente brotó agua (Éxodo 17:1–7).

**3. MONTE SINAÍ**
Dios estableció a Israel como "nación santa" (Éxodo 19:6), e hizo un pacto (Éxodo 24:1–8). Como cualquier otra nación, necesitaban leyes que los gobernaran (Éxodo 20–24), y maneras para preservar su relación con Dios (Éxodo 25–40).

**4. CADES–BARNEA**
Los espías enviados a Canaán regresaron con informes ambivalentes (Números 13:26–33), y eso los llevó a la incredulidad y a negarse a proseguir la marcha (Números 14:1–10). El juicio de Dios fue que todos los que tuvieran más de 20 años iban a morir en el desierto, con la excepción de Josué y Caleb, que fueron fieles (Números 14:11–45). Los israelitas permanecieron allí durante casi todos los 40 años siguientes.

**5. EZIÓN–GEBER**
Los israelitas se dirigieron al sur, y luego hacia el norte. Como Edom se opuso a que pasaran por su tierra, la circunvalaron hacia el este (Números 20:14–21).

**6. LLANURA DE MOAB**
La oposición moabita a Israel se frustró cuando el falso profeta Balaam, contratado para que la maldijera, sólo pudo pronunciar una bendición (Números 22–24). Moisés comisionó a Josué como futuro líder de Israel (Números 27:12–23), y le recordó al pueblo el pacto que Dios había hecho con ellos (Deuteronomio 1–33).

**7. MONTE NEBO**
Moisés murió a los 120 años de edad, y fue sepultado cerca de la Tierra Prometida, pero no pudo entrar porque su enojo con el pueblo de Dios lo hizo pecar (Números 20:1–12).

Map labels: Hesbón, Monte Nebo, Dibón Gad, Mar Salado, M O A B, Gaza, Beerseba, EL NEGUEV, Zered, Lye Abarim, ? Baal-zefón, Camino a la tierra de los filisteos, Desierto de Shur, Cades-barnea, Desierto de Zin, E D O M, Ezión-geber, ? Desierto de Parán, Desierto de Sin, ? Dofca, Hazerot, Refidim, Jebel Musa (Monte Sinaí)

Ruta tradicional del éxodo
Rutas comerciales

0 — 100 km
0 — 60 millas

> *Ustedes son testigos de lo que hice con Egipto, y de que los he traído hacia mí como sobre alas de águila. Si ahora ustedes me son del todo obedientes, y cumplen mi pacto, serán mi propiedad exclusiva entre todas las naciones.*
>
> ÉXODO 19:4–5

VER TAMBIÉN
APOCALIPSIS P120–121
PACTO P21
SACRIFICIO P31
TABERNÁCULO P30

El actual Jebel Musa, sitio tradicional del Monte Sinaí.

Esta estatuilla egipcia de un toro Apis, con un sol entre sus cuernos, probablemente sea similar al becerro de oro que los israelitas fabricaron y consideraron dios cuando Moisés no regresaba del Monte Sinaí (Éxodo 32:1–35).

## Pacto y mandamientos

En el Monte Sinaí Dios hizo un pacto, pero esta vez no fue con una persona (como había sido el caso de Abraham) sino con una nación, y la estableció como "un reino de sacerdotes y una nación santa" (Éxodo 19:6). Prometió bendecir y proteger a su pueblo, y ellos a su vez prometieron servirlo y obedecerlo. Dios luego le dio leyes a Moisés, fundamentalmente los "Diez Mandamientos" (Éxodo 20:1–17; Deuteronomio 5:6–21). Dichas leyes se revelaron y complementaron con otras que incluían todos los aspectos de la vida –religioso, social, alimenticio, económico y moral–, leyes que aparecen en los libros de Éxodo, Levítico y Deuteronomio.

Aunque creamos que estas leyes son una larga lista de cosas que hay o que no hay que hacer, el Antiguo Testamento no las ve de esa manera. En realidad, la palabra hebrea para "Ley" –*Torá*– significa instrucción, guía o dirección. En otras palabras, la "Ley" de Dios no se consideraba un elemento de castigo, sino la guía divina para la mejor convivencia posible.

Esta escultura del siglo XVIII a.C. representa a Hammurabi, rey de Babilonia, en la parte superior de una estela de poco más de 2 metros (7 pies) que contenía su código legal. Si bien tiene ciertas similitudes con las leyes mosaicas, contenía mayormente juicios personales del monarca y no incluía una dimensión religiosa.

## Los Diez Mandamientos

Los Diez Mandamientos (Éxodo 20:1–17) son una de las secciones más conocidas de la Biblia. Los recibió Moisés en el Monte Sinaí (Éxodo 24:12). Contrariamente a lo que se cree, tienen que haber sido dos copias de los mismos diez mandamientos, y no dos tablillas con cinco leyes cada una. Por lo general, en un pacto, cada parte recibía una copia, pero como este pacto provenía solo de Dios, ambas copias se guardaban en "el arca del pacto" en el tabernáculo.

Sin embargo, no es correcto llamarlos "Diez Mandamientos" ya que tal como algunas traducciones que retienen la frase literal *"diez palabras"* (Éxodo 34:28 y Deuteronomio 4:13, BJL; RVR1995, nota al pie), estas también se conocen como "el Decálogo" (del griego, "diez palabras"). Lo que a menudo la gente considera mandamientos gravosos, los cristianos creen que son, sencillamente, palabras de vida.

Como dichas "palabras" no aparecen numeradas, hay tres maneras de hacer la lista: la judía, la católica/luterana y la protestante/ortodoxa oriental, aunque por cierto el contenido siempre es el mismo.

## Idea central: Gracia

Si bien estos libros a menudo tienen que ver con la "ley", además incluyen "gracia" divina, la bondad inmerecida de Dios que no se puede ganar sino aceptar. A pesar de la infidelidad de Israel, la Biblia demuestra que Dios seguía revelándose a Moisés como "El Señor, el Señor, Dios clemente y compasivo, lento para la ira y grande en amor y fidelidad, que mantiene su amor hasta mil generaciones después, y que perdona la iniquidad, la rebelión y el pecado" (Éxodo 34:6–7). De acuerdo a la Biblia, así es Dios.

GÉN
ÉXODO
LEVÍT
NÚM
DEUT
JOSUÉ
JUECES
RUT
1 SAM
2 SAM
1 REYES
2 REYES
1 CRÓN
2 CRÓN
ESDRAS
NEHEM
ESTER
JOB
SALMOS
PROV
ECLES
CANT
ISAÍAS
JEREM
LAMEN
EZEQ
DAN
OSEAS
JOEL
AMÓS
ABDÍAS
JONÁS
MIQUEAS
NAHÚM
HABAC
SOFON
HAGEO
ZACAR
MALAQ
MATEO
MARCOS
LUCAS
JUAN
HECHOS
ROMAN
1 COR
2 COR
GÁLATAS
EFESIOS
FILIP
COLOS
1 TES
2 TES
1 TIM
2 TIM
TITO
FILEM
HEBR
SANT
1 PEDRO
2 PEDRO
1 JUAN
2 JUAN
3 JUAN
JUDAS
APOC

# Moisés: Adoración

## DIOS SANTO, PUEBLO SANTO

Luego que Dios los hubo establecido como su pueblo, el siguiente paso era entender cómo se traducía eso en la vida diaria, de modo que los libros de Éxodo, Levítico y Deuteronomio explican cómo los israelitas debían ser un pueblo santo y debían diferenciarse de los demás. Si bien estos libros cubren todos los aspectos de la vida, el enfoque principal es cómo podían mantener y desarrollar la relación con Dios, y cómo los dos regalos que Dios les había hecho, el tabernáculo y los sacrificios, podían ser de ayuda.

**La menora,** un candelabro de siete brazos en el tabernáculo, es uno de los símbolos más antiguos del judaísmo.

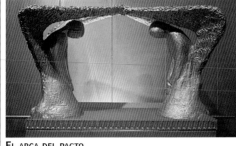

**EL ARCA DEL PACTO**

El objeto más sagrado de Israel era una caja de madera de acacia (1,2 x 0,6 x 0,6 metros, es decir 4 x 2 x 2 pies) revestida de oro, y contenía los Diez Mandamientos. Tenía varas que se pasaban por aros en las cuatro esquinas, de modo que los levitas pudieran transportarla sin tocarla cada vez que Israel trasladaba su campamento. Su tapa, el "propiciatorio", tenía dos querubines de oro con alas extendidas, símbolo de la presencia protectora de Dios.

### EL TABERNÁCULO

**EL TABERNÁCULO**

una tienda especial (13,7 x 4,5 x 4,5 m, o bien 45 x 15 x 15 pies), simbolizaba cómo Dios había llegado para "tabernaculizar" (o "morar") entre su pueblo, y proporcionaba un enfoque acertado para la adoración y el sacrificio.

**EL ALTAR DE BRONCE**

(2,2 m² x 1,3 m de alto, o bien 7,5 pies² x 4,5 pies de alto) con un fuego perpetuo, se usaba para ofrecer sacrificios diarios a la mañana y a la tarde.

**LA FUENTE DE BRONCE**

era usada por los sacerdotes, para lavarse antes de ofrecer sacrificios.

**EL ATRIO**

(45,7 x 22,8 m, o bien 150 x 75 pies), una alta cortina que rodeaba el tabernáculo.

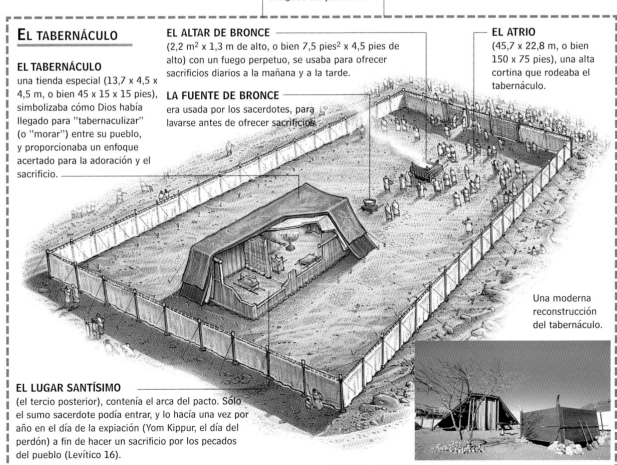

Una moderna reconstrucción del tabernáculo.

**EL LUGAR SANTÍSIMO**

(el tercio posterior), contenía el arca del pacto. Sólo el sumo sacerdote podía entrar, y lo hacía una vez por año en el día de la expiación (Yom Kippur, el día del perdón) a fin de hacer un sacrificio por los pecados del pueblo (Levítico 16).

2000 AC
1900 AC
1800 AC
1700 AC
1600 AC
1500 AC
1400 AC
1300 AC
1200 AC
1100 AC
1000 AC
900 AC
800 AC
700 AC
600 AC
500 AC
400 AC
300 AC
200 AC
100 AC
1 DC
100 DC

*Yo soy el Señor, que los sacó de la tierra de Egipto, para ser su Dios. Sean, pues, santos, porque yo soy santo.*
LEVÍTICO **11:45**

● VER TAMBIÉN
ARCA PERDIDA P67
LA CRUZ P114
TEMPLO DE SALOMÓN P49

## El sacrificio

Aunque el sacrificio era común en muchas religiones, siempre tenía su enfoque en los *regalos del pueblo* a algún dios. Sin embargo, en Israel se lo consideraba el *regalo de Dios* al pueblo (Levítico 17:11). En tanto que Adán y Eva habían tratado de esconder su pecado (Génesis 3:7–11), el sacrificio permitía a las personas enfrentar lo que habían hecho.

Un animal moría para que ellos no tuvieran que hacerlo. Al colocar la mano sobre la cabeza del animal y degollarlo, se reconocía que el pecado siempre conduce a la muerte. Luego el sacerdote, actuando como mediador, recogía en un recipiente la sangre del animal y la llevaba al altar en nombre del pueblo (ver, por ej., Levítico 1:1–9). Este proceso para resolver el pecado a través del sacrificio se llamaba "expiación", de una raíz que significa "cubrir". La persona pecadora solo puede acercarse al Dios santo cuando los pecados están "cubiertos" o "resueltos". En el Nuevo Testamento, a Jesús se lo describe como el perfecto sacrificio de sustitución, sacrificio que ha conseguido aquello para lo cual otros solo podían preparar y señalar (Hebreos 10:10–14).

### Sacrificios principales de Israel

La Biblia dice que Dios prohibía sacrificios humanos (Levítico 20:1–5), y permitía solo animales que fueran perfectos, símbolo de que Dios era digno solo de lo mejor. En Levítico 1–7 se describen cinco clases de ofrendas:

■ **El holocausto (ofrenda quemada)** expresaba devoción a Dios (Levítico 1).

■ **La ofrenda de cereal/grano** (Levítico 2) expresaba gratitud por la provisión divina.

■ **La ofrenda de paz** (Levítico 3) restablecía la comunión entre el pueblo y Dios, y también entre el pueblo y sus conciudadanos.

■ **La ofrenda por el pecado** (Levítico 4) cubría pecados no deliberados contra Dios.

■ **La ofrenda por la culpa** (Levítico 5–6) cubría pecados no deliberados contra otras personas.

Sin embargo, en la Ley no había provisión para los pecados deliberados, y el Nuevo Testamento enseña que dichos pecados finalmente solo serían perdonados por la muerte de Jesús.

## El día de reposo (sábat)

Además de sacrificios santos y sacerdotes santos, Dios también le dio a su pueblo un día santo, el "sábat" (de una palabra hebrea que significa descansar o cesar). Este día, que era sábado, se caracterizaba por el cese de la rutina laboral para poder descansar, sentirse refrescado y recordar el descanso de Dios luego de su obra de la creación. Sin embargo, los primeros cristianos llevaron su día santo al domingo, para celebrar la resurrección de Jesús.

## Sacerdotes

En el Antiguo Testamento, los sacerdotes actuaban como intermediarios entre el pueblo pecador y el Dios santo. Aarón (el hermano de Moisés) y sus cuatro hijos fueron los primeros en ser designados para esta tarea, y solo sus descendientes podrían sucederlos en esa función. Para reflejar la santidad de su trabajo, la Biblia indica que Dios les dio normas detalladas en cuanto a las vestiduras y la labor. Sus deberes no solo incluían ofrecer sacrificios a Dios, sino también enseñar la ley divina, actuar como jueces e inspectores sanitarios, y echar suertes con "Urim y Tummim", piedras que se usaban para buscar la voluntad de Dios. Los levitas, tribu de la que provenía Aarón, fueron designados para ayudar a los sacerdotes.

## VESTIDOS DEL SUMO SACERDOTE (VER ÉXODO 28)

■ **El manto,** hecho de tela azul con campanillas en el borde inferior que anunciaban la entrada del sacerdote al tabernáculo.

■ **El efod,** hecho de oro, azul, púrpura e hilo carmesí. Dos piedras de ónix, donde se grabaron los nombres de las 12 tribus, se sujetaban con tirantes y permitían que de manera simbólica el sacerdote llevara a las tribus ante Dios.

■ **El pectoral,** que tenía 12 piedras preciosas, una por cada tribu, se sujetaba con una trencilla de oro.

■ **La mitra** tenía una placa de oro que decía "CONSAGRADO AL SEÑOR".

Los demás sacerdotes usaban vestiduras más sencillas, que incluían túnicas, cinturones y turbantes.

## Idea central: Santidad

La Biblia habla de que Dios es "santo", es decir, "distinto" de cualquier otra cosa, y desea que su pueblo refleje esa santidad viviendo de manera diferente. Para Israel, esto se reflejaba en detallados sacrificios, leyes alimenticias, obligaciones sociales y requisitos morales, para que siempre recordaran que eran el pueblo de Dios. Pero la santidad no implica cosas externas, aunque tristemente a menudo este fue el caso en la historia de Israel. Tanto el Antiguo como el Nuevo Testamento señalan que la verdadera santidad es una cuestión del corazón.

# Josué

## ENTRADA A LA TIERRA PROMETIDA

Después de la muerte de Moisés, el liderazgo del pueblo de Dios recayó sobre Josué, lugarteniente del líder fallecido. Dios sabía que Josué entendía la enorme tarea por delante, y varias veces lo alentó para que sea "fuerte y valiente" (Josué 1:6–9). Era el momento de reconocer las antiguas promesas a Abraham y de tomar posesión de la Tierra Prometida. Sin embargo, la tierra estaba ocupada por numerosos estados independientes, cada uno con su propia ciudad fortificada y su propio líder, quien no iba a abandonar el territorio tan fácilmente. Pero con una combinación de estrategia militar brillante y dependencia en Dios, Josué guió a Israel para que reclame su herencia.

### MEGUIDO

La antigua ciudad de Meguido, sobre un cerro de unos 215 m (700 pies) desde donde se custodiaba el camino internacional a través de la Llanura de Jezreel, estaba demasiado fortificada como para que la tribu de Manasés la pudiera tomar en ese momento.

### Principales momentos del comienzo de la vida de Josué

- Lideró la primera batalla de Israel en el desierto (Éxodo 17:8–13).
- Subió al Monte Sinaí como lugarteniente de Moisés (Éxodo 24:13).
- Tuvo un papel especial en la Tienda de reunión (Éxodo 33:11).
- Uno de los 12 espías enviados a Canaán (Números 13:1–14:9).
- Uno de solo dos adultos sobrevivientes de Egipto (Números 14:38).
- Designado como sucesor de Moisés (Números 27:15–23).

## CAMPAÑAS DE JOSUÉ

### 1. JORDÁN

Las tropas de Josué cruzaron el Jordán, cuyas aguas, en desborde por los deshielos del Monte Hermón, dejaron de fluir y se detuvieron sobrenaturalmente, como formando un muro a medida que el arca del pacto era llevada al río al frente del ejército (Josué 3:1–4:24). El poder de Baal, simbolizado en el curso del río, era nada ante el "Dios viviente".

### 2. GILGAL

La circuncisión, un aspecto descuidado durante la peregrinación en el desierto, se retomó para consolidar el compromiso del pueblo de Dios (Josué 5:1–12).

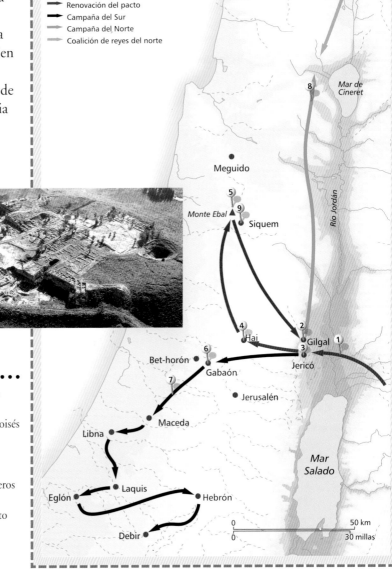

- →  Campaña del centro
- →  Renovación del pacto
- →  Campaña del Sur
- →  Campaña del Norte
- →  Coalición de reyes del norte

*Mi siervo Moisés ha muerto. Por eso tú y todo este pueblo deberán prepararse para cruzar el río Jordán y entrar a la tierra que les daré a ustedes.*

JOSUÉ 1:2

VER TAMBIÉN
ARCA DEL PACTO P30
CANANEOS P36
LA TIERRA PROMETIDA P34–35
PACTO P21

Entre los milenios VII y IV a.C., se formó un pueblo en Jericó. Esta torre circular, originalmente tal vez de unos 9 m (30 pies) de alto, era parte de las fortificaciones del pueblo.

## 3. JERICÓ

Jericó, probablemente la ciudad más antigua del mundo, controlaba el camino por el centro de Canaán, y por ende fue el primer objetivo de Josué. Al hacer el reconocimiento del terreno, se encontró con un guerrero del cielo y descubrió que esta batalla era de Dios, no suya propia (Josué 5:13–15). Esto se destacó con la derrota de Jericó, realizada con una marcha de alabanza de siete días, luego de la cual los muros sencillamente se derrumbaron (Josué 6:1–27).

## 4. HAI

Israel sufrió una derrota por el pecado de Acán, que se apropió de botín de Jericó (Josué 7:1–5). Una vez que el pecado se resolvió (Josué 7:6–26), Hai sucumbió con una estrategia de huida y emboscada (Josué 8:1–29).

## 5. MONTE EBAL

Josué edificó un altar y renovó el pacto entre Dios e Israel (Josué 8:30–35), y luego regresó a Gilgal.

## 6. GABAÓN

En Gilgal, los gabaonitas celebraron paz con Israel a través de una artimaña, pero Israel exigió de ellos trabajos forzados (Josué 9). Josué se trasladó a Gabaón para defenderlos de otros reyes cananeos. Ahora Canaán estaba dividida en dos.

## 7. LA CAMPAÑA DEL SUR

Todas las ciudades estratégicas fueron derrotadas (Josué 10), y esto dejó a Israel en control de la mitad sur del país.

## 8. LA CAMPAÑA DEL NORTE

Habiendo dominado el sur, Josué se dirigió hacia el norte, y venció con rapidez al poderoso rey de la coalición de Hazor. Una vez que esta fue destruida y otros pueblos invadidos (Josué 11), concluyó la mayor parte de la conquista, y llevó unos 30 años. Sin embargo, durante muchos tiempo permanecieron grupos de resistencia aislados.

## 9. SIQUEM

Josué renovó el pacto con Dios (Josué 24). Murió a los 110 años de edad, y fue sepultado en la Tierra Prometida, que ya era su hogar.

Mar Grande

Tiro

Dan (Lais)

Cedes

ASER

NEFTALÍ

Mar de Cineret

Golán

ZABULÓN

Simrón

Endor

MANASÉS

Meguido

ISACAR

Ramot de Galaad

MANASÉS

Siquem

Sucot

Silo

EFRAÍN

GAD

DAN

Bet-horón

Bet-el

Gibea

BENJAMÍN

Jericó

Hesbón

Jebús (Jerusalén)

Beser

JUDÁ

RUBÉN

Gaza

Hebrón

Mar Salado

Beersheba

SIMEÓN

Río Jordán

## ¿Guerra santa?

A veces el libro de Josué se ha usado para justificar el concepto de "guerra santa", para afirmar "Dios está de nuestra parte". Sin embargo, al encontrarse con el ángel, Josué descubrió que Dios no está del lado de nadie, sino del suyo propio. La toma de Canaán por parte de Israel no sucedió porque Dios estuviera de parte de ellos sino que fue el accionar del juicio divino sobre personas cuya religión y moralidad se había hecho tan corrupta que la única manera de resolverlo era destruyéndolas. Dios les había dado largo tiempo para arrepentirse, como lo había prometido (Génesis 15:16), pero como no lo hicieron, el juicio fue inevitable, y esto simbolizaba que el reino de Dios avanzaba y un día desheredaría a sus adversarios. El Nuevo Testamento enseña que la verdadera batalla en esta vida es espiritual, no mundana.

## LA DIVISIÓN DE LA TIERRA

Una vez que tomaron posesión de la tierra, Josué la dividió entre las 12 tribus. Rubén, Gad y la mitad de la tribu de Manasés regresaron a la porción al este del Jordán que anteriormente habían solicitado (Números 32:1–42). Josué "echó suertes" para dividir la tierra restante entre las otras tribus, y los capítulos 13–19 describen con detalle los límites de cada zona. Si bien estos capítulos pueden parecer tediosos, fueron importantes a fin de evitar cualquier malentendido. Los cristianos creen que dichos pasajes reflejan la preocupación de Dios hasta de los más mínimos detalles de la vida.

El tabernáculo se erigió en Silo, en el centro del país, para que todos tuvieron acceso (Josué 18:1). Se establecieron seis ciudades de refugio (tres a cada lado del Jordán) para asegurar un proceso legal seguro para todos los acusados de homicidio sin premeditación, y se designaron ciudades para los levitas, ya que no tenían tierras tribales propias por su labor en el tabernáculo.

## Idea central: Promesa

La entrada de Israel en la Tierra Prometida subraya la confianza de que Dios siempre cumple sus promesas, aun si a veces hay demoras, y que lo que Él dice, por cierto sucederá. De manera que el desafío del cristiano es creer que Dios hará lo que dice que hará.

# La Tierra Prometida

En los primeros libros de la Biblia leemos que Dios le describió a Moisés la Tierra Prometida como "tierra que fluye leche y miel", un resumen de todo lo positivo de ella. La leche, un alimento básico, hablaba de la provisión divina de alimentos necesarios, y miel, un artículo de lujo, era símbolo de la abundante bendición de Dios. Ambos elementos destacaban el compromiso divino de proveer para su pueblo en su nuevo hogar.

*La historia de Sinuhé* (aprox. 1900 a.C.), de Egipto, confirma la descripción que hace la Biblia sobre Canaán. Dice que "había higos y uvas. Tenía más vino que agua. Su miel era abundante y también sus aceitunas. En sus árboles había toda clase de frutas. También había cebada y trigo, y el ganado de toda clase era ilimitado."

## LA GEOGRAFÍA DE ISRAEL

La tierra de Israel era pequeña. "De Dan hasta Beerseba" (una manera israelita de decir "del norte al sur") era menos de 240 km (150 millas), y de este a oeste variaba de entre 40 km (25 millas) en el norte a 95 km (60 millas) en el sur.

**1. La llanura costera,** en su extremo sur, no era tierra muy útil, e incluía dunas, bosques y pantanos, razón por la cual los filisteos constantemente buscaban nuevo territorio. El tramo del norte, hasta el Monte Carmelo, se llamaba "Llanura de Sarón", una de las zonas más fértiles de Israel. Más allá del Carmelo había puertos naturales, desde donde comerciaban los fenicios.

**2. La Sefela** eran estribaciones, de unos 20–25 km (12–15 millas) de ancho, que proporcionaban una valiosa barrera entre la llanura costera y la altiplanicie central. Era una región extremadamente fértil, en pugna frecuente entre Israel y Filistea. Había cuatro valles que la atravesaban a manera de corredor, con ciudades fortificadas como Gezer, Bet–semes y Laquis, que controlaban los caminos.

**3. La altiplanicie central** era el corazón del territorio israelita, con ciudades como Jerusalén y Hebrón. La ladera occidental tenía un suave declive hacia la costa, y la ladera oriental caía abruptamente al Valle del Jordán. Las rutas internacionales evitaban esta zona, y la dejaban aislada y, por lo tanto, protegida de ejércitos invasores.

**4. La llanura de Meguido** formaba una llanura este–oeste entre la altiplanicie central y los montes de Galilea. Por allí pasaba la principal ruta norte–sur de Egipto a mesopotamia, de modo que era estratégica tanto para el comercio como para la guerra. En este lugar se libraron muchas batallas, y de acuerdo al Apocalipsis, tendrá lugar la batalla de Armagedón en el fin de los tiempos.

**5. Galilea** veía la continuación de las tierras altas a medida que se elevaban hasta los montes del Líbano. Los cerros más bajos eran muy fértiles, y la zona floreció con la ayuda del paso de mercaderes internacionales. Su lago interior, el Mar de Cineret (Mar de Galilea o Mar de Tiberias en tiempos del Nuevo Testamento), tenía abundancia de peces. Aquí pasó Jesús la mayor parte de su vida.

**6. El Valle del Jordán** iba desde el Mar de Cineret en el norte, hasta el Mar Muerto (Mar Salado) en el sur. Como parte del Gran Valle de la Grieta, es muy profundo. El Mar Muerto es el punto más bajo de la tierra, a más de 400 m (1300 pies) bajo el nivel del mar, cuyo fondo llega a 400 m aún más abajo. Desde su comienzo en el norte hasta el Mar Muerto, el río tiene una caída de 725 m (2380 pies), y esto le da origen a su nombre (Jordán significa "el que desciende"). Tiene tantos meandros que cubre un total de casi 325 km (200 millas), el doble que su distancia directa.

**7. Cisjordania**, al este del Río Jordán, era una zona montañosa que iba de 580 m (1900 pies) al este de Galilea, a los 2000 m (6560 pies) al sudeste del Mar Muerto. atraía precipitaciones y proporcionaba excelentes pasturas para los animales.

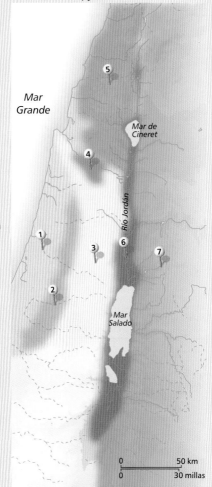

Mar Grande

Mar de Cineret

Río Jordán

Mar Salado

| 0 | 50 km |
| 0 | 30 millas |

Nos trajo a este lugar, y nos dio esta tierra, donde abundan la leche y la miel.

**DEUTERONOMIO 26:9**

● VER TAMBIÉN
CANANEOS P36
JESÚS: SU NACIÓN P86–87
LOS FILISTEOS P38
UN MUNDO DE SUPERPOTENCIAS P16–17

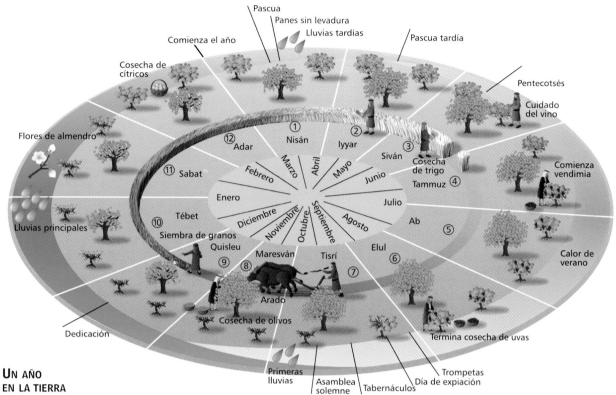

## UN AÑO EN LA TIERRA

La vida diaria de la mayoría de las familias se centraba en la tierra. Al llegar a Canaán, a cada familia se le dio una parcela, que se debía transmitir de generación en generación. El ciclo anual de la vida, como aparece en este diagrama, tuvo pocas variaciones a través de los tiempos de la Biblia. Todos los días, además de atender los cultivos y los animales, se debía moler el grano para hacer pan, había que recoger agua de pozos cercanos, había que obtener leche para hacer queso y yogurt, y había que hilar, teñir y tejer lana para hacer ropa.

## Cultivos y frutos comunes

**Cereales:** Un alimento básico. La mejor harina era de trigo, pero los pobres hacían pan de cebada.

**Higos:** Tardan en crecer y dan frutos diez meses por año. Se comían frescos, o secos y en tortas. Eran tan comunes que a menudo se usaban como ayudas visuales.

**Dátiles:** Se comían frescos o secos. Las ramas de palmeras se usaban como símbolos de triunfo, como cuando Jesús entró en Jerusalén sobre un asno.

**Uvas:** Se secaban y se usaban en tortas de pasas, o se prensaban y se hacía vino. La importancia de la vid se ve pues se usaba como emblema nacional, y Jesús relató varias parábolas sobre viñas, y se llamó a sí mismo "la vid verdadera".

**Olivos:** Uno de los principales cultivos en Israel. Se comían en pickles, o se prensaban para aceite de cocina, para encender lámparas y como loción. También se usaba para ungir a sacerdotes y reyes cuando asumían el cargo.

### HOGARES ISRAELITAS

A medida que se iban estableciendo, los israelitas abandonaron sus tiendas y empezaron a vivir en casas de piedras. El modelo básico era un patio abierto rectangular, con habitaciones en tres de sus lados. El techo plano, al que se subía con una escalera, tenía usos variados, desde secar grano hasta como lugar para disfrutar la brisa de la noche.

## Idea central: Confianza

La Biblia indica que Israel no disfrutaría automáticamente la Tierra Prometida, sino que iba a depender de la confianza en Dios. La falta de ríos para el riego equivalía a tener que confiar en que Dios iba a enviar lluvia. Los cristianos creen que la confianza completa llega cuando no hay nada en que apoyarse, a no ser por la promesa de Dios.

# Los jueces
## LA TRISTE DECADENCIA

Después de la muerte de Josué, Israel pronto entró en decadencia. Atraídos por la marcada sexualidad de la religión cananea, pronto se olvidaron de Dios y de todo lo que había hecho, y no se diferenciaron de las naciones a su alrededor. Pero la Biblia dice que Dios no renunció a ellos. Como parte de la disciplina con amor, permitió que las naciones vecinas los atacaran para que Israel clamara a Él. El libro de Jueces relata cómo Dios en su bondad levantó líderes ("jueces") para salvarlos, pero el pueblo rápidamente volvió a sus viejos caminos. Este ciclo de desobediencia, aflicciones y liberación continuó durante más de 300 años, días oscuros en la historia de Israel.

### ¿Qué eran los "jueces"?

Los jueces eran líderes a quienes Dios espontáneamente les confirió poder para rescatar a Israel de sus enemigos. También actuaban como líderes espirituales (aunque algunos parecían tener una notable falta de devoción a Dios) y administraban justicia. La mayoría eran "héroes locales" pues había poco sentido de cohesión nacional en esta época, que al final del libro se resume de la siguiente manera: "En aquella época no había rey en Israel; cada uno hacía lo que le parecía mejor" (Jueces 21:25).

Los jueces en realidad no fueron buenos ejemplos de cómo vivir vidas agradables a Dios: Aod fue un asesino; Sansón fue promiscuo; Gedeón tenía miedo. Sin embargo, fueron lo mejor en esa época, una muestra de las tinieblas de esos días.

### Rut

Con el trasfondo "en el tiempo en que los jueces gobernaban" (Rut 1:1), la historia de Rut de repente produce luz en un entorno oscuro. Rut, una moabita que se casó con un israelita cuya familia experimentó grandes penurias, es un maravilloso ejemplo de compromiso para con los demás, independientemente del costo personal. Su historia es evidencia de que Dios siempre puede "redimir" (rescatar) a su pueblo, sin importar lo difícil o funesto de la situación.

### Los cananeos

Gran parte de la oposición que experimentó Israel en este período era de los cananeos. Originalmente la palabra aludía a quienes vivían en la costa. Cananeos (es decir, "mercaderes") se convirtió en el nombre colectivo de quienes vivían entre el Mediterráneo y el Río Jordán. Eran un pueblo con gran cultura, y los primeros en inventar un alfabeto, para lo cual usaron sencillos símbolos para cada consonante, en vez de los complejos sistemas cuneiformes o jeroglíficos.

Sin embargo, la amenaza para Israel no radicaba en la cultura cananea sino en su religión. Los cananeos tenían "religiones de fertilidad" en que se personificaban y adoraban las fuerzas de la naturaleza. **Baal**, hijo de **El** (el dios principal), era el dios de la fertilidad y del clima, y a menudo se lo representaba sentado sobre un toro (símbolo de fuerza) y con un relámpago a modo de lanza (símbolo de control sobre el clima). Junto con **Asera** (consorte de El) y **Astoret** (consorte de Baal), se creía que la adoración a estos dioses a través de la prostitución ritual producía fertilidad en la tierra. De manera que es sencillo entender por qué a través de los siglos Israel se sintió tan atraída por estas religiones de fertilidad, ya que ofrecían sexo ilimitado con el disfraz de religión. Dicho libertinaje, juntamente con el sacrificio de niños que algunos también practicaban, explica por qué la Biblia expresa que Dios le ordenó a Israel que elimine por completo de la tierra a los cananeos. No hacerlo dio como resultado que los cananeos fueran un constante aguijón para Israel durante la época de los jueces.

Máscara de Baal hallada en Hazor, de aprox. el 1300 a.C.

Lugar alto cananeo en Meguido, centro de las actividades religiosas del pueblo.

### Nazareos

El nacimiento de Sansón fue un milagro, y sus padres lo dedicaron a Dios con un voto nazareo que afectó tres áreas de su vida: dieta (abstinencia del vino y bebidas fermentadas), apariencia (su cabello no debía cortarse) y pureza (no tener contacto con cuerpos muertos) (ver Números 6:1–21). Los votos nazareos por lo general eran temporarios, pero Sansón fue una de las tres personas (junto con Samuel y Juan el Bautista) cuyos votos fueron de por vida. Es triste, pero Sansón quebrantó este voto pues no pudo controlar sus deseos, sentimientos y sexualidad.

Estatuilla de la diosa Asera, en su postura clásica que realza su fertilidad.

> *Surgió otra [generación] que no conocía al Señor ni sabía lo que él había hecho por Israel. Esos israelitas hicieron lo que ofende al Señor y adoraron a los ídolos de Baal.*
>
> JUECES 2:10–11

● VER TAMBIÉN
LA TIERRA PROMETIDA P34–35
LOS FILISTEOS P38
SAMUEL P38–39

## LOS 12 JUECES Y SUS VICTORIAS

**1. Otoniel** (de Judá) rescató a Israel de los *sirios* (arameos) (Jueces 3:7–11).

**2. Aod** (de Benjamín) derrotó a los *moabitas*, y mató al rey mediante una artimaña (Jueces 3:12–30).

**3. Samgar** (posiblemente no era israelita) derrotó a 80 *filisteos* con solo una aguijada de bueyes (Jueces 3:31).

**4. Débora** (de Efraín, la única mujer entre los jueces) inspiró a Barac (de Neftalí) para vencer a Sísara, rey de los cananeos, cuyo ejército contaba con 900 carros (Jueces 4:1–5:31).

**5. Gedeón** (de Manasés), un héroe renuente que debatió con Dios y pidió señales, y con solo 300 hombres derrotó a los *madianitas*, una temible tribu del desierto que usaba camellos en sus ataques (Jueces 7:1–25). Israel lo quiso hacer rey, pero él se negó (Jueces 8:22–23). Sin embargo, su hijo Abimelec fue más ambicioso (Jueces 9:1–56).

**6. Tola** (de Isacar) fue líder de Israel 23 años (Jueces 10:1–2).

**7. Jair** (de Galaad), un hombre de cierta riqueza, lideró a Israel 22 años (Jueces 10:3–5).

**8. Jefté** (de Galaad) derrotó a los *amonitas* (Jueces 10:6–11:40).

**9. Ibzán** (de Belén de Judá) fue juez de Israel 7 años (Jueces 12:8–10).

**10. Elón** (de Zabulón) fue juez de Israel 10 años (Jueces 12:11–12).

**11. Abdón** (de Efraín) lideró a Israel 8 años (Jueces 12:13–15).

**12. Sansón** (de Dan) hizo guerra contra los *filisteos* por sí solo por medio de una fuerza sobrenatural que le concedió Dios (Jueces 13:1–16:31). Luego de revelarle neciamente a Dalila el secreto de su fuerza, los filisteos lo capturaron, pero con un último ruego a Dios, su fuerza le volvió mientras los filisteos se burlaban de él en el templo de Dagón. Empujando los pilares, derribó el edificio, mató a miles de filisteos, y él también murió. Un trágico fin para un hombre que, de acuerdo a la Biblia, había hecho caso omiso del llamado de Dios en su vida.

El uso de camellos hizo que los madianitas y los amalecitas fueran fuerzas temibles.

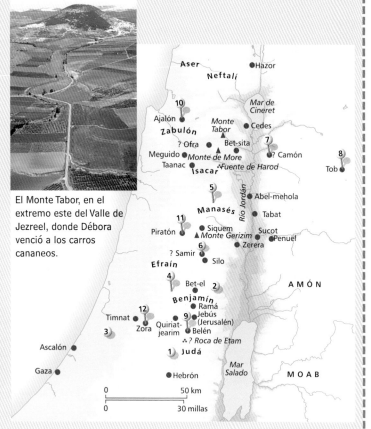

El Monte Tabor, en el extremo este del Valle de Jezreel, donde Débora venció a los carros cananeos.

## El ángel del Señor

En estos primeros libros de la Biblia, leemos sobre varias personas que tuvieron encuentros con "el ángel del Señor". Vemos esto en personajes como Agar (Génesis 16:7–14), Abraham (Génesis 22:11–18), Jacob (Génesis 31:11) y Gedeón (Jueces 6:11–24). A veces es solo un simple ángel poderoso, pero a menudo es una manifestación de Dios en forma humana, para ofrecer confianza y guía.

## Idea central: Transigencia

En la Biblia, quienes fueron transigentes (por adoptar prácticas o creencias de otros, porque parecían más fáciles o más atractivas) siempre terminaron enfriando su relación con Dios, y consecuentemente no contaron con la bendición divina. Por eso los cristianos creen que es sabio eliminar sin piedad lo que obstaculice la relación con Dios.

*(Mapa)*
Aser
Hazor
Neftalí
Mar de Cineret
10
Ajalón
Monte Tabor
Cedes
Zabulón
? Ofra
Bet-sita
7
Meguido
Monte de More
? Camón
Taanac
Fuente de Harod
8
Isacar
Tob
5
Abel-mehola
Manasés
Tabat
11
Río Jordán
Piratón
Siquem
Sucot
Monte Gerizim
Penuel
Zerera
6
? Samir
Efraín
Silo
4
Bet-el
2
Benjamín
AMÓN
12
Ramá
Timnat
Jebús
9
Zora
(Jerusalén)
Quiriat-jearim
Belén
3
✧? Roca de Etam
Ascalón
1 Judá
Gaza
Mar Salado
Hebrón
MOAB
0        50 km
0        30 millas

# Samuel

## EL PROFETA DE DIOS

Samuel fue producto de un milagro. Ana, su madre, era estéril, pero oró a Dios y Él respondió a su clamor y quedó embarazada. Había prometido dedicar a su hijo para una vida de servicio a Dios (1 Samuel 1:1–20), y cuando Samuel tenía unos tres años de edad, lo llevó al tabernáculo y cumplió así su promesa. Allí Samuel empezó a servir a Dios junto al sacerdote Elí. Leemos que unos nueve o diez años después Dios le habló al muchacho, quien se sorprendió pues "en esos tiempos no era común oír palabra del Señor" (1 Samuel 3:1). Sin embargo, la Biblia dice que esto solo fue el comienzo de muchos mensajes proféticos que Dios le dio a Samuel, y que cambiarían el destino de personas y naciones.

Relieve egipcio con la representación de un guerrero filisteo con el típico tocado con plumas.

### Los filisteos

Aunque algunos llegaron antes, los guerreros marinos filisteos migraron de Creta y Grecia entre 1250–1150 a.C. Resistidos por Egipto de modo implacable, se instalaron en la franja costera de Canaán en cinco ciudades-estado, lo cual les permitió controlar la ruta internacional. Su destreza con el hierro les dio una importante superioridad militar sobre Israel durante el tiempo de los jueces, Samuel y Saúl.

## SE EXTRAVÍA EL ARCA

### 1. SILO
El sitio del tabernáculo y del arca del pacto desde que Josué lo erigió allí (Josué 18:1).

### 2. EBEN–EZER
Luego de la rotunda victoria de los filisteos, los israelitas decidieron llevar el arca a la guerra creyendo que les daría la victoria. Pero la presencia de Dios no era automática ni dependía de objetos sagrados, algo que Israel aprendió cuando murieron 30.000 soldados y el arca fue capturada (1 Samuel 4:1–11).

### 3. ASDOD
El arca capturada fue colocada en el templo de Dagón para demostrar la superioridad de éste sobre el Dios de Israel. Pero la estatua de Dagón se derrumbaba una y otra vez ante el arca, y los filisteos empezaron a sucumbir a tumores, probablemente peste bubónica (1 Samuel 5:1–6).

### 4. GAT Y ECRÓN
El arca fue trasladada a otras ciudades, pero las tragedias continuaban (1 Samuel 5:7–12). Después de siete meses de infortunio, los filisteos decidieron devolver el arca a Israel, y la pusieron en un carro nuevo para ver si dos vacas la podían llevar por sí solas a destino.

### 5. BET–SEMES
El arca llegó a territorio israelita, pero cuando 70 hombres miraron en su interior, murieron por su osadía (1 Samuel 6:19–20).

### 6. QUIRIAT–JEARIM
Temerosos de retener el arca, los habitantes de Bet–semes la enviaron a Quiriat–jearim, donde permaneció 20 años en casa del sacerdote Abinadab. Durante ese tiempo, Israel regresó a

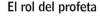

● Ver también
ARCA DEL PACTO P30
LOS JUECES P36–37
SAÚL P40–41
TABERNÁCULO P30

*Entonces el Señor se le acercó y lo llamó de nuevo: "¡Samuel! ¡Samuel!" "Habla, que tu siervo escucha", respondió Samuel.*

1 SAMUEL 3:10

---

Dios (1 Samuel 7:1–6).

## 7. MIZPA

Samuel reunió al pueblo para que busque a Dios. Creyendo que estaban por ser atacados, los filisteos iniciaron un ataque preventivo, pero por intervención sobrenatural fueron vencidos en forma aplastante. Así dejaron a Israel en paz durante la vida de Samuel (1 Samuel 7:5–14).

ARRIBA: El sitio de Silo, el monte donde se erigió el tabernáculo en forma permanente.

ABAJO: Quiriat–jearim, la ubicación de la casa de Abinadab donde permaneció el arca del pacto hasta la época de David.

## El rol del profeta

Cuando Samuel escuchó por primera vez a Dios durante la noche, creyó que por alguna razón Elí lo había llamado. Después de que se le interrumpió varias veces el sueño, Elí finalmente se dio cuenta de lo que sucedía y le indicó a Samuel que la próxima vez le dijera a Dios: "Habla, Señor, que tu siervo escucha". En esa sencilla frase radica la esencia de la profecía cristiana, escuchar a Dios y transmitir lo que Él dice.

La primera palabra profética de Samuel significó un inmenso desafío pues implicó decirle a Elí que él y sus hijos estaban a punto de ser juzgados por su falta de devoción a Dios. La fidelidad de Samuel al entregar tal mensaje al hombre que había sido su mentor fue el inicio de su tarea como profeta de la nación (1 Samuel 4:1). Él estableció "escuelas de profetas" que tuvieron gran influencia en Israel durante mucho tiempo.

Si bien anteriormente habían existido profetas, Samuel fue el primero de un nuevo tipo de profetas que servían a Dios como voceros reales o "conciencia", y transmitían el mensaje cuando otros temían hacerlo, y le decían al monarca que incluso él era responsable ante un rey mayor.

## Ana

En un mundo donde a veces a las mujeres no se les daba importancia, la Biblia a menudo centra la atención en mujeres piadosas con influencia no solo en personas sino también en naciones. Una de tales mujeres fue Ana, la madre de Samuel, cuya dependencia de Dios en oración, además de su resolución a tener el hijo que tanto deseaba, hizo que ella concibiera a Samuel. En el cumplimiento de su promesa al llevar a Samuel al tabernáculo en Silo de manera permanente, vemos su devoción a Dios, nada sencillo después de haber deseado un hijo durante tanto tiempo. La alabanza a Dios de Ana por la bondad divina (1 Samuel 2:1–10) se ha llamado "el magníficat del Antiguo Testamento" en vista de la similitud con la oración de María, la madre de Jesús (Lucas 1:46–55).

## Idea central: Profecía

Profecía no es solo predecir el futuro; en realidad, las profecías bíblicas de este tipo son pocas. La Biblia ve la profecía como el mensaje de Dios en una situación, sea de aliento en tiempos difíciles, desafíos en tiempo de complacencia, o directa en tiempos de incertidumbre, cuando el Espíritu de Dios pone en la mente de alguien las palabras que Dios desea que se pronuncien. Moisés anhelaba que todo el pueblo de Dios profetizara (Números 11:29), y Joel prometió que llegaría el día en que esto iba a suceder (Joel 2:28–29). Pedro citó esta profecía el día de Pentecostés (Hechos 2:16–18).

# Saúl

## EL PRIMER REY DE ISRAEL

2000 AC
1900 AC
1800 AC
1700 AC
1600 AC
1500 AC
1400 AC
1300 AC
1200 AC
1100 AC
1000 AC
900 AC
800 AC
700 AC
600 AC
500 AC
400 AC
300 AC
200 AC
100 AC
1 DC
100 DC

El creciente poderío de los filisteos hizo que Israel pensara que su debilidad era consecuencia de no tener rey, cuando en realidad el problema era su incredulidad. Los israelitas presionaron al profeta Samuel para que nombrara un rey, y aunque les advirtió sobre los problemas que habría, ellos insistieron en tener un monarca. Después de buscar la voluntad de Dios, Samuel fue guiado a Saúl, un hombre lleno de potencial. Sin embargo, todo terminó muy mal cuando Saúl comenzó a olvidar que hasta el rey de Israel tenía sobre sí otro rey, y que tanto Saúl como los demás debían obedecerlo.

### LA NACIÓN BAJO SAÚL

En tanto Saúl repelió a los filisteos durante sus primeros años como rey, en realidad pudo hacer poco más que conseguir la altiplanicie de Canaán, tal como muestra este mapa. El sombreado naranja indica zonas bajo el control de Saúl.

Este jarro de cerveza muestra el trabajo manual de los filisteos, y contradice la creencia popular de que eran un pueblo inculto.

## Los filisteos y el hierro

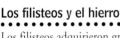

Los filisteos adquirieron gran destreza en el uso y el desarrollo de la tecnología con hierro. Era superior al bronce, que perdía su filo fácilmente. El hierro revolucionó tanto el mundo que le dio su nombre a este período, la Edad de Hierro.

El hierro cambió por completo la manera en que la gente vivía y luchaba, y ayudó a que los filisteos contaran con armas y carruajes superiores. Esto hizo que Israel quedara a la zaga, pues todavía se manejaba con herramientas y armas de la Edad de Piedra y la Edad de Bronce. Los filisteos no les daban armas de hierro, y les cobraban precios exorbitantes para afilarles implementos agrícolas de bronce. Tal como indica la Biblia, "en todo el territorio de Israel no había un solo herrero, pues los filisteos no permitían que los hebreos se forjaran espadas y lanzas. Por tanto todo Israel dependía de los filisteos para que les afilaran los arados, los azadones, las hachas y las hoces…. Así que ninguno de los soldados de los israelitas tenía espada ni lanza, excepto Saúl y Jonatán" (1 Samuel 13:19–20,22).

*Tú has envejecido ya, y tus hijos no siguen tu ejemplo. Mejor danos un rey que nos gobierne, como lo tienen todas las naciones.*

1 SAMUEL 8:5

● VER TAMBIÉN
DAVID P42–45
LOS FILISTEOS P38
SAMUEL P38–39

## ¿Qué clase de rey?

Al dar a Saúl como rey de Israel, la Biblia habla de que Dios les dio lo mejor de acuerdo al parámetro que tenían ellos. Saúl era alto, fuerte, joven, apuesto e, inicialmente, humilde; ¿qué más se podía pedir? Leemos que Dios hasta "le cambió el corazón" a Saúl (1 Samuel 10:9), de modo que parecía ser la persona ideal como líder de Israel para vencer a los filisteos.

Sin embargo, no fue así. En el proceso en que Israel vivió la transición de una dúctil federación de tribus de ascendencia común a una monarquía con un rey y descendientes que regirían toda la nación, a Saúl el poder se le subió a la cabeza. Comenzó a pensar que, como rey, podía hacer lo que le viniera en gana, y en dos situaciones invalidó las instrucciones de Samuel pensando que él mismo tenía ideas mejores, y luego culpando a otros cuando las cosas salieron mal. De modo que Samuel recibió instrucciones para decirle al rey que Dios lo había rechazado como soberano y había elegido a otra persona (1 Samuel 13:13–14). Saúl exteriormente era digno de admiración, pero Dios estaba interesado en el corazón.

¿Acaso quería Dios que Israel tuviera rey? Samuel no lo creyó así, aunque Dios había provisto un rey 400 años antes, cuando le dio la Ley a Moisés (Deuteronomio 17:14–20). Es posible, entonces, que Israel haya pedido lo correcto pero no por la razón correcta, ya que para la nación la monarquía fue una bendición ambivalente en los siglos siguientes, según el rey haya obedecido y confiado en Dios, o no.

## Contacto con los muertos

Leemos que a medida que Saúl fue dejando de escuchar a Dios, Dios dejó de hablarle (1 Samuel 28:15). Desesperado, consultó con una médium para poder contactarse con Samuel, quien había muerto, pero las palabras del profeta ya fallecido solo reiteraron el mensaje que había dado durante su vida (1 Samuel 28:3–20). El intento de Saúl para establecer contacto con los muertos, reflejó su mísera relación con Dios, ya que en la Biblia Él no solo prohíbe dichas cosas, sino que además en su lugar le ofrece al ser humano la oportunidad de tener una directa relación con Él.

Para extraer aceite de las aceitunas se usaba este tipo de prensa. El aceite luego se podía usar para cocinar y como combustible para lámparas. También se utilizaba para ungir a un nuevo rey, como Samuel hizo con Saúl. La importancia de este aceite se refleja en el descubrimiento de más de 200 instalaciones de aceite de oliva en la ciudad filistea de Ecrón.

## Jonatán

Jonatán, el hijo de Saúl, es un incomparable ejemplo de verdadera amistad. Valiente guerrero contra los filisteos, también supo cómo ser un amigo leal y con buen corazón. En realidad, su amistad con el futuro rey, a pesar de la hostilidad de Saúl, fue algo decisivo y gratificante para David; fue una actitud desinteresada por parte de quien, lógicamente, esperaba ser rey un día. Sin embargo, como hijo fiel acompañó a su padre en el último pero inútil intento contra los filisteos, y tanto él como Saúl perdieron la vida (1 Samuel 31:1–6). El profundo dolor de David ante la pérdida de su mejor amigo y del primer rey de Israel se halla reflejada en una canción que escribió (2 Samuel 1:17–27).

Monte Gilboa, el sitio de la última batalla del rey Saúl contra los filisteos, donde recibió una herida mortal y se quitó la vida.

## Idea central: Obediencia

La trágica historia de Saúl destaca que la obediencia no se puede sustituir con buenas intenciones. Como Samuel le dijo a Saúl, "el obedecer vale más que el sacrificio" (1 Samuel 15:22), y los cristianos creen que la obediencia a Dios siempre dará como resultado bendición, mientras que la desobediencia siempre se traduce en pérdida.

# David: Sus comienzos

## EL HOMBRE CONFORME AL CORAZÓN DE DIOS

2000 AC
1900 AC
1800 AC
1700 AC
1600 AC
1500 AC
1400 AC
1300 AC
1200 AC
1100 AC
1000 AC
900 AC
800 AC
700 AC
600 AC
500 AC
400 AC
300 AC
200 AC
100 AC
1 DC
100 DC

Cuando a instancias de Dios Samuel llegó en busca del nuevo rey de Israel, el padre de David ni siquiera incluyó a su hijo menor. Después de todo, ¿quién iba a estar interesado en un muchacho de 15 años que cuidaba ovejas? Al principio Samuel distrajo su punto focal con los apuestos hermanos de David, pero Dios le dijo: "La gente se fija en las apariencias, pero yo me fijo en el corazón" (1 Samuel 16:7). De modo que cuando llegó David, Dios le dijo a Samuel: "Éste es; levántate y úngelo".

### Surgimiento y huida

El sendero de David hacia el trono no fue fácil. Fue ungido rey, pero había una dificultad: Israel todavía tenía rey. Desesperado por seguir aferrándose al poder y con creciente inestabilidad mental, Saúl sintió celos de David y durante los diez años siguientes trató de deshacerse de él, a pesar de que David lo honró y le perdonó la vida. Sin duda que David se preguntaba qué estaría haciendo Dios, ya que las cosas no parecían ir de acuerdo a la promesa divina. Pero sucede que Dios lo estaba entrenando, y a la muerte de Saúl el camino quedó abierto para que David se convirtiera en rey, inicialmente sobre Judá (en el sur) y con base en Hebrón, y siete años más tarde sobre todo el reino unificado, con base en Jerusalén.

El manantial de En–gadi, uno de los dos manantiales de agua dulce que hay sobre la costa occidental del Mar Muerto, fue uno de los lugares donde se escondió David cuando Saúl lo perseguía.

### DAVID HUYE DE SAÚL

1. Huyó a Nob, donde sintió tanto hambre que persuadió al sacerdote para que le diera pan sagrado (1 Samuel 21:1–6).

2. Huyó a Gat en Filistea, y sobrevivió al fingirse loco (1 Samuel 21:10–13).

3. Escapó a Adulam, donde vivió en cuevas y se le unieron otros (1 Samuel 22:1–2).

4. Llevó a sus padres a Moab para protegerlos (1 Samuel 22:3–4).

5. Se escondió en el bosque de Haret (1 Samuel 22:5).

6. Rescató Keila de los filisteos, pero ante la persecución de Saúl, retrocedió hasta el Desierto de Zif (1 Samuel 23:1–14).

7. Se encontró secretamente con Jonatán, quien quiso animarlo (1 Samuel 23:15–18).

8. Se ocultó en cuevas en En–gadi (1 Samuel 23:29).

9. Le perdonó la vida a Saúl (1 Samuel 24:1–22).

10. Retrocedió al Desierto de Maón (1 Samuel 25:1–44).

11. Se trasladó al Desierto de Zif, y nuevamente le perdonó la vida a Saúl (1 Samuel 26:1–25).

12. Recibió Siclag, donde los israelitas empezaron a unirse a él, y donde fingió servir a los filisteos cuando, en realidad, los estaba atacando (1 Samuel 27:1–30:31).

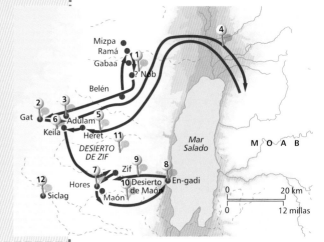

*El Señor ya está buscando un hombre más de su agrado, pues tú no has cumplido su mandato.*

**1 Samuel 13:14**

● VER TAMBIÉN
ARCA DEL PACTO P30
LOS FILISTEOS P38
PACTO P21
SAÚL P40–41

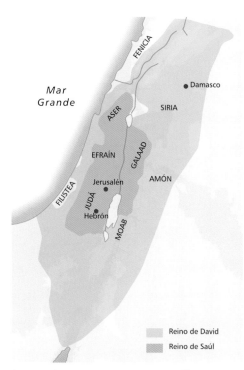

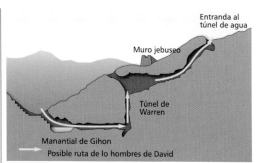

**LA NACIÓN BAJO EL GOBIERNO DE DAVID**

Durante su reinado (1010–970 a.C.), David aumentó considerablemente los límites de Israel y los afianzó. Por primera vez, Israel por fin tenía control completo de la tierra que Dios le había prometido a Abraham unos mil años antes.

## Logros de David

■ Unió toda la nación (2 Samuel 5:3).

■ Estableció Jerusalén como nueva capital de Israel (2 Samuel 5:6–10).

■ Recibió el reconocimiento de Fenicia, una importante nación de actividad comercial (2 Samuel 5:11–12).

■ Sometió a los filisteos y a otros enemigos (2 Samuel 5:17–25; 8:1–14; 10:1–19).

■ Al trasladar el arca del pacto a Jerusalén, unió la política con la religión (2 Samuel 6:1–23; 1 Crónicas 13:1–14; 15:1–16:43).

## El pacto davídico

A David no le pareció lógico tener un hermoso palacio de madera de cedro, mientras que el arca de Dios estaba en una tienda, y quiso entonces edificarle un templo. Pero leemos que Dios le habló a través del profeta Natán: "Yo sé que quieres construirme una casa a mí, pero en realidad yo te haré una casa a ti". Esta no fue hecha de piedras, sino de descendientes. Dios le estaba prometiendo que siempre uno de sus descendientes estaría en el trono. Para alguien que había visto desaparecer el trono de Saúl, esta promesa resultó alentadora. Pero también leemos que Dios declaró que el rey no estaba por encima de la disciplina, y que si actuaba de modo equivocado, Dios lo castigaría. Lo disciplinaría pero no lo destruiría. Esta promesa de gracia divina se conoce con el nombre de "pacto davídico" (ver 2 Samuel 7:1–29).

Sin embargo, así como el plan de David de construir un templo no se llevó a cabo según lo esperado, tampoco lo hizo esta promesa de descendientes que serían reyes. En realidad, estos reyes solo reinaron durante los 500 años siguientes. Sin embargo, los profetas vieron algo más, el día futuro de un rey eterno con un reino eterno. El Nuevo Testamento dice que ese rey es Jesús. Como el ángel le anunció a María: "Dios el Señor le dará el trono de su padre David, y reinará sobre el pueblo de Jacob para siempre. Su reinado no tendrá fin" (Lucas 1:32–33).

**LA TOMA DE JERUSALÉN**
Situada en el límite entre las tribus del norte y las del sur, la recién capturada ciudad jebusea de Sión fue un lugar ideal para la nueva capital de David. Confiados en sus propias fortificaciones, los jebuseos fueron apabullados por un ataque sorpresa de los hombres de David que usaron el túnel del manantial de Gihón para ingresar a la ciudad (2 Samuel 5:6–10). También conocida con el nombre de Jerusalén, sigue siendo la capital de Israel.

## Idea central: Paciencia

David tuvo que ser paciente mientras esperaba que Dios lo llevara al poder, y esto está relacionado con la declaración cristiana de que paciencia es una espera paciente, confiando en que las promesas de Dios se cumplirán en vista de que Dios mismo hizo la promesa. En la actualidad la mayoría quiere las cosas ahora, pero los cristianos creen que Dios desea que aprendamos pacientemente a esperar en Él y demostrarle nuestra confianza. Si lo hacemos, Dios entonces actúa.

*"Fuera de ti, desde tiempos antiguos nadie ha escuchado ni percibido, ni ojo alguno ha visto, a un Dios que, como tú, actúe a favor de quienes en él confían"* (Isaías 64:4).

Estas piedras para hondas son como las que usó David para vencer a Goliat, el gran campeón filisteo. En tiempos de la Biblia la honda y las piedras eran armas importantes, y los de la tribu de Benjamín eran muy diestros al usarlas. Tenían, aproximadamente, el tamaño de una pelota de tenis, y es fácil darse cuenta de lo letales que podían ser cuando se las arrojaba a gran velocidad.

# David: Años siguientes
## FRACASOS DE UN GRAN HOMBRE

2000 AC
1900 AC
1800 AC
1700 AC
1600 AC
1500 AC
1400 AC
1300 AC
1200 AC
1100 AC
1000 AC
900 AC
800 AC
700 AC
600 AC
500 AC
400 AC
300 AC
200 AC
100 AC
1 DC
100 DC

Los cristianos creen que un sólido argumento de la autenticidad de la Biblia es que ésta relata historias de manera franca, sin presentar los eventos de manera favorable, y sin preocuparse de la impresión que da. Los cristianos declaran que si todo hubiera sido un invento, los escritores podrían haber dejado de lado segmentos en que el pueblo de Dios, en especial sus grandes líderes, dejaran una mala impresión. Pero la Biblia nunca lo hace, y además es despiadadamente veraz sobre todas las cosas y todas las personas, y el gran rey David no es una excepción. Si la primera parte de la historia se centra en los logros de David, la otra mitad se centra en sus fracasos, algunos de ellos terribles.

### David y su fracaso en lo personal

Probablemente el fracaso más famoso de David sea su adulterio con Betsabé (2 Samuel 11:1–12:25). Como todos los pecados de esa índole, comenzó como sendero resbaladizo. Cuando Betsabé quedó embarazada, David trató de ocultarlo haciendo que el esposo de Betsabé regresara del campo de batalla a su hogar, para que pareciera que él era el padre del niño y no David. Pero cuando el plan no funcionó, David hizo un complot para que lo mataran en el frente de batalla, y eso le dejó el camino libre para casarse con Betsabé, sin que nadie supiera qué había ocurrido. Es decir, nadie con la excepción de Dios.

Él envió al profeta Natán para que hablara con David y lo dejara al descubierto mediante una parábola (2 Samuel 12:1–12). Era tiempo de decisiones, ya que al tomar a Betsabé, David se había comportado como lo hacían otros gobernantes absolutistas de naciones vecinas, y había olvidado que él también tenía obligaciones para con Dios, que era su rey. Ahora era tiempo de decidir entre continuar en el mismo camino o confesar su pecado y volver a empezar. Inmediatamente se decidió por esto último: "¡He pecado contra el Señor!" (2 Samuel 12:13), y en el Salmo 51, que David escribió en esta época, observamos su dolor.

Vemos aquí la notable diferencia entre David y Saúl: Este siempre encontraba excusas o culpaba a otros, pero el primero reconocía sus errores, y por esta razón Dios perdonó a David pero no así a Saúl. David aprendió una gran lección ese día, que el fracaso no nos descalifica, siempre y cuando se maneje correctamente.

Para un pastor como había sido David, fue muy sencillo entender con rapidez la convincente parábola de Natán sobre un pastor acaudalado que le robó una oveja a un pastor pobre. Esto dejó al descubierto su pecado.

A menudo el luto era tanto bullicioso como público. En la época de la Biblia, el período normal de luto por una persona eran solo siete días, razón por la cual David pudo casarse con Betsabé tan rápidamente, y fingir que el niño concebido era fruto del matrimonio de ambos.

Con casas de diferente altura y techo plano, hubiera sido muy fácil ver accidentalmente a alguien que se estuviera bañando. El pecado de David no fue haber visto, sino no dejar de mirar y pensar en lo que había visto.

<br>

**Ver también**
LOS SALMOS P46–47
SALOMÓN P48–49
SAÚL P40–41

> *"¡He pecado contra el Señor!"* reconoció David ante Natán.
> **2 Samuel 12:13**

## David y su fracaso en la vida familiar

La Biblia dice que David fue un padre débil, temeroso de disciplinar a sus hijos con amor, y esta falla le costó la familia y fue una amenaza para toda la nación.

■ No se ocupó de Amnón, su hijo mayor (que probablemente se sentía su heredero y por ende capaz de hacer lo que le venía en gana) después que éste violara a su media hermana Tamar (2 Samuel 13:1–22). David se puso furioso, pero no actuó, tal vez avergonzado por su propio fracaso en este aspecto.

■ No se ocupó de Absalón, su tercer hijo, después que éste vengara a Tamar matando a Amón antes de huir del país (2 Samuel 13:23–39). David no actuó, aunque deseaba ver a Absalón.

■ Le permitió a Absalón regresar pero sin haber resuelto la situación. De modo que durante los cuatro años siguientes Absalón obtuvo apoyo en las mismas narices del rey (2 Samuel 15:1–6) y finalmente se autoproclamó rey, lo cual forzó a David a huir de Jerusalén.

■ No se ocupó de la guerra civil que siguió, y permitió que su discernimiento se nublara por cuestiones familiares. La rebelión terminó y David pudo regresar recién cuando Joab, implacable, se hizo cargo de la situación y mató a Absalón (2 Samuel 17:1–19:43).

### Diagrama genealógico

**David**

- Mical
- Abigail — Quileab
- Ahinoam — Amnón
- Maaca — Absalón, Tamar
- Haguit — Adonías
- Abital — Sefatías
- Egla — Itream
- Betsabé — Salomón

## Final feliz

A pesar de las fallas de David, él aún era un "hombre conforme al corazón de Dios". Murió seguro y satisfecho; no en el campo de batalla como Saúl sino en su propia cama como un verdadero patriarca, al tiempo que Israel ya se encontraba segura en su patria.

## Fracaso de David en el liderazgo

Si bien David era un líder excelente, no era infalible, y en sus últimos años cometió errores notables:

■ Por orgullo o autosuficiencia realizó un censo nacional que le costó muy caro a la nación (2 Samuel 24:1–25).

■ No clarificó quién iba a sucederlo como rey. Adonías, su cuarto hijo pero el mayor que quedaba, dio por sentado que el heredero era él y dio pasos para asegurarse el trono. Sin embargo, Dios había prometido que Salomón iba a ser su sucesor, pero David lo hizo ungir como futuro rey recién después que Betsabé lo instó a hacerlo (1 Reyes 1:28–53).

## La perspectiva de Crónicas

En 1 Crónicas se repiten muchas historias sobre David, pero hay una marcada diferencia: no se registran sus errores. Sin embargo, el escritor no está tratando de engañarnos, y esto no equivale a una contradicción de la Biblia. Todo tiene que ver con por qué se escribió Crónicas. Mientras Samuel y Reyes se escribieron durante el exilio de Israel para contestar la pregunta "¿por qué estamos aquí?" (la respuesta es "porque pecamos hasta el cansancio; ¡consideremos nuestro pasado!"), Crónicas se escribió al regreso del exilio, con el deseo de contestar la pregunta de si Dios aún estaba con el pueblo (esta vez la respuesta es "por supuesto; recordemos la promesa de Dios a David de que llegaría un descendiente, y por lo tanto hay esperanza").

Las puertas de la ciudad tenían suma importancia, no solo como medio de protección sino además como centro social y comercial. Allí tenían lugar las transacciones legales, se pagaban los impuestos, se buscaban consejos y se declaraban las sentencias. Por todo ello Absalón eligió este lugar para su jugarreta por el poder (2 Samuel 15:1–6).

## Idea central: Confesión

Durante su vida David cometió grandes errores, pero a diferencia de Saúl, que culpó a otros y siempre tenía pretextos, David reconocía sus errores. La Biblia declara que eso es "confesión", no ocultarle nada a Dios sino revelar el pecado y por lo tanto sentirse limpio, como sucedió con David: *"Pero te confesé mi pecado, y no te oculté mi maldad. Me dije: 'Voy a confesar mis transgresiones al Señor', y tú perdonaste mi maldad y mi pecado"* (Salmo 32:5).

GÉN
ÉXODO
LEVÍT
NÚM
DEUT
JOSUÉ
JUECES
RUT
1 SAM
2 SAM
1 REYES
2 REYES
1 CRÓN
2 CRÓN
ESDRAS
NEHEM
ESTER
JOB
SALMOS
PROV
ECLES
CANT
ISAÍAS
JEREM
LAMEN
EZEQ
DAN
OSEAS
JOEL
AMÓS
ABDÍAS
JONÁS
MIQUEAS
NAHÚM
HABAC
SOFON
HAGEO
ZACAR
MALAQ
MATEO
MARCOS
LUCAS
JUAN
HECHOS
ROMAN
1 COR
2 COR
GÁLATAS
EFESIOS
FILIP
COLOS
1 TES
2 TES
1 TIM
2 TIM
TITO
FILEM
HEBR
SANT
1 PEDRO
2 PEDRO
1 JUAN
2 JUAN
3 JUAN
JUDAS
APOC

# Los Salmos

## LAS GRANDES CANCIONES DE ISRAEL

2000 AC
1900 AC
1800 AC
1700 AC
1600 AC
1500 AC
1400 AC
1300 AC
1200 AC
1100 AC
1000 AC
900 AC
800 AC
700 AC
600 AC
500 AC
400 AC
300 AC
200 AC
100 AC
1 DC
100 DC

Los Salmos son el himnario de la Biblia, que judíos y cristianos usan en la adoración a Dios. Si bien David escribió 73, el resto se compuso a lo largo de 1000 años, entre la época de Moisés (Salmo 90) y el regreso del exilio (Salmo 137). Algunos son para adoración *colectiva*, pues expresan adoración o recuerdan la intervención de Dios en la historia; otros son *personales*, y expresan amor a Dios, tristeza por el pecado, lucha en las dificultades, y hasta enojo hacia otros. Sin embargo, los Salmos son extremadamente importantes para los creyentes pues el enfoque constante es Dios, su grandeza y poder, y su amor y fidelidad a su pueblo.

### Claves para leer Salmos

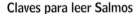

Al leer los salmos, es importante recordar que son:

■ **Poesía.** Como tal, están llenos de imágenes y metáforas, de manera que no todo debe entenderse literalmente.

■ **Alabanza.** El título hebreo del libro es *Tehilim* ("canciones de alabanza"), y esto indica que son canciones para cantar; canciones de alabanza a Dios por ser quien es, por cómo es y por lo que ha hecho. La palabra "salmos" proviene del título en la Biblia griega: *Psalmos*, es decir "música con instrumentos".

■ **Oraciones.** Son palabras *a* Dios, en vez de palabras *de* Dios. Por lo tanto, si bien pueden expresar los sentimientos del escritor (por ejemplo "Rómpeles la quijada a mis enemigos" Salmo 3:7), no expresan necesariamente cuál es el sentir de Dios. De modo que los lectores deben tener cuidado de no confundir este aspecto. Sin embargo, esto nos muestra que las personas pueden expresarse con toda sinceridad cuando oran.

■ **Proféticos.** A veces. Algunos salmos señalan a Jesús en forma directa o fueron citados por Él (por ej., Salmo 22:1; 110:1; 118:22). En el Nuevo Testamento hay 116 citas de Salmos, y esto lo convierte en el libro más citado del Antiguo Testamento.

### La poesía en Salmos

A primera vista, los salmos no parecerían poesía. Sin embargo, la poesía hebrea tenía un enfoque diferente ya que no usaba rima ni métrica, sino que empleaba otros recursos, por ejemplo *juegos de palabras y aliteraciones* (que por cierto se pierden en la traducción), y *acrósticos* (cada línea o estrofa comienza con la siguiente letra del abecedario). Otro recurso era el *paralelismo*, donde una idea expresada en determinada línea se continuaba en la línea siguiente, como *eco* del pensamiento, o *contrastándolo* o *completándolo*. Ejemplo:

*"Cuando contemplo tus cielos, obra de tus dedos,*
*la luna y las estrellas que allí fijaste,*
*me pregunto: ¿Qué es el hombre, para que en él pienses?*
*¿Qué es el ser humano para que lo tomes en cuenta?"*
(SALMO 8:3–4)

Notemos los paralelos:

■ tus cielos = la luna y las estrellas

■ obra de tus dedos = que allí fijaste

■ hombre = ser humano

■ que en él pienses = que lo tomes en cuenta

En realidad, todo el salmo empieza y concluye con versos paralelos idénticos (vv. 1,9), y esto subraya su verdad e importancia, y los lectores deben buscar dichos paralelos en los salmos, ya que nos ayudan a ver lo que resultaba relevante para el escritor.

Algunos salmos, por ejemplo los "cánticos graduales", también llamados "de los peregrinos" (Salmos 120–124), fueron escritos por peregrinos que cantaban viajando a Jerusalén, mientras los Salmos *Hallel* ("alabanza"), es decir 113–118, se cantaban en las grandes fiestas de la Pascua, de las semanas (también llamada Pentecostés), de los tabernáculos, de la dedicación y de la luna nueva.

La adoración en el Antiguo Testamento era bulliciosa y alegre, se usaban todo tipo de instrumentos y se batían las palmas, se danzaba y se clamaba en alta voz. El mismo David adoraba con vehemencia (2 Samuel 6:5). Esta fotografía muestra modernos adoradores judíos que continúan con esa animada costumbre.

*Vengan, cantemos con júbilo al Señor; aclamemos a la roca de nuestra salvación.*
SALMO 95:1

VER TAMBIÉN
DAVID P42–45
ORACIÓN Y MILAGROS P93
TEMPLO DE SALOMÓN P48–49

Músicos egipcios mientras ejecutan varios instrumentos. De la tumba de Amenenhet en Tebas, 1475–1448 a.C.

## Instrumentos musicales

La música ocupaba una parte importante en la adoración. Los músicos improvisaban basándose en melodías básicas, que todos los instrumentos ejecutaban pero no realmente en armonía.

### INSTRUMENTOS DE CUERDA

El **kinnor** (lira) era un instrumento pequeño de 8 ó 10 cuerdas que se podía transportar con facilidad. Su pariente más grande, el **nevel** (arpa), tenía de 10 a 20 cuerdas. David ejecutó ambos, y además los levitas los usaban en el templo para adoración.

### INSTRUMENTOS DE PERCUSIÓN

El **timbrel** era un tambor o tamborín de tamaño manual, fabricado con cueros estirados sobre aros de madera.

Los **címbalos** eran pares de chapas de metal, planas o curvas, que se hacían entrechocar.

El **sistrum** tenía 3 ó 4 varas de metal, que junto con discos movibles tintineaban cuando el instrumento se sacudía.

### INSTRUMENTOS DE VIENTO

La **halil** (flauta), el instrumento de viento más popular, no solo se usaba en el templo sino también en acontecimientos sociales. Se hacía de caña, madera o hueso; tenía una lengüeta y probablemente sonaba como el clarinete.

El **qeren** (cuerno) originalmente se hacía con el cuerno de un animal, pero luego se hizo de madera o metal. Fue la trompeta que tocaron los sacerdotes de Josué al marchar alrededor de Jericó.

La **hazozra** (trompeta) era derecha y se hacía de metal, por lo general de plata. Se tocaba para que el pueblo se reuniera en el tabernáculo.

El **shofar** (cuerno o trompeta) era un cuerno curvo de carnero. Emitía solo 2 notas, y se usaba en ocasiones especiales, fueran religiosas o públicas.

## Los diez salmos más populares

Los salmos abarcan todos los aspectos de la vida. Esta es una lista de los más conocidos:

**8** La maravilla de la creación

**22** ¿Dónde estás, Dios?

**23** El Señor es mi pastor

**32** Debemos confesar

**46** Dios es nuestro auxilio y fortaleza

**51** Ruego para ser perdonado

**91** Confianza en Dios

**103** Dios es compasivo

**121** Dios es nuestro creador y protector

**139** ¡Dios nos conoce!

## Palabras inusuales en Salmos

Los salmos incluyen cierta cantidad de términos de significado incierto, y generalmente se relacionan con el tema del salmo o cómo se debía cantar. Por ejemplo:

■ *Mictam, sigaion, masquil*, son distintas categorías de salmos, que probablemente debían cantarse de formas específicas

■ *Selah*, que indica pausa o interludio musical, era tal vez equivalente de cuando hoy decimos "Piensa en eso".

## Idea central: Alabanza

El pueblo de Dios se caracterizaba por alabar a Dios, amarlo y darle gracias por lo que Él es y ha hecho. Al saber que la raíz de la palabra alabanza en el Antiguo Testamento significa "hacer ruido", los cristianos creen que destaca la necesidad de expresar en voz alta que Dios es bueno.

# Salomón

## FALTA DE SABIDURÍA DE UN HOMBRE SABIO

Con Salomón, Israel obtuvo finalmente lo que había pedido, "un rey que nos gobierne, como lo tienen todas las naciones" (1 Samuel 8:5). Sin embargo, esto demostró tener pros y contras. Aunque por 40 años su reinado se basó en los triunfos de David, su padre, y le dio a Israel fronteras más amplias, prosperidad y más influencia que nunca, esos mismos triunfos sembraron las semillas de la destrucción de Israel. Nunca un hombre tan sabio demostró ser tan imprudente.

A Salomón se lo conoce ante todo por tres cosas: sabiduría, riquezas y esposas.

| SALOMÓN: ÉXITOS | ... Y FRACASOS |
|---|---|
| Se dedicó a grandes proyectos de construcción, incluyendo el templo, el palacio y grandes salas (1 Reyes 5–7). | Estableció impuestos para financiar sus proyectos, aunque anteriormente los "impuestos" se habían pagado solo a Dios. |
| Estableció una corte real como Israel nunca había tenido hasta entonces. | Hizo grandísimas exigencias a su pueblo para pagar los gastos de mantenimiento de su corte (1 Reyes 4:22–28). |
| Consolidó el gobierno al establecer 12 distritos administrativos (1 Reyes 4:7). | Los distritos administrativos no coincidieron con los límites de las tribus, y así socavó la lealtad de éstas. |
| Realizó alianzas importantes con potencias extranjeras vecinas. | Las alianzas incluyeron matrimonios mixtos con mujeres de otras religiones (1 Reyes 11:1–13), aunque Dios lo había prohibido. |
| Fortificó ciudades clave, incluyendo Hazor, Meguido y Gezer (1 Reyes 9:15–19). | Impuso trabajos forzados al pueblo para completar sus proyectos edilicios, y así explotó a su gente. |
| Extendió las fronteras de Israel a su grado sumo (1 Reyes 4:21). | Incurrió en deudas y trató de pagarle al rey Hiram dándole 20 ciudades de Galilea (1 Reyes 9:10–14). |
| Desarrolló alianzas mercantiles (1 Reyes 5:7–12) y comercio turístico (1 Reyes 10:24–25). | El respeto que inspiraba en otros lo llevó a perder de vista quién era él y qué era, un simple siervo de Dios. |
| Consolidó el ejército (1 Reyes 10:26) y desarrolló una marina mercante (1 Reyes 9:26–28). | Haber consolidado su posición lo llevó a planes más extravagantes y costosos (1 Reyes 10:14–29). |
| Alentó el crecimiento de logros intelectuales. | Gradualmente se fue alejando de Dios (1 Reyes 11:9–10). |

## Sabiduría

Cuando Dios le dijo a Salomón que pidiera lo que quisiera, Salomón sólo pidió sabiduría (1 Reyes 3:5–15; 2 Crónicas 1:7–12). Dios le dio tal sabiduría que "los reyes de todas las naciones del mundo que se enteraron de la sabiduría de Salomón enviaron a sus representantes para que lo escucharan". Un ejemplo fue su capacidad para identificar correctamente a la madre de un bebé que dos mujeres se disputaban como propio (1 Reyes 3:16–28). En el libro de Proverbios se hallan registrados muchos de sus sabios dichos.

Mar Grande
Tiro
Jerusalén
Ezión-geber
Mar Rojo
0    400 km
0    250 millas

### COMERCIO DE SALOMÓN

**1.** Caballos de Coa (tal vez Cilicia).

**2.** Hiram de Tiro proporcionó cedro para los complejos edilicios.

**3.** Se exportaban caballos y carros a los hititas y los sirios.

**4.** Se importaban caballos y carros de Egipto.

**5.** Cobre de minas cerca de Ezión–geber.

**6.** La reina de Sabá le llevó especias, oro y joyas.

**7.** La flota del Mar Rojo (operación conjunta con Tiro) intercambiaba cobre de Ezión–geber por oro de Ofir, madera de gran calidad, plata, marfil y joyas.

## Riqueza

Salomón se volvió extremadamente rico, y gente de lugares lejanos iba para ver por sí misma sus riquezas, como por ej. la reina de Sabá (1 Reyes 10:1–13; 2 Crónicas 9:1–12). Parte de esta riqueza provenía de comercio altamente desarrollado, pero parte provenía de su pueblo ya que les impuso gran carga impositiva y los explotó en sus proyectos de construcción. Esto produjo un resentimiento que estalló a su muerte y dividió en dos al reino.

## Esposas

En la época bíblica, a un hombre se lo consideraba rico si tenía dos esposas (todavía la poligamia no había sido prohibida por Dios específicamente), pero Salomón demostró sus riquezas al tener 700 esposas y además 300 concubinas en su harén real. Y este fue el punto débil de Salomón, incapacidad para controlar su apetito sexual, y a través de sus esposas extranjeras (con quienes se había casado para hacer alianza con otras naciones), su corazón dejó al Dios viviente y se fue tras otros dioses (1 Reyes 11:1–6).

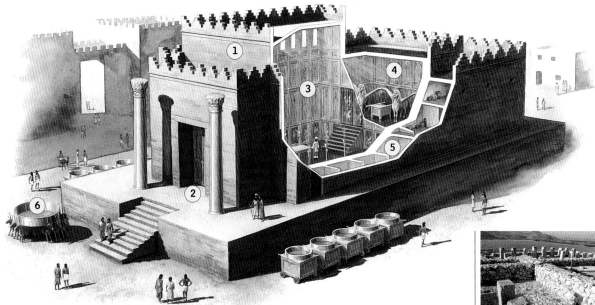

*Tanto en riquezas como en sabiduría, el rey Salomón sobrepasó a los demás reyes de la tierra.*

**2 Crónicas 9:22**

VER TAMBIÉN
PROVERBIOS P50–51
SACRIFICIO P31
TABERNÁCULO P30
TEMPLO DE HERODES P95

## EL TEMPLO DE SALOMÓN

Una de las primeras tareas de Salomón fue construir el templo que su padre, David, hubiera querido edificar. Le llevó 7 años concluirlo (aunque su propio palacio le llevó 13), y siguió los parámetros de los templos cananeos, probablemente por los artesanos fenicios que utilizó.

**1. El templo**, que medía unos 27,5 m x 9 m y casi 14 m de alto (90 x 30 pies y 45 pies de altura), se erguía sobre un plinto elevado. Al templo solo entraban los sacerdotes; el pueblo se reunía afuera al aire libre.

**2. El pórtico** de entrada, que medía 4,5 m x 9 m (15 x 30 pies), tenía al frente dos inmensos pilares no adosados.

**3. El lugar santo**, cubierto con paneles de madera de cedro, contaba con diez candeleros, un altar de incienso y una mesa para los panes sagrados.

**4. El lugar santísimo** tenía paredes cubiertas de oro. Dos inmensos querubines de oro velaban sobre el arca del pacto.

**5. Los cuartos para depósito** rodeaban el templo en tres de sus lados.

**6. La fuente de bronce**, que se usaba para lavarse, estaba sostenida por 12 toros de bronce.

Cuando se concluyó el templo, se llevó allí el arca del pacto y la nube de la presencia de Dios llenó el templo, abrumando a los sacerdotes y evitando que hicieran su labor (1 Reyes 8:1–10). La oración dedicatoria de Salomón (1 Reyes 8:22–61) muestra una espiritualidad de su parte que, tristemente, luego perdió.

El templo permaneció hasta el año 586 a.C., cuando los babilonios sitiaron Jerusalén y destruyeron todo. En ese mismo sitio se habrían de construir dos templos más; el primero, un edificio mucho más chico, después del exilio, y el siguiente lo construiría Herodes el Grande en la época de Jesús. En la actualidad en el sitio del templo hay una mezquita, motivo de gran contención entre judíos y musulmanes.

## JERUSALÉN EN TIEMPOS DE DAVID Y SALOMÓN

Salomón agrandó Jerusalén considerablemente más allá de la vieja ciudad jebusea de Sión que David había capturado.

Templo
? Monte Moriah
Palacio
Valle de Tiropeón
Otel
Valle de Cedrón
Puerta del Valle
Puerta CIUDAD DE DAVID
Fuente de Gihón
Valle de
Torrente de Cedrón
Valle de Hinom

── Probable extensión de Jerusalén, reinado de Salomón
---- Probable línea de los muros
Nota: Es difícil determinar la parte norte de la ciudad en esta época.

Estos pilares en Hazor podrían ser restos de los establos construidos durante el reinado de Salomón.

## Idea central: Tibieza

Aunque Salomón comenzó con buenas intenciones, gradualmente se fue entibiando en las cosas de Dios a medida que los placeres personales y el deseo de una vida cómoda se hicieron prioridad y lo alejaron del Señor y su palabra. Aunque fue un hombre sabio, no se dio cuenta de que si las personas no avanzan en dirección a Dios, retroceden y van a la deriva con el mundo.

# Literatura sapiencial
## UNA PALABRA PARA TODAS LAS ÉPOCAS

2000 AC
1900 AC
1800 AC
1700 AC
1600 AC
1500 AC
1400 AC
1300 AC
1200 AC
1100 AC
1000 AC
900 AC
800 AC
700 AC
600 AC
500 AC
400 AC
300 AC
200 AC
100 AC
1 DC
100 DC

Durante el reinado de Salomón floreció el esfuerzo por cuestiones intelectuales, por ejemplo música, botánica, biología y artes. Alrededor de este tiempo se escribieron los libros sapienciales (Job, Proverbios, Eclesiastés, Cantar de los Cantares). Esta es la sección "filosófica" de la Biblia, y aborda grandes preguntas, como por qué sufren los inocentes (Job), cómo puedo vivir de la mejor manera (Proverbios), cuál es el sentido de la vida (Eclesiastés) y qué es el amor (Cantares). Dichas preguntas eternas hacen que hoy estos libros sigan siendo relevantes.

## ¿Qué es la sabiduría?

La Biblia enseña que la sabiduría no es acumulación de información sino conocer mejor a Dios y permitir que eso moldee cada parte de la vida; es una combinación de lo intelectual (*entender* la verdad), lo *ético* (vivir la verdad) y lo *práctico* (usar la verdad). Según la Biblia, la gente necesita sabiduría. Como declara Eclesiastés: "la sabiduría del hombre hace que resplandezca su rostro y se ablanden sus facciones" (Eclesiastés 8:1).

## Eclesiastés

La vida no es justa, el trabajo no tiene sentido y los placeres nunca satisfacen, entonces ¿para qué? Esta es la perspectiva sorprendentemente pesimista de la vida que pareciera ofrecer Eclesiastés. Pero el autor estaba tratando de probar algo. Al escribir siendo ya anciano y considerando su pasado, llega a la conclusión de que la vida está llena de rompecabezas, y el mayor ejemplo es la humanidad. La gente corre por todos lados, trabaja intensamente, descubre cosas, trata de controlar su destino, pero aun así no le encuentra sentido a la vida, y además todos terminan igual, mueren.

¿Qué hacer, entonces? Eclesiastés declara que debemos ser conscientes de nuestras limitaciones y entender que solo Dios puede darle sentido a la vida, de modo que debemos servirlo. "El fin de este asunto es que ya se ha escuchado todo. Teme, pues, a Dios y cumple sus mandamientos, porque esto es todo para el hombre" (Eclesiastés 12:13).

Si bien Salomón puede haber escrito Eclesiastés (ver Eclesiastés 2:4–9), el libro comienza con las sencillas palabras "Éstas son las palabras del maestro". El Antiguo Testamento griego tradujo "maestro" con la palabra *Ekklesiastes*, de donde proviene el título en español.

## Job

Job es el relato de un buen hombre que perdió todo, sufrió indeciblemente y luchó para entender la razón. Pero resistiéndose a una actitud pasiva, procuró encontrar respuestas. Tres de sus amigos presentaron la perspectiva convencional de que el gran sufrimiento era resultado de haber obrado mal (una opinión que Jesús rechazó; ver Lucas 13:1–5 y Juan 9:1–3), pero las respuestas no fueron satisfactorias para Job. Eliú, un hombre joven, pensó entonces que él podría explicar la situación, pero su perspectiva de Dios, remota e insensible, fue tristemente inepta.

Leemos que Job continuó en su lucha hasta que tuvo un encuentro con Dios de una nueva manera —no a través de explicaciones ni palabras de consuelo sino a través de una revelación de la presencia, el poder y la justicia del Señor—, y eso le dio paz interior, aunque sus preguntas siguieron sin respuestas (Job 42:4–6).

Job demuestra que hacer preguntas en cuanto a la fe no está mal, y hacer preguntas correctas puede incluso fortalecer la fe; pero la mejor respuesta a las preguntas de la vida no es entender por qué pasan las cosas sino tener un encuentro con el Dios viviente.

El escenario de la historia de Job es la época de los patriarcas, cuando la riqueza se medía en cantidad de ovejas y ganado.

### TIEMPO PARA TODO

*"Todo tiene su momento oportuno; hay un tiempo para todo lo que se hace bajo el cielo"* (Eclesiastés 3:1) es la primera línea de un hermoso poema sobre las diferentes etapas de la vida y la necesidad de aceptar la libertad y la restricción que corresponden a cada fase (Eclesiastés 3:1–8).

Este reloj de sol de piedra caliza hallado en la zona del templo en Jerusalén probablemente haya sido usado por los sacerdotes para el horario de los cultos.

*La sabiduría es lo primero. ¡Adquiere sabiduría! Por sobre todas las cosas, adquiere discernimiento.*
**PROVERBIOS 4:7**

● VER TAMBIÉN
LOS SALMOS P46–47
PATRIARCAS P23
SALOMÓN P48–49

## Proverbios

Proverbios es una colección de breves refranes que enseñan sobre la sabiduría divina para la vida, y destacan lo que sucede con quienes no siguen dicho camino. Después de una introducción sobre los beneficios de la sabiduría (capítulos 1–9), hay muchos proverbios individuales, algunos escritos por Salomón (10:1–22:16; 25:1–29:27), y el resto por otras personas. Cada proverbio es independiente, de modo que leer capítulos enteros puede resultar tedioso; lo mejor es leer solo unos pocos por vez.

Proverbios cubre cada aspecto de la vida: familia, matrimonio, hogar, trabajo, pereza, pobreza, justicia, modales y actitudes. El mensaje llega a través de impactantes imágenes, contrastes dramáticos y figuras de la vida diaria, y muestran la bendición de la vida cuando vivimos como Dios desea. Sin embargo, por su misma esencia los proverbios son generalizaciones y no promesas específicas.

La sabiduría es tan fundamental que se la personifica (Proverbios 8:1–36), y se la muestra presente con Dios desde el principio. El Nuevo Testamento toma el hilo de la idea y muestra que el mismo Jesús es, en realidad, "sabiduría".

## Un proverbio clave

*"Confía en el Señor de todo corazón, y no en tu propia inteligencia. Reconócelo en todos tus caminos, y él allanará tus sendas".* (Proverbios 3:5–6)

*"El Señor aborrece las alabanzas adulteradas, pero aprueba las pesas exactas"* (Proverbios 11:1). En días de un comercio en expansión, Proverbios manifestó que Dios desea honestidad en los negocios e integridad en cada aspecto de la vida.

## Cantar de los Cantares

La sabiduría no es el único regalo de Dios; el amor también lo es, como descubrimos en el Cantar de los Cantares, la forma hebrea de decir "el más grande cantar". También se lo conoce como "Cantares de Salomón", un poema de amor que expresa las palabras de dos personas que se aman en una serie de imágenes sensuales (aunque nunca ordinarias), y a menudo se basa en el mundo natural de nuestro alrededor. Este libro ha sido interpretado como alegoría del amor de Dios para con Israel o del amor de Cristo por la iglesia. Si bien es posible, más que nada es una celebración de la relación amorosa y sexual entre un hombre y una mujer, y su inclusión en la Biblia muestra lo importante que es para Dios este aspecto de la vida.

Una novia el día de su boda, vestida con ropas tradicionales de los judíos yemenitas.

## Idea central: El temor del Señor

"El temor del Señor", algo que la Biblia considera fundamento del verdadero conocimiento y sabiduría, no se refiere a tenerle miedo a Dios, sino a sentir una sana estima por lo que Él es, y vivir a la luz de eso. Los cristianos creen que solo entonces se puede descubrir la verdadera sabiduría.

# La gran división
## EL PUEBLO DE DIOS SE DIVIDE

2000 AC
1900 AC
1800 AC
1700 AC
1600 AC
1500 AC
1400 AC
1300 AC
1200 AC
1100 AC
1000 AC
900 AC
800 AC
700 AC
600 AC
500 AC
400 AC
300 AC
200 AC
100 AC
1 DC
100 DC

Salomón había construido un gran reino, pero también había sembrado las semillas que llevaron a su caída, especialmente al imponer a su pueblo agobiantes cargas fiscales a fin de cubrir los gastos de sus grandes proyectos de construcción y para sostener su lujoso estilo de vida. A su muerte, no fue una sorpresa que los representantes de las tribus del norte, sobre quienes había impuesto la carga mayor, le pidieran a su hijo Roboam alivio de las agobiantes leyes. Él rechazó el sabio consejo de los ancianos, y siguió el consejo de sus amigos de que la vida debía ser aún más dura para las tribus del norte, y para demostrar quién estaba a cargo de la situación. El pueblo no recibió esto positivamente y se rebeló, y en su lugar coronó a Jeroboam, uno de los oficiales de Salomón, tal como había sido profetizado años antes (1 Reyes 11:9–13,26–40). Solo quedaron dos tribus fieles a Roboam.

El reino se había separado, dividiéndose según antiguas fronteras tribales, y nunca volvió a unirse. Como resultado de la falta de sabiduría de un hombre, ahora había dos naciones, Israel en el norte y Judá en el sur.

### TESORO ROBADO

"Sisac, rey de Egipto, atacó a Jerusalén en el quinto año del reinado de Roboán, y saqueó los tesoros del templo del Señor y del palacio real. Se lo llevó todo, aun los escudos de oro que Salomón había hecho."(1 Reyes 14:25–26). Este brazalete de oro de Nemoret, el hijo de Sisac, puede haber sido hecho con el oro robado del templo, ya que Sisac se aprovechó de la posición debilitada de Judá. Para tratar de actuar como si no hubiera pasado nada, Roboam reemplazó los escudos de oro con escudos de bronce, que desde lejos parecían similares.

A unos 90 m (300 pies) por sobre los fértiles valles vecinos, Samaria era una ubicación ideal para la nueva capital del norte. De tamaño parecido a Jerusalén, en varias ocasiones demostró ser impenetrable, y a los asirios les llevó tres años capturarla (2 Reyes 18:9–10).

*"¿Qué parte tenemos con David? ¿Qué herencia tenemos con el hijo de Isaí?"*
1 REYES 12:16

VER TAMBIÉN
BAAL P36
ELÍAS Y ELISEO P54–55
LOS PROFETAS P62–67
UN MUNDO DE SUPERPOTENCIAS P16–17

## EL REINO DIVIDIDO

### ISRAEL

**1. Siquem**, recientemente fortificada, se convirtió en la capital del norte (1 Reyes 12:25) en Efraín, el hogar de Jeroboam.

**2. Samaria** fue elegida por el rey Omri 50 años después como nueva capital que competía con Jerusalén (1 Reyes 16:23–24).

**3. Bet-el y Dan** se convirtieron en santuarios con becerros de oro (símbolos de la religión cananea) y sacerdotes propios para que el pueblo no fuera a adorar en el templo de Jerusalén (1 Reyes 12:26–33). En Reyes a esta idolatría se la llama constantemente "el pecado de Jeroboam".

**Siria (Aram), Amón y Moab** reafirmaron su independencia en esta época.

### JUDÁ

**Jerusalén** permaneció como capital del reino de Roboam de las dos tribus del sur, Judá y Simeón.

## El norte y el sur

El escritor de Reyes estaba más interesado en Judá que en Israel, porque escribía mientras Judá estaba exiliada en Babilonia y se preguntaba si había algún futuro, y él deseaba que supieran que sí. Espiritualmente, Judá era más importante que Israel, pero en lo político y lo económico, esta última era más grande, con más riquezas y más cultura, aunque en lo espiritual era corrupta. Su ubicación estratégica en las rutas comerciales más importantes tenía pros y contras, ya que aunque esto le brindaba prosperidad, también era el centro de una atención que no deseaba. Todas las potencias internacionales vigilaban a Israel, y a veces la invadían. A los 200 años fue eliminada por Asiria y el pueblo se dispersó definitivamente. Sin embargo, a Judá, que estaba sobre terreno montañoso y lejos de caminos transitados, por lo general se la ignoraba.

## Reyes de Israel y de Judá

Como se advierte en la tabla que sigue, Judá sobrevivió mucho más tiempo que Israel, y fue mucho más estable. En 210 años, Israel había tenido 20 reyes de varias dinastías, en tanto que Judá en 345 años tuvo 20 reyes de una sola dinastía, todos descendientes de David.

A veces es difícil seguir el hilo de la historia, ya que el escritor de Reyes de pronto habla de Judá y de pronto de Israel, pero su relato es cronológico. Siempre comienza con Judá, y después que determinado rey muere, trata sobre todos los reyes de Israel cuyos reinados comenzaron en ese período, y después vuelve la atención a Judá.

Siempre hay un comentario sobre si según a los ojos de Dios ese rey hizo lo "bueno" o lo "malo", y luego habla de las consecuencias.

| JUDÁ | ISRAEL |
|---|---|
| Roboam 930–913 | Jeroboam 930–909 |
| Abías 913–910 | |
| Asa 910–869 | Nadab 909–908 |
| | Baasa 908–886 |
| | Ela 886–885 |
| | Zimri 885 |
| | Tibni 885–880 |
| | Omri 885–874 |
| | Acab 874–853 |
| Josafat 872–848 | |
| | Ocozías 853–852 |
| | Joram 852–841 |
| Joram 848–841 | |
| Ocozías 841 | Jehú 841–814 |
| Atalía 841–835 | |
| Joás 835–796 | |
| | Joacaz 814–798 |
| | Joás 798–782 |
| Amasías 796–767 | |
| Azarías (Uzías) 792/767–740 | Jeroboam II 793–753 |
| | Zacarías 753 |
| | Salum 752 |
| | Manahem 752–742 |
| | Pekaía 742–740 |
| | Peka 740–732 |
| Jotam 750/740–735 | |
| Acaz 735–715 | |
| | Oseas 732–722 |
| Ezequías 715–686 | |
| Manasés 697–642 | |
| Amón 642–640 | |
| Josías 640–609 | |
| Joacaz 609 | |
| Joacim 609–598 | |
| Joaquín 598–597 | |
| Sedequías 597–586 | |

*Nota: Las fechas superpuestas indican corregencia*

Este podio excavado, que originalmente tenía techo, fue edificado por Jeroboam para poner el becerro de oro en Dan.

## Idea central: Actitud de servicio

Al inicio de 1 y 2 Reyes vemos a Israel como un sólido reino unido bajo un poderoso rey, y al final vemos ese reino colapsado, porque sus reyes olvidaron la importancia del servicio. Al margen de lo importante que se crean las personas, la Biblia indica que Dios nos llama a todos a ser siervos. El Nuevo Testamento enseña que aun Jesús tenía una vida de servicio (Mateo 20:25–28; Filipenses 2:5–7). Para los cristianos, el mismo corazón del reino de Dios es servicio.

# Elías y Eliseo

## HOMBRES OSADOS EN DÍAS DIFÍCILES

Después que el reino se dividió, Israel se alejó, no solo de Judá sino también de Dios. Los principales culpables fueron los reyes. La Biblia dice que ellos mezclaron el culto al "Dios viviente" con el culto a otros dioses ("sincretismo"), y hasta reemplazaron a Dios con Baal, el dios cananeo ("apostasía"). Sin embargo, los monarcas no quedaron impunes pues leemos que Dios envió profetas para confrontarlos, algo que empezó con Elías y Eliseo en el siglo IX a.C. Elías desafió a los poderosos y Eliseo fue defensor de los débiles, y juntos proclamaron el mensaje de que Dios no los había abandonado.

2000 AC
1900 AC
1800 AC
1700 AC
1600 AC
1500 AC
1400 AC
1300 AC
1200 AC
1100 AC
1000 AC
900 AC
800 AC
700 AC
600 AC
500 AC
400 AC
300 AC
200 AC
100 AC
1 DC
100 DC

### Dos estilos, un mensaje

Tal como vemos a través de Elías y Eliseo, para hacer su obra Dios usa a muchas personas distintas. Elías (que significa "mi Dios es el Señor") era de Galaad, y para quienes vivían en zonas urbanas él era un "don nadie" que venía de un lugar "miserable". Se vestía y comía toscamente, y era implacable al confrontar la religión y las políticas de los reyes de Israel. Sin embargo, su energía podía llevarlo tanto al pesimismo como al optimismo, y en una ocasión se deprimió tanto que quiso morir (1 Reyes 19:1–5). Por lo general era solitario, y creía ser el único que había permanecido fiel a Dios, y hasta se sintió resentido por tener que instruir a Eliseo. Este (cuyo nombre significa "mi Dios salva") era más tranquilo. Provenía de una familia adinerada, y abandonó todo para seguir el llamado de Dios (1 Reyes 19:19–21). Si bien a veces participaba de cuestiones internacionales, su principal preocupación era mostrar que quien proveía las necesidades diarias era Dios, no Baal.

Baal, el dios cananeo de la fertilidad, a menudo era representado con un rayo a modo de lanza, como símbolo de su control sobre el clima.

## EVENTOS CLAVE EN LA VIDA DE ELÍAS

### 1. TISBE
Lugar de nacimiento de Elías

### 2. ARROYO DE QUERIT
Luego de profetizar una sequía, Elías recibe alimentos de los cuervos (1 Reyes 17:1–5), y esto demuestra que Dios controla la naturaleza, no Baal

### 3. SAREPTA
Milagrosamente proveyó para una viuda y resucitó de los muertos al hijo de la mujer, la primera vez que la Biblia relata algo así (1 Reyes 17:7–24)

### 4. MONTE CARMELO
Ganó un desafío contra los profetas de Baal, y luego oró para rogar que lloviera, y llovió (1 Reyes 18:16–46)

### 5. JEZREEL
Por temor a Jezabel (esposa del rey Acab y devota de Baal), Elías huyó a Horeb (Sinaí), donde tuvo un importante encuentro con Dios (1 Reyes 19:1–18)

### 6. ABEL–MEHOLA
Ungió a su sucesor, Eliseo (1 Reyes 19:19–21)

### 7. JEZREEL
Cuestionó a Acab por apropiarse despiadadamente de la viña de Nabot (1 Reyes 21:1–28)

### 8. ESTE DEL JORDÁN (FRENTE A JERICÓ)
Llevado al cielo de modo milagroso (2 Reyes 2:1–12)

*¿Hasta cuándo van a seguir indecisos? Si el Dios verdadero es el Señor, deben seguirlo; pero si es Baal, síganlo a él.*
**1 Reyes 18:21**

VER TAMBIÉN
BAAL P36
JUAN EL BAUTISTA P80

Los dominante picos del Carmelo (unos 520 m, es decir 1700 pies sobre el nivel del mar) eran una ubicación ideal para el duelo entre Elías y los profetas de Baal. El motivo principal era determinar quién dominaba a Israel, Yahvéh o Baal.

La viña de Nabot, colindante con el palacio de Acab, fue confiscada de modo despiadado a instancias de Jezabel, y mostró un desprecio total a la Ley de Dios, ya que cada parcela se tenía en fideicomiso de parte de Dios, y pertenecía a una familia en forma permanente. Elías de modo inmediato condenó esta acción (1 Reyes 21:1–29).

## Vecinos del norte

Durante la mayor parte de su historia, Israel estuvo dominada por naciones vecinas más poderosas, especialmente Siria (Aram) y Asiria. En el 857 a.C., Ben–hadad de Siria sitió Samaria, pero Acab lo venció. Volvió a invadir la siguiente primavera, pero fue vencido en Afec (1 Reyes 20:1–34), y siguieron tres años de paz y una coalición contra Asiria. Pero al haberse aliado con Judá, Acab se volvió nuevamente contra Siria, y a pesar de un elaborado engaño de su parte, perdió la vida en el campo de batalla y perros lamieron su sangre, como Elías había profetizado (1 Reyes 21:19).

## Eventos clave en la vida de Eliseo

■ Fue el sucesor de Elías (2 Reyes 2:13–18).

■ Purificó agua (2 Reyes 2:19–22).

■ Proveyó para una viuda (2 Reyes 4:1–7).

■ Resucitó de los muertos a un muchacho (2 Reyes 4:8–37).

■ Purificó comida envenenada y alimentó a 100 personas (2 Reyes 4:38–44).

■ Sanó de lepra a Naamán, el comandante sirio (2 Reyes 5:1–27).

■ Recuperó un hacha perdida (2 Reyes 6:1–7).

■ Profetizó el fin del sitio de Samaria por parte de Siria (2 Reyes 6:8–7:20).

■ Ungió a Hazael como rey de Siria (2 Reyes 8:7–15) y envió a un profeta a ungir a Jehú como rey de Israel (2 Reyes 9:1–13), y así cumplió con tareas asignadas por Elías (2 Reyes 19:15–16).

**VER CON LOS OJOS ESPIRITUALES**

Desde Dotán, que estaba sobre este monte de 60 m (200 pies), había una clara vista del valle inferior. Cuando el siervo de Eliseo vio a los sirios (arameos) que venían a prender a éste, el profeta le pidió a Dios que abriera sus ojos, y "vio que la colina estaba llena de caballos y de carros de fuego alrededor de Eliseo" (2 Reyes 6:17). Este vio que los ángeles de Dios siempre están a nuestro alrededor, protegiéndonos (ver, por ejemplo, Salmo 91:9–13).

El túnel de agua en Meguido, que construyó Acab para proporcionar acceso a una fuente de agua cercana. Cavado de ambos extremos, cuando los obreros se encontraron a mitad de camino, el desnivel fue de solo 30 cm (1 pie), un logro notable en aquella época. Lamentablemente, los logros espirituales de Acab fueron patéticos.

## "Una doble porción"

Antes que Elías fuera llevado al cielo, Eliseo le pidió: "que sea yo el heredero de tu espíritu por partida doble" (2 Reyes 2:9). Esto no significa que estaba pidiendo el doble del poder de Elías, sino que pedía ser su sucesor. Cuando el padre moría, el hijo mayor recibía una porción doble de la herencia porque a partir de allí debía asumir responsabilidades para con el círculo familiar más amplio. Eliseo estaba diciendo que estaba listo para asumir las responsabilidades de Elías.

## Idea central: Milagro

Los cristianos creen que un milagro es una intervención sobrenatural de Dios. Por lo general en el Antiguo Testamento se limitaron a momentos cruciales de la historia de Israel (por ejemplo cuando Moisés liberó a Israel de la esclavitud en Egipto, o cuando Elías y Eliseo luchaban para que sobreviviera la fe de Israel). Los milagros anunciaban la presencia y el poder de Dios. En el Nuevo Testamento, fueron más comunes, no solo en el ministerio de Jesús y sus apóstoles, sino también en la iglesia primitiva, y muchos cristianos aun hoy declaran haber experimentado milagros.

# Profetas en el norte

## UN LLAMADO AL CAMBIO

"No mezclemos política con religión". Es una frase que hoy escuchamos con frecuencia, pero dicho llamado hubiera sido ignorado por los profetas del siglo VIII a.C. Ellos se interesaban no solo en la religión sino en todos los aspectos de la vida. Hicieron un desafío al pueblo, y le recordaron el carácter, el pacto y el llamado divino en sus vidas denunciando todo tipo de pecado (religioso, político o moral), llamándolos a volver a tener una verdadera relación con Dios. Los profetas declararon que si el pueblo no se arrepentía, pronto iba a descubrir cuál sería el castigo.

### Jonás

Después que Asiria venció a Siria (Aram), lo cual permitió que Jeroboam II restaurara la frontera de Israel como Jonás había profetizado (2 Reyes 14:25), Asiria se enorgulleció, y Dios envió a Jonás a Nínive, la ciudad capital, para darles una oportunidad de arrepentimiento (Jonás 1:1–2). Sin embargo, Jonás creía que el arrepentimiento era una opción para la gente buena como él, y no para enemigos como Asiria, de manera que se dirigió en dirección contraria. Pero como Dios ya había hecho con otros personajes de la Biblia, decidió enseñarle una lección. Después de que un enorme pez lo tragara (Jonás 1:4–17), Jonás rápidamente entendió el mensaje, fue liberado y una vez más Dios le encomendó esa misión. Esta vez él obedeció a Dios, pero se enojó porque Nínive se arrepintió (Jonás 3:4–10), algo que Jonás no hubiera imaginado. En la conclusión del relato vemos que Dios le muestra al profeta cuán pequeño es el corazón de este y cuán grande es el amor de Dios.

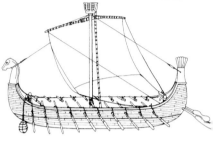

Al tratar de evitar el llamado que Dios le había hecho, Jonás se embarcó en una nave mercantil similar a esta, que se dirigía de Jope a Tarsis (probablemente en España).

Jesús alude a esta historia milagrosa de los tres días que Jonás pasó en el vientre del pez, como un paralelo con los tres días que pasaría en la tumba (Mateo 12:40–41; Lucas 11:30–32).

### Oseas

Oseas no sólo proclamó su mensaje sino que también lo vivió. Sufrió un profundo dolor cuando se casó con una mujer que le fue infiel y se convirtió prácticamente en una prostituta. Ella al final terminó en un mercado de esclavos, pero Oseas compró su libertad y la llevó de regreso al hogar luego que Dios lo instó a seguir amándola (Oseas 3:1–3).

La historia de Oseas es símbolo de la relación de Dios con Israel. Él se había "casado" con ella pero Israel "dominado por la prostitución, no reconoce al Señor" (Oseas 5:4 DHH), y lo abandonó para ir tras otras cosas (los dioses cananeos de la naturaleza y las prostitutas del templo). Sin embargo Dios no abandonó a su pueblo sino que permaneció fiel a ellos, los amó, y quiso que la relación se restaurara. Pero Oseas declaró que no había mucho tiempo. Asiria ya estaba en el umbral y el juicio se acercaba, de modo que debían arrepentirse con rapidez.

Con el trasfondo de una escena de la vida diaria, Oseas desafió a Israel: *"¡Siembren para ustedes justicia! ¡Cosechen el fruto del amor, y pónganse a labrar el barbecho! ¡Ya es tiempo de buscar al Señor!, hasta que él venga y les envíe lluvias de justicia"* (Oseas 10:12).

### SELLO DE AUTORIDAD

Este sello descubierto en Meguido data de la época de Jeroboam II (793–753 a.C.), quien condujo a la nación del norte a la cúspide de su poderío (2 Reyes 14:23–29). Siria (Aram) finalmente había sido subyugada, y fue un tiempo de paz y prosperidad. Los centros religiosos abundaban de peregrinos, aunque los profetas comprendieron que esto era solo un gesto superficial para tapar corrupción, injusticia e inmoralidad subyacente.

2000 AC
1900 AC
1800 AC
1700 AC
1600 AC
1500 AC
1400 AC
1300 AC
1200 AC
1100 AC
1000 AC
900 AC
800 AC
700 AC
600 AC
500 AC
400 AC
300 AC
200 AC
100 AC
1 DC
100 DC

● VER TAMBIÉN
ASIRIA P59
ELÍAS Y ELISEO P54–55
PROFECÍA P39

"El profeta, junto con Dios, es el centinela de Efraín" (Oseas 9:8). Así como un centinela vigilaba desde su puesto de observación, custodiando olivares y viñas, los profetas eran vigilantes espirituales que velaban por la vida de la nación y le proclamaban la palabra de Dios.

## Claves para leer a los profetas

Cuando leemos los libros de los profetas, es útil recordar que sus mensajes eran:

■ **Contemporáneos**, es decir relacionados con lo que pasaba en ese tiempo. Las referencias al futuro por lo general es para el futuro *de ellos*, no para el nuestro. Por cierto que algunas profecías se refieren a Jesús y a su reino futuro, aunque probablemente solo el 5%, y los lectores deben ser cuidadosos cuando tratan de aplicarlo al futuro.

■ **Poéticos**, ya que la poesía era un recurso útil para ayudar a la gente a recordar el mensaje. Los poemas incluían muchas imágenes que no se deben interpretar literalmente.

■ **Compilaciones**, pero no siempre pronunciadas en la misma ocasión. No siempre se seguía un orden cronológico, de modo que los lectores no deben tratar de que todo "encaje".

Escena del Obelisco Negro del rey Salmanasar III (858–824 a.C.) que representa al rey Jehú de Israel arrodillado ante el rey asirio.

## Amós

Amós, un pastor de ovejas que también cosechaba higos y provenía de Judá, en el sur, fue enviado al norte como profeta de Israel (Amós 7:14–15). Con base en Bet-el, profetizó durante el reinado de Jeroboam II, un tiempo de paz y prosperidad, al menos para algunos. Los ricos vivían con lujos extravagantes, pero a expensas de los pobres y pervirtiendo la justicia, algo que Amós sacó a la luz. Su mensaje no fue bien aceptado, y fue expulsado del santuario en Bet-el y obligado a ir a su casa. Amós advirtió que "el día del Señor" estaba a las puertas, y con él, el juicio sobre Israel. Ellos iban a ser exiliados (Amós 6:7), algo que sucedió en el 721 a.C., con la invasión de Asiria. Amós resalta que Dios se interesa por la justicia social y se preocupa por los pobres, y que una fe que no da lugar a eso, no es fe.

Así como el Jordán cuando sus corrientes son fuertes, Amós hizo un reto a Israel para que *"fluya el derecho como las aguas, y la justicia como arroyo inagotable"* (Amós 5:24).

## Idea central: Arrepentimiento

El punto fundamental del mensaje de los profetas era llamar al arrepentimiento; es decir, reconocer que el modo de vivir era equivocado, entristecerse por eso, cambiar de dirección, y comenzar a vivir a la manera de Dios. Los cristianos creen que solo puede haber perdón cuando media el arrepentimiento.

GÉN
ÉXODO
LEVÍT
NÚM
DEUT
JOSUÉ
JUECES
RUT
1 SAM
2 SAM
1 REYES
2 REYES
1 CRÓN
2 CRÓN
ESDRAS
NEHEM
ESTER
JOB
SALMOS
PROV
ECLES
CANT
ISAÍAS
JEREM
LAMEN
EZEQ
DAN
OSEAS
JOEL
AMÓS
ABDÍAS
JONÁS
MIQUEAS
NAHÚM
HABAC
SOFON
HAGEO
ZACAR
MALAQ
MATEO
MARCOS
LUCAS
JUAN
HECHOS
ROMAN
1 COR
2 COR
GÁLATAS
EFESIOS
FILIP
COLOS
1 TES
2 TES
1 TIM
2 TIM
TITO
FILEM
HEBR
SANT
1 PEDRO
2 PEDRO
1 JUAN
2 JUAN
3 JUAN
JUDAS
APOC

A nadie le agrada tener una superpotencia hostil a la vuelta de la esquina, pero cuando Asiria venció a Siria, eso fue lo que sucedió con Israel. Durante muchos años los profetas habían instado al cambio, pero el pueblo ignoró las advertencias y finalmente Dios permitió que Asiria,"vara de mi ira" (Isaías 10:5), tuviera libertad de acción. La disciplina llegó, e Israel fue destruida para siempre.

¿Por qué sucedió? El libro de Reyes nos dice que no fue solo por la superpotencia vecina, sino por el juicio de Dios.

### Años finales de Israel

Cuando surgió Tiglat–pileser III (745–727 a.C.), las ambiciones expansionistas de Asiria aumentaron y comenzaron a dirigirse hacia Israel. La historia de este período es compleja, pues Asiria sometió a Israel, fue rechazada, volvió a someterla, hasta que Asiria perdió la paciencia. Con la muerte del monarca mencionado, el rey Oseas de Israel quiso conseguir ayuda de Egipto, pero esto provocó al nuevo gobernante asirio, Salmanasar V, quien sitió Samaria, la capital de Israel. Durante tres años la ciudad resistió, pero al final cayó ante Sargón II, su sucesor, en el 722 a.C. Israel fue conquistada, muchos de sus habitantes deportados a distintos lugares del imperio asirio, y nunca regresaron a su patria (2 Reyes 17:3–6; 18:9–12). La historia de las diez tribus del norte había terminado.

### La vida en el norte

Desde que 200 años antes el reino se había dividido, la vida en Israel se había caracterizado por:

■ **Inestabilidad política**, con distintas dinastías que reemplazaban a la anterior, a menudo con derramamiento de sangre.

■ **Sincretismo religioso**, la mezcla del culto al "Dios viviente" con el culto a dioses cananeos, con la consiguiente idolatría, inmoralidad y hasta sacrificio de niños.

■ **Liderazgo ineficiente**, por parte de reyes débiles e impenitentes;

incluso a dos de los reyes más fuertes (Omri y Jeroboam II) el autor de Reyes les dedicó solo unas pocas líneas en razón de su falta de devoción a Dios.

■ **Alianzas internacionales**, con reyes que trataron de apuntalar una nación cada vez más débil.

Lo triste es que Israel no se caracterizó por volver a Dios. Y fue con este trasfondo que Dios había enviado profetas para hacerle un desafío al pueblo. Pero cuando este no respondió, Dios se vio forzado a usar a Asiria como herramienta de juicio.

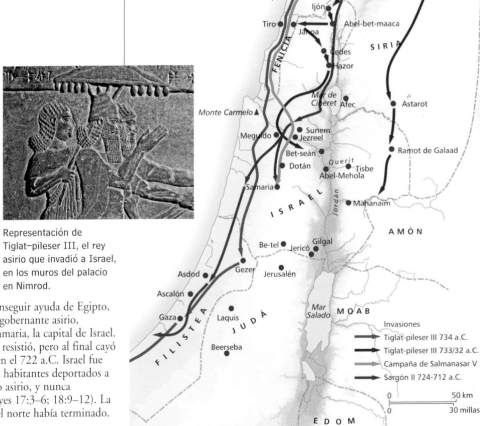

Representación de Tiglat–pileser III, el rey asirio que invadió a Israel, en los muros del palacio en Nimrod.

CAMPAÑAS DE ASIRIA EN ISRAEL Y SUS ALREDEDORES

Sidón
Damasco
Sarepta
Ijón
Abel-bet-maaca
Tiro
Janoa
FENICIA
SIRIA
Cedes
Hazor
Mar de Cíneret
Astarot
Afec
Monte Carmelo
Suñem
Meguido
Jezreel
Ramot de Galaad
Bet-seán
Querit
Dotán
Tisbe
Abel-Mehola
ISRAEL
Jordán
Samaria
Mahanaim
AMÓN
Be-tel
Gilgal
Jericó
Asdod
Gezer
Jerusalén
Ascalón
Mar Salado
MOAB
Gaza
Laquis
JUDÁ
Beerseba
FILISTEA
EDOM

**Invasiones**
→ Tiglat-pileser III 734 a.C.
→ Tiglat-pileser III 733/32 a.C.
→ Campaña de Salmanasar V
→ Sargón II 724-712 a.C.

0 ——— 50 km
0 ——— 30 millas

Cronología (columna lateral): 2000 AC, 1900 AC, 1800 AC, 1700 AC, 1600 AC, 1500 AC, 1400 AC, 1300 AC, 1200 AC, 1100 AC, 1000 AC, 900 AC, 800 AC, 700 AC, 600 AC, 500 AC, 400 AC, 300 AC, 200 AC, 100 AC, 1 DC, 100 DC

*Abandonaron todos los mandamientos del Señor su Dios… Por lo tanto, el Señor se enojó mucho contra Israel y lo arrojó de su presencia. Solo quedó la tribu de Judá.*
**2 REYES 17:16,18**

## Asiria

Los asirios se habían establecido en Mesopotamia alrededor del 2300 a.C., y llamaron a su país y a la capital con el nombre de su dios Asur. Tanto la capital como Nínive, la segunda ciudad en importancia, estaban sobre el Río Tigris, y esto aseguró suficiente provisión de agua y abundancia de cultivos; así la nación se volvió rica. Dicha riqueza aumentó a través de sus conquistas, en especial durante los siglos IX y VIII a.C. El ejército asirio era el más brutal que se hubiera conocido, e infligía gran sufrimiento como medio de intimidación, y para el siglo VII a.C. el imperio asirio era vasto y se extendía desde Egipto a Persia. Sin embargo, su extensión dificultaba las defensas, y en el 612 a.C. Babilonia se rebeló, destruyó Nínive, y con ello a todo el imperio asirio.

A medida que la riqueza de Asiria aumentaba con botines de guerra y rentas públicas de parte de naciones conquistadas, sus reyes tenían palacios y templos cada vez más lujosos, con relieves en piedra que con orgullo representaban la grandeza y las victorias del rey. Este relieve de soldados asirios perteneció al palacio de Senaquerib en Nínive.

El rey Sargón II anunció en sus propias inscripciones: "Al comienzo de mi reinado capturé Samaria. Llevé cautivas a 27.290 personas… Yo hice asentar en Samaria a pueblos de otras tierras que nunca habían pagado tributo".

### EL EXILIO DE ISRAEL

Las deportaciones masivas eran solo otro componente de la brutal política de guerra de Asiria. Muchos israelitas se dispersaron por todo el imperio, y otros pueblos conquistados fueron llevados a Israel, lo cual acabó toda zona de influencia potencial contra Asiria.

Las diez tribus de Israel fueron objeto de mitología. En realidad, si bien algunos aparentemente huyeron a Judá, la vasta mayoría se dispersó (y no tenemos idea de qué sucedió con ellos) o quedaron en la tierra para que se casaran con pueblos de otro grupo racial. Con el tiempo, estos fueron los samaritanos, a quienes los judíos del Nuevo Testamento despreciaban en vista de la impureza racial y religiosa.

## Idea central: Consecuencias

A partir de Adán y Eva, toda actividad humana ha tenido consecuencias. Los cristianos creen que Dios siempre puede redimir a las personas de situaciones que ellas mismas provocan, pero si tales personas continúan ignorando a Dios y endureciendo su corazón como hizo Israel en los 200 años de su historia, las acciones producirían consecuencias. Según la Biblia, Dios quiere que la gente piense en las consecuencias *antes* de tomar decisiones, no después.

### Mapa

IMPERIO
Lago Urmía
Carquemis
Harán — Gozán
Alepo
Nínive — Dur Sharrukin
Cala — Arbela
Asur — Arrapkha
ASIRIO
Tigris
MEDIA
Ecbatana
Behistún
Hamat
Éufrates
Biblos
Sidón — Damasco
Tiro
Samaria
Jerusalén
ARUBU (ÁRABES)
Babilonia
Susa

→ Ruta de los israelitas exiliados

0 ——— 300 km
0 ——— 180 millas

## Los últimos reyes de Israel

■ **Manahem** (752–742 a.C.) pagó un alto tributo a Asiria para poder seguir en el poder (2 Reyes 15:17–22).

■ **Pekaía** (742–740 a.C.) fue asesinado por uno de sus oficiales, Peka (2 Reyes 15:23–26).

■ **Peka** (740–732 a.C.) se alió con Siria contra Acaz de Judá, quien a su vez pidió ayuda a Asiria. Esta destruyó Damasco y deportó a los sirios (2 Reyes 15:29; 16:5–9). A cambio de la ayuda asiria, Judá tuvo que someterse a ella.

■ **Oseas** (732–722 a.C.) se negó a pagar tributo a Asiria, y pidió ayuda a Egipto. Como respuesta, Asiria sitió Samaria, capturó a Oseas y deportó a los israelitas (2 Reyes 17:3–6; 18:9–12).

# Mientras tanto en el sur...

## LA OBEDIENCIA PRODUCE BENDICIÓN

En las páginas previas, hemos hablado de la historia de Israel, la nación del norte, desde su separación después de la muerte de Salomón (930 a.C.) hasta la destrucción y el exilio (722 a.C.). Mientras tanto, en el sur, se iba develando algo distinto. Unos 500 años antes, Moisés le había dicho al pueblo de Dios que si obedecían al Señor, recibirían bendición, pero si desobedecían, no (Deuteronomio 28). Este precepto deuteronómico es el principio rector en Reyes pues muestra lo que sucedió con Judá cuando sus reyes obedecían, y lo que le sucedió cuando no lo hacían.

**EL PODER DE LA ALABANZA**

Superados en número por una inmensa fuerza de moabitas y amonitas en el Desierto de Tecoa (arriba), Josafat le rogó ayuda a Dios (2 Crónicas 20:1–12). Animado por la profecía de que el Señor los rescataría, Josafat asignó a un coro la tarea de marchar al frente, cantando alabanzas a Dios. Durante esa adoración, repentinamente sus enemigos se volvieron unos contra otros; el ejército quedó aniquilado, y esto significó ganado, mercancías y tesoros para Judá, a tal punto que sobrepasaba lo que cada uno podía tomar. Este acontecimiento produjo temor de Dios en las naciones vecinas (2 Crónicas 20:13–30).

**PRIMEROS REYES DE JUDÁ**

**Roboam** (930–913) fortaleció las defensas de ciudades importantes (2 Crónicas 11:5–12); no evitó que el culto a Baal aumentara (1 Reyes 14:22–24), y fue dominado por Sisac de Egipto (1 Reyes 14:25–28; 2 Crónicas 12:1–20).

**Abías** (913–910 a.C.) "no siempre fue fiel al SEÑOR su Dios" (1 Reyes 15:3).

**Asa** (910–869 a.C.) obedeció a Dios, sus hechos "fueron buenos a los ojos del Señor" (1 Reyes 15:11, DHH); eliminó el culto a Baal (1 Reyes 15:11–15; 2 Crónicas 14:2–6; 15:1–19); confiando en Dios, repelió una invasión cusita (2 Crónicas 14:9–15), pero luego abandonó esa confianza y se alió a Siria (Aram) contra Israel, a fin de terminar con el constante conflicto (1 Reyes 15:16–22; 2 Crónicas 16:1–10).

**Josafat** (872–848 a.C.) "hizo lo que agrada al SEÑOR" (1 Reyes 22:43); se aseguró de que al pueblo se le enseñara la Ley de Dios (2 Crónicas 17:7–9); consolidó el ejército y aumentó las defensas (2 Crónicas 17:10–19); se alió con Israel contra Siria, y casi perdió la vida (1 Reyes 22:1–36; 2 Crónicas 18:1–19:3), y venció a Moab y Amón por medio de una marcha de alabanza (2 Crónicas 20:1–30).

**Joram** (848–841 a.C.) se casó con Atalía, hija de Acab y Jezabel de Israel; terminó siguiendo los malos caminos de ellos (2 Reyes 8:16–24; 2 Crónicas 21:1–20); sufrió una muerte terrible, como predijo Elías (2 Crónicas 21:12–19); "nadie se lamentó por su muerte" (21:20 TLA).

**Ocozías** (841 a.C.) desobedeció e "hizo lo que ofende al SEÑOR" (2 Reyes 8:27 DHH) y recibió una herida mortal durante una batalla con Israel contra Siria (2 Reyes 9:14–28; 2 Crónicas 22:1–9).

**Atalía** (841–835 a.C.) fue esposa de Joram y la única reina de Judá; trató de eliminar a la casa real de Judá para ostentar el poder, pero fue depuesta por un golpe de estado y reemplazada por su nieto Joás, con lo cual se reinstauró la dinastía davídica (2 Reyes 11:1–21; 2 Crónicas 22:10–23:21).

**Joás** (835–796 a.C.) tenía siete años cuando empezó a reinar; fue obediente y sus hechos "fueron rectos a los ojos del Señor" (2 Reyes 12:2); organizó las reparaciones del templo (2 Reyes 12:1–21; 2 Crónicas 24:1–14), pero después que murió su consejero, Joiada, se volcó al culto pagano (2 Crónicas 24:17–27).

**Amasías** (796–767 a.C.) obedeció e "hizo lo que agrada al SEÑOR, aunque no como lo había hecho su antepasado David" (2 Reyes 14:3); toleró religiones paganas; llevó a su pueblo dioses edomitas después de una terrible masacre (2 Reyes 14:7–20; 2 Crónicas 25:5–16); desafió con arrogancia a Joás de Israel, y este lo atacó y saqueó el templo (2 Reyes 14:8–14; 2 Crónicas 25:17–24), y en una conspiración en Laquis lo mataron.

**Azarías** (Uzías) (792/767–740 a.C.) reinó 52 años (inicialmente como corregente de su padre); hizo lo recto ante los ojos de Dios (2 Reyes 15:3); tuvo éxito mientras confió en Dios; venció a los filisteos, los árabes y los amonitas; "era un amante de la agricultura" (2 Crónicas 26:10) e instó al pueblo a cultivar la tierra; ofreció sacrificios que solo podían hacer los sacerdotes, y enfermó

*Si obedeces al Señor tu Dios, todas estas bendiciones vendrán sobre ti y te acompañarán siempre.*
DEUTERONOMIO 28:2

● VER TAMBIÉN
ISAÍAS P62–63
LA GRAN DIVISIÓN P52–53
LOS ÚLTIMOS DÍAS DE ISRAEL P58–59
PROFETAS EN EL NORTE P56–57

de lepra; permaneció enfermo hasta su muerte, lo que equivalió a estar en impureza ceremonial y a no poder entrar más en el templo (2 Crónicas 26:16–23).

**Jotam** (750/740–735 a.C.) "llegó a ser poderoso porque se propuso obedecer al Señor su Dios" (2 Crónicas 27:6); prosperaron las actividades militares y edilicias.

**Acaz** (735–715 a.C.) fue uno de los peores reyes de Judá; instó al culto de dioses cananeos y asirios; "sacrificó en el fuego a su hijo" (2 Reyes 16:3); fue necio al apelar a Asiria para obtener ayuda contra Siria e Israel, a pesar de que Isaías lo animó a que confiara solo en Dios; fue rescatado por Asiria, que capturó Damasco y deportó a sus habitantes, pero tuvo que subordinarse a ella (2 Reyes 16:7–18; 2 Crónicas 28:16–25).

## LAS NACIONES ALREDEDOR DE JUDÁ

Sidón ●
Damasco ●
Tiro ●
FENICIA
SIRIA
GESUR
Mar de Cineret
Mar Grande
Ramot de Galaad ●
Samaria ●
Siquem ●
ISRAEL
Silo ●
Bet-el ●
Rabá
AMÓN
Jerusalén ●
Jordán
Mar Salado
Gaza ●
Kir-hareset ●
MOAB
FILISTEA
JUDÁ
EGIPTO
EDOM
0 — 50 km
0 — 30 millas

Sitio de la citadela rocosa de Sela (luego se la conoció como Petra) desde donde el rey Amasías arrojó al vacío a 10.000 edomitas.

### LEPRA, TERRIBLE ENFERMEDAD

El rey Uzías contrajo lepra, la enfermedad crónica de la piel tan común en los tiempos bíblicos. Caracterizada por múltiples lesiones en la piel, pérdida de sensibilidad y debilidad muscular, puede producir deformaciones, ya sea por lastimaduras involuntarias o, en los casos más avanzados, como consecuencia de gangrena. La lepra tenía inmensas consecuencias emocionales y sociales, pues los leprosos debían estar alejados de la gente (ver, por ejemplo, Levítico 13:45–46). En muchos de sus milagros, Jesús sanó a leprosos.

### LA PROVISIÓN DE DIOS

El manantial de Gihón, fuente del suministro de agua de Jerusalén, proveía agua al acueducto donde Isaías le profetizó a Acaz: "La virgen concebirá, y dará a luz un hijo, y llamará su nombre Emanuel" (Isaías 7:14, RVR 1960). Si bien el significado inmediato tenía que ver con tranquilidad para la amenaza asiria, el Nuevo Testamento considera que es una profecía sobre el nacimiento de Jesús (Mateo 1:22–23).

## Idea central: Bendición
● ● ● ● ● ● ● ● ● ● ● ● ● ● ●

Mientras el mundo desea tener buena suerte, la Biblia promete bendición, es decir la presencia y el favor de Dios para quienes confían en Él y lo obedecen. Pero cuando no lo hacen, en forma automática se están excluyendo de esa bendición.

## ESO NUNCA NOS PODRÍA PASAR

"¡A nosotros nunca nos podría pasar!" Si hubo una declaración equivocada a través de la historia, fue esta, como Judá estaba por descubrir. Mientras Israel, su contraparte del norte, había continuado por un sendero desastroso, Judá había permanecido alerta, segura y satisfecha de sí. Después de todo, muchos creían que Israel había producido su propia caída, pero Judá por cierto estaba segura en vista de los reyes davídicos y el templo. Sin embargo, los profetas dijeron que no podían depender de dicha seguridad, y que Dios exigía que el pueblo de Judá viviera consagrado al Señor. Si no lo hacían, pronto terminarían como Israel.

Vista aérea del "tell" (montículo de una ciudad en ruinas) en Laquis, destruida por Senaquerib. Los arqueólogos han descubierto fosas comunes y señales de que el muro de la ciudad fue quemado.

### PRISMA DE SENAQUERIB

El rey Senaquerib dejó registros, como este prisma de unos 40 cm (15 pulgadas) de alto, donde leemos: *"En lo que se refiere a Ezequías de Judá, quien no se había sometido a mi yugo, yo rodeé y capturé 46 de sus ciudades fuertes, las fortalezas, e innumerables lugares más chicos de los alrededores, usando rampas para sitiar, avanzando con arietes, luchando con soldados de a pie, debilitando, abriendo brechas y socavando. A él lo encerré en Jerusalén, su ciudad real, como un ave en una jaula."*

### SENAQUERIB Y LA INVASIÓN A JUDÁ

Cuando Ezequías se convirtió en rey de Judá en el 715 a.C., a Sargón II, el nuevo emperador de Asiria, lo ocupaban problemas en otras regiones de su imperio, lo cual ofreció a Ezequías tiempo para la acción. Depuró a Judá del paganismo, y reorganizó el templo y la adoración; fortificó ciudades, preparó suministro subterráneo de agua para Jerusalén en caso de ataques, y se alió con Egipto y Cus (lo que hoy se conoce como norte de Sudán). Pero en el 701 a.C., Sargón una vez más dirigió su atención a Judá.

1. Senaquerib invadió Fenicia.

2. Senaquerib derrotó a un ejército egipcio–cusita en Elteke.

3. Asiria destruyó la ciudad fortificada de Laquis y otras 46 ciudades.

4. Asiria sitió Jerusalén. Ezequías oró a Dios e Isaías prometió liberación (2 Reyes 18:17–19:34). *"Esa misma noche el ángel del Señor salió y mató a ciento ochenta y cinco mil soldados del campamento asirio"* (19:35).

5. Senaquerib se retiró y regresó a Nínive, aunque Judá tuvo que pagar altos tributos. Jerusalén se había salvado, pero ¿haría caso Judá de la advertencia que Dios había hecho?

(La historia en 2 Reyes 18–19 aparece también en 2 Crónicas 32 e Isaías 36–37.)

Sidón
Tiro
Usu
Aco
Mar de Cineret
FENICIA
SAMARIA
Samaria
Jordán
Jope
Afec
Bene-berac
2
Elteque
Asdod
Timnat
Ecrón
4  5
Jerusalén
Ascalón
Libna
3
Belén
Gaza
Laquis
Hebrón
Zif
Mar Salado
MOAB
Gerar
Soco
FILISTEA
JUDÁ
Arad
Beerseba
AMÓN

0 _____ 50 km
0 _____ 30 millas

→ Avance asirio
→ Avance egipcio

EDOM

Timeline (left margin):
2000 AC
1900 AC
1800 AC
1700 AC
1600 AC
1500 AC
1400 AC
1300 AC
1200 AC
1100 AC
1000 AC
900 AC
800 AC
700 AC
600 AC
500 AC
400 AC
300 AC
200 AC
100 AC
1 DC
100 DC

*El Señor está a punto de traer contra ellos las impetuosas crecientes del río Éufrates: al rey de Asiria con toda su gloria.*

ISAÍAS 8:7

● VER TAMBIÉN
ASIRIA P59
EL SUR P60–61
JEREMÍAS P64–67

## El profeta Isaías

Isaías comenzó su ministerio en el 740 a.C., *"el año de la muerte del rey Uzías"* (Isaías 6:1). El rey terrenal podría haber muerto, pero Dios quería que el profeta supiera que el Rey de reyes aún estaba en su trono, una verdad reafirmada por una impactante visión que transformó para siempre su vida (Isaías 6:1–13).

Sus escritos, el libro profético más largo de la Biblia, tiene tres secciones principales:

■ Capítulos 1–39, la vida antes del exilio de Judá en Babilonia.

■ Capítulos 40–55, la vida hacia el final de ese exilio.

■ Capítulos 56–66, la vida después del exilio.

Algunos declaran que Isaías no pudo haber escrito todo esto, pero esta posición refleja una idea preconcebida de que la profecía específica a largo plazo es imposible.

Por medio de impactantes imágenes (probablemente la poesía más refinada del Antiguo Testamento), Isaías profetiza tanto el juicio como la salvación por medio de "el santo de Israel" (un título que se usa 26 veces).

### TEMAS CLAVE EN ISAÍAS

▶ La religión sin relación no tiene sentido (1:11–20).

▶ Confiar solo en Dios (7:1–25; 37:1–38).

▶ Juicio contra Judá por medio de Babilonia (39:1–8).

▶ Dios restaura a su pueblo (40:1–31)

▶ La llegada del mesías y su reino (11:1–9).

▶ Dios y su nueva creación (65:17–66:24).

### PROFECÍAS SOBRE JESÚS EN ISAÍAS

▶ Su nacimiento virginal (7:14).

▶ Su divinidad y su reinado (9:6–7).

▶ Su sufrimiento y muerte por la humanidad (52:13–53:12).

▶ Su ministerio por el poder del Espíritu de Dios (61:1–3).

## Joel

Si bien sabemos poco sobre Joel, temas similares a los de Isaías y Amós parecen sugerir que vivió en el siglo VIII a.C. (aunque algunos lo ubican posteriormente). El mensaje de Joel surgió por una plaga de langostas que habían devorado la tierra (Joel 1:1–4). Vio que no fue un desastre natural sino una llamada de atención divina, una señal profética de que el día de Jehová estaba por venir y traería consigo juicio a menos que el pueblo se arrepintiera. Joel declara que Dios no deseaba la plaga de langostas ni el juicio, sino su bendición divina y su Espíritu. "Después de esto, derramaré mi Espíritu sobre todo el género humano" (Joel 2:28). El Nuevo Testamento dice que esta promesa se cumplió finalmente en el día de Pentecostés (Hechos 2:14–21).

Este relieve del palacio de Senaquerib en Nínive representa su exitoso sitio a Laquis.

## Miqueas

Miqueas, contemporáneo de Isaías, profetizó el derrocamiento de Samaria (Miqueas 1:3–7) y dijo que le sucedería lo mismo a Judá si no cambiaba. Cuestionó la idolatría, la injusticia y los vacíos rituales religiosos, y reprendió a los líderes por no sentar ejemplo. Sin embargo, y porque Dios no guarda su enojo para siempre, había esperanza al mirar hacia el futuro, cuando judíos y gentiles subirían juntos al monte del Señor para aprender sus caminos.

Así como Isaías, Miqueas también vio la llegada de Jesús, y profetizó que nacería en Belén, que en realidad era un páramo (Miqueas 5:2).

### Idea central: El día del Señor

"El día del Señor" es un tema que hallamos en 9 de los 16 profetas; el día cuando Dios juzgaría el pecado, destruiría a sus enemigos y liberaría a su pueblo. Pero el desafío de los profetas fue que también sería un día que revelaría si el comportamiento del pueblo de Dios se había diferenciado de otros pueblos.

# Jeremías y los profetas

## SE ACERCA EL DESASTRE

Asiria se había retirado de Jerusalén por la milagrosa intervención de Dios, pero ahora tenía otros problemas. Babilonia, su vecina, estaba sopesando la situación, y aunque Judá se sentía segura por ser la nación escogida por Dios, profetas como Jeremías predijeron el inminente desastre.

### Reyes malos y buenos

Después de la muerte de Ezequías, su hijo **Manasés** (697–642 a.C.) rápidamente deshizo todo lo bueno que había hecho su padre y llevó a Judá a lo más profundo del culto a Baal. Levantó altares paganos en el templo y hasta sacrificó a su propio hijo, acciones que los profetas condenaron con vehemencia (2 Reyes 21:1–18). Amón, el hijo de Manasés (642–640 a.C.), fue tan malo como su padre y reinó solo dos años, hasta que sus oficiales lo asesinaron (2 Reyes 21:19–24).

Sin embargo, con la llegada de Josías (640–609 a.C.), la situación se revirtió. Aunque solo tenía ocho años cuando se convirtió en rey, fue uno de los mejores monarcas de Judá. Su héroe era el rey David, y a los 16 años decidió buscar a Dios como había hecho David, y empezó eliminando todos los indicios del culto a Baal (2 Crónicas 34:3–7). Durante los trabajos de renovación del templo, se descubrió el "libro de la Ley" (2 Reyes 22; 2 Crónicas 34), que según muchos eruditos fue Deuteronomio. A medida que a Josías le leían estas palabras, sintió consternación por cómo Judá se había alejado de Dios (incluso hasta el extremo de perder parte de las Escrituras y no notarlo). Hizo que el pueblo se reuniera para renovar el pacto con Dios y para celebrar la Pascua, algo que se había descuidado por mucho tiempo. Sin embargo, Josías perdió la vida en una batalla contra Egipto.

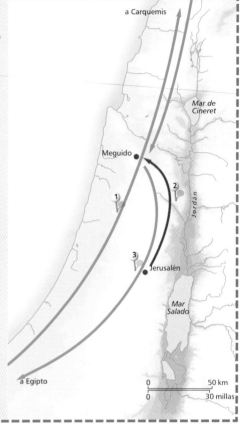

### LA ÚLTIMA BATALLA DE JOSÍAS

1. El faraón Necao marchó desde Egipto a Carquemis, sobre la ribera del Éufrates, para ayudar a Asiria contra Babilonia.

2. Josías interceptó al ejército de Egipto en Meguido (609 a.C.), donde murió en el campo de batalla (2 Crónicas 35:20–24).

3. Al regresar vencido en Carquemis, Necao tomó venganza y destituyó a Joacaz reemplazándolo por su hermano Eliacim, que estaba a favor de Egipto, y a quien llamó Joacim.

La riqueza babilónica se reflejaba en grandes proyectos de construcción. El muro de la "Avenida Procesional", que cruzaba la ciudad por la Puerta Ishtar, estaba surcado por hermosas criaturas hechas de ladrillos vidriados, como este león, símbolo del poderío de Babilonia.

### El auge de Babilonia

Cuando Merodac–baladán visitó a Ezequías (2 Reyes 20:12–19), Babilonia solo había sido un pequeño estado al sur de Asiria, aunque Isaías había profetizado que su poder iría en aumento (Isaías 39:5–7). Con Nabopolasar, que inició una nueva dinastía babilónica y se rebeló por no querer someterse a Asiria, Babilonia realmente creció e invadió Asiria en el 616 a.C. y capturó Nínive en el 612 a.C. Luego de vencer al ejército asirio–egipcio en Carquemis en el 615 a.C., Asiria llegó a su fin, y ese imperio y toda su riqueza pasó a manos del nuevo imperio babilónico.

El sitio de la antigua Babilonia. La ciudad estaba dividida por el Éufrates, y había un puente que conectaba ambas orillas. Sus muros tenían unos 8 km (5 millas) y eran anchos como para que un carro con cuatro caballos pudiera voltearse sobre ellos.

*Desde el norte se derramará la calamidad sobre todos los habitantes del país.*
JEREMÍAS 1:14

● VER TAMBIÉN
CAÍDA DE JERUSALÉN P66–67
ISAÍAS Y LOS PROFETAS P62–63
TORRE DE BABEL P14–15

## Jeremías

Jeremías fue un renuente profeta llamado por Dios durante el reinado de Josías (Jeremías 1:4–19). El poderío de Asiria se estaba derrumbando y eso le daba esperanza al pueblo, pero Jeremías sabía que, a pesar de las reformas de Josías, en Judá todavía existía una profunda infidelidad hacia Dios.

El pueblo todavía dependía de un exterior religioso y no de una verdadera relación con Dios expresada en conducta piadosa unos a otros (Jeremías 7:1–15). El profeta les había advertido que si no cambiaban, recibirían juicio. Sin embargo, la prosperidad de Judá hizo que las advertencias de Jeremías parecieran inverosímiles, en especial porque Asiria había sido derrotada y Nínive destruida, y pocos tomaron en serio sus mensajes. Como resultado, Jeremías a veces se deprimía al extremo.

Sin embargo, a la muerte de Josías las profecías se volvieron más probables. Joacim trató de silenciarlo, pero no dio resultado ya que cuando a Jeremías se le prohibió entrar al templo, puso sus mensajes por escrito y los hizo leer al pueblo. Él advirtió que Jerusalén se encaminaba al desastre, que el templo sería destruido, y que la mejor opción era rendirse ante Babilonia. Pero para Joacim esto parecía alta traición.

*Antes de formarte en el vientre, ya te había elegido; antes de que nacieras, ya te había apartado; te había nombrado profeta para las naciones* (Jeremías 1:5). Que Dios alentara a Jeremías refleja la enseñanza bíblica de que la vida no solo comienza en la concepción, sino que además Dios tiene propósitos para nosotros incluso antes de eso (ver también Salmo 139:13–16).

*Pueblo de Israel, ¿acaso no puedo hacer con ustedes lo mismo que hace este alfarero con el barro?–afirma el Señor. Ustedes, pueblo de Israel, son en mis manos como el barro en las manos del alfarero* (Jeremías 18:6). Jeremías declaró que así como el alfarero moldea el barro a su gusto, así el Señor soberano podía hacer con su pueblo. Judá estaba por ser remoldeada en forma radical.

### Otros profetas

Jeremías no fue el único en proclamar el mensaje de Dios en ese tiempo. Sofonías y Nahúm también profetizaron durante el reinado de Josías, y ambos hablaron sobre el juicio que estaba por llegar.

**Sofonías,** que predicó en los primeros años de Josías, centró la atención en el inminente juicio de *Judá* por el modo en que había descuidado las responsabilidades del pacto.

**Nahúm,** que habló en años posteriores del reinado de Josías, centró la atención en el juicio a *Asiria*, por la crueldad y la opresión de esta, y de manera vívida profetizó el colapso de Nínive.

### Idea central: La ira de Dios

Los profetas explicaron que la ira de Dios, es decir su justo enojo por el pecado, era como vino que se guardaba en una copa, listo para ser servido como juicio (por ejemplo, Jeremías 25:15–19). Pero si bien el pueblo esperaba esto para los enemigos de Dios, Jeremías dijo que también les sucedería a ellos a menos que cambiaran de rumbo.

Sin embargo, el Nuevo Testamento dice que Jesús bebió esta copa por nosotros, y así bebió la ira de Dios en la cruz. No es de extrañar que en Getsemaní su oración haya sido: "Padre mío, si es posible, no me hagas beber este trago amargo" (Mateo 26:39).

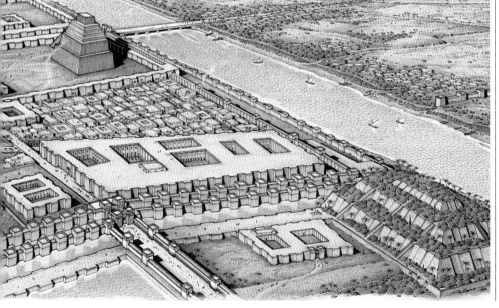

# La caída de Jerusalén

## LA DISCIPLINA DE DIOS

2000BC
1900BC
1800BC
1700BC
1600BC
1500BC
1400BC
1300BC
1200BC
1100BC
1000BC
900BC
800BC
700BC
600BC
500BC
400BC
300BC
200BC
100BC
AD1
AD100

Durante 350 años los profetas habían llamado al pueblo a regresar a Dios. Como no lo hizo, el juicio fue inevitable. Después de Israel en el 722 a.C., ahora le tocaba el turno a Judá. Babilonia sitió Jerusalén, destruyó el templo, y llevó al pueblo al exilio. Judá acababa de descubrir qué era la disciplina de Dios.

### El comienzo del fin

Después de la derrota de Egipto en Carquemis, Joacim fue arrastrado al creciente imperio babilónico. Se sometió tres años, pero luego se rebeló. El poderío de Babilonia cayó con gran fuerza sobre Judá en el 598 a.C., año en que murió este rey. Su hijo Joaquín lo sucedió, pero no pudo resistirse a Babilonia, y solo duró tres meses en el trono. Jerusalén fue tomada en el 597 a.C., y Joaquín y sus súbditos más importantes (incluyendo a Ezequiel) fueron llevados a Babilonia para reunirse con los que ya estaban allí desde una deportación anterior en el 605 a.C. (de la cual Daniel fue parte). El tesoro del palacio y del templo fueron expropiados.

Nabucodonosor, que había llegado al poder en Babilonia en el 605 a.C., designó rey a Sedequías, quien con el tiempo también se rebeló y colmó la paciencia del gobernante babilónico. En el 588 a.C. este marchó contra Jerusalén y la sitió por dos años hasta que cayó en el 586 a.C. Los muros fueron destruidos, todos los edificios importantes (el templo incluido) fueron derribados, y la población fue exiliada a Babilonia (2 Reyes 25:1–21; 2 Crónicas 36:15–21; Jeremías 52:1–30). Sedequías, que había tratado de escapar, fue capturado, sus hijos fueron asesinados en su presencia, y luego le sacaron los ojos y lo enviaron al exilio. La historia de Judá parecía haber llegado a su fin.

Esta tablilla de barro es parte de la Crónica Babilónica, que registró eventos desde el 605–594 a.C. Menciona la llegada al trono de Nabucodonosor II, su batalla contra Egipto en Carquemis y la captura de Jerusalén.

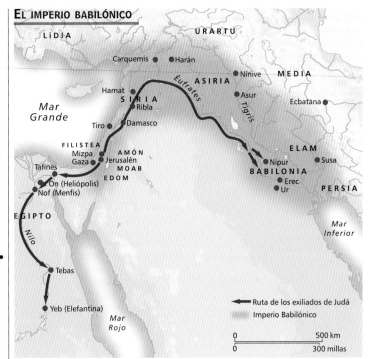

### EL IMPERIO BABILÓNICO

LIDIA
URARTU
Carquemis
Harán
ASIRIA
Nínive
MEDIA
Hamat
Éufrates
Asur
Ecbatana
SIRIA
Ribla
Tigris
Mar Grande
Tiro
Damasco
FILISTEA
ELAM
Mizpa
AMÓN
Nipur
Susa
Gaza
Jerusalén
BABILONIA
Tafines
MOAB
Erec
On (Heliópolis)
EDOM
Ur
PERSIA
Nof (Menfis)
EGIPTO
Mar Inferior
Nilo
Tebas
Ruta de los exiliados de Judá
Imperio Babilónico
Yeb (Elefantina)
Mar Rojo
0        500 km
0        300 millas

### Continuación de la obra de Jeremías

A pesar de muchos obstáculos, Jeremías hasta su muerte anunció al pueblo el mensaje de Dios:

■ Cuando se le prohibió entrar al templo, le dictó profecías a Baruc para que se las leyera al pueblo. Joacim rompió su rollo y lo quemó, y así mostró desprecio por las palabras de Dios (Jeremías 36:1–32).

■ Le escribió a los exiliados, alentándolos a afincarse en Babilonia porque iban a pasar 70 años hasta que Dios los llevara de regreso a su nación (Jeremías 29:1–23).

■ También profetizó que Dios no solo iba a restaurar a su pueblo sino que además iba a hacer con ellos un nuevo pacto, no basado en aspectos externos sino uno que escribiría en la mente y el corazón (Jeremías 31:31–34).

■ Compró un campo mientras el rey de Babilonia estaba sitiando Jerusalén (Jeremías 32:1–44), y desde la perspectiva humana, ¡no era la mejor época para hacerlo! Pero fue un acto de fe en el futuro, y declaraba que el pueblo de Dios por cierto regresaría.

■ Instó al pueblo a someterse a Babilonia (Jeremías 21:1–7), un consejo rechazado por el rey Sedequías, quien entonces se rebeló. Nabucodonosor inició el sitio de la ciudad. Jeremías fue encarcelado (Jeremías 37:1–21).

■ Halló gracia ante los funcionarios de Babilonia, y fue enviado de regreso para servir a Gedalías, el nuevo gobernador de Judá (Jeremías 40:1–6). Este fue asesinado por rebeldes (41:1–5), que huyeron a Egipto y llevaron consigo a Jeremías (41:16–43:7); probablemente murió aquí, sin haber regresado a su tierra.

*El Señor, en su ira, los echó de su presencia. Todo esto sucedió en Jerusalén y en Judá.*

**2 REYES 24:20**

● **VER TAMBIÉN**
ARCA DEL PACTO P30
BABILONIA P64–65
JEREMÍAS P64–65
PACTO DAVÍDICO P43

Los enemigos de Jeremías lo pusieron en una cisterna como esta, esperando que muriera (Jeremías 38:1–13). Las cisternas se usaban para guardar agua en preparación para la estación seca. Afortunadamente, el pozo de Jeremías solo contenía barro.

Dios dice: *"Porque yo sé muy bien los planes que tengo para ustedes...planes de bienestar y no de calamidad, a fin de darles un futuro y una esperanza"* (Jeremías 29:11). Esto resume la profunda fe en Dios de Jeremías, a pesar de las profecías que proclamó.

## El arca perdida

Después de la destrucción del templo, el arca del pacto desapareció de escena. Como no volvió a reaparecer en templos posteriores de Jerusalén (aunque los exiliados llevaron nuevamente a Judá muchos artefactos del templo), la explicación más probable es que se rompió cuando los babilonios saquearon el templo. Sin embargo, hubo muchas leyendas sobre su desaparición. Una tradición judía declara que Jeremías la escondió en una cueva, mientras que una tradición etíope dice que la reina de Sabá la llevó a Etiopía, donde permanece escondida en una iglesia de Aksum. Por otra parte, novelas y filmes proporcionan gran cantidad de sugerencias.

Como Jeremías profetizó que en la futura era mesiánica el arca no tendría sentido (Jeremías 3:16) pues Dios mismo estaría presente, es probable que los intentos para rastrearla no tengan demasiada importancia.

*"Aunque la higuera no dé renuevos, ni haya frutos en las vides; aunque falle la cosecha del olivo, y los campos no produzcan alimentos; aunque en el aprisco no haya ovejas, ni ganado alguno en los establos; aun así yo me regocijaré en el SEÑOR, ¡me alegraré en Dios, mi libertador!"* (Habacuc 3:17–18).

## Idea central: La disciplina

La Biblia presenta a Dios como un padre bueno, que disciplina a sus hijos cuando estos hacen lo malo, y no porque no los ame sino porque sí lo hace. El exilio fue la amorosa disciplina para Judá, y les concedió tiempo para reflexionar en cómo habían endurecido el corazón y se habían alejado del Señor. "El Señor disciplina a los que ama" (Hebreos 12:6).

## Otros profetas

**Abdías** probablemente se escribió durante este período, cuando Edom se deleitaba por la invasión babilónica a Judá. Su mensaje fue que quienes se alegran ante los infortunios de otros, un día serían juzgados.

**Habacuc**, que probablemente profetizó durante el reinado de Joacim, abordó la eterna pregunta de por qué Dios permitía que los malvados prosperaran.

¿Cómo era posible que Judá fuera castigada por pecados relativamente menores, y que Babilonia se saliera con la suya a pesar de cosas atroces? Como sucedió con Job mucho antes que Habacuc, este no recibió respuestas directas; solo una revelación de Dios y la seguridad de que, aunque tuvieran que esperar, un día *"así como las aguas cubren los mares, así también se llenará la tierra del conocimiento de la gloria del Señor"* (Habacuc 2:14).

# Ezequiel y el exilio

Seguramente parecía que el mundo estaba llegando a su fin. Jerusalén había sido saqueada, el templo destruido y el pueblo exiliado a Babilonia. ¿Dónde estaba Dios? ¿Los había abandonado? ¿Acaso los dioses de Babilonia al fin de cuentas eran más poderosos? Estas eran las preguntas que se hacía el pueblo de Dios. Sin embargo, las respuestas los sorprendieron, y transformaron a la *nación* de Judá en la *comunidad de fe* del judaísmo, que para la época del Nuevo Testamento ya tenía influencia mundial.

## La vida en Babilonia

A diferencia de Asiria, con su política de dispersar a los pueblos conquistados, Babilonia les permitía mantener su identidad. De modo que los exiliados siguieron el consejo de Jeremías (29:5–7) y comenzaron a edificar casas, establecer comercio e industrias, y continuaron con sus costumbres, aunque adoptaron el arameo, idioma de Babilonia. Muchos se enriquecieron y algunos, como Daniel y Nehemías, incluso alcanzaron altas posiciones estatales.

*"Junto a los ríos de Babilonia nos sentábamos, y llorábamos al acordarnos de Sión"* (Salmo 137:1). Los exiliados se establecieron a lo largo de la frontera Asiria–Persia entre el Tigris y el Éufrates. Si bien estos ríos simbolizaban la riqueza y el poder de Babilonia, al pensar en Jerusalén, Judá veía derrota y desesperanza.

## DESARROLLO DEL JUDAÍSMO

Aunque la destrucción del templo fue un golpe tremendo, el pueblo de Dios gradualmente comenzó a ver que su fe no dependía de un lugar o un edificio en particular, sino que se centraba en los aspectos que podían practicarse en cualquier sitio. Por ejemplo, la circuncisión volvió a ser un aspecto de importancia, y comenzaron a tener lugar otros cambios:

■ Un lugar especial (Jerusalén) dio lugar a un día especial (el Sábat), y volvió a practicarse semanalmente.

■ El templo dio lugar a la sinagoga, con su enfoque en la oración y la lectura de la Ley.

■ Los sacerdotes dieron lugar a los escribas (que transcribían la Ley) y a los rabinos (maestros de la Ley), que se convirtieron en figuras centrales en el desarrollo del judaísmo.

Además comenzaron a reflexionar en por qué habían terminado en el exilio. ¿Acaso no eran el pueblo de Dios, y tenían promesas de Dios? ¿Qué es lo que había salido mal? Finalmente se dieron cuenta de que habían desobedecido en forma repetida, y estaban sufriendo las consecuencias. Este tema, que la obediencia lleva a la bendición y la desobediencia a la maldición, se halla reflejado en los discursos de despedida de Moisés a Israel en Deuteronomio. Este tema se ejemplifica y se confirma en la historia subsiguiente de Israel como la vemos en Josué, Jueces, Samuel y Reyes, y en el exilio de Israel y Judá.

2000 AC
1900 AC
1800 AC
1700 AC
1600 AC
1500 AC
1400 AC
1300 AC
1200 AC
1100 AC
1000 AC
900 AC
800 AC
700 AC
600 AC
500 AC
400 AC
300 AC
200 AC
100 AC
1 DC
100 DC

● VER TAMBIÉN
BABILONIA P64–66
DANIEL Y ESTER P74–75

*Aunque los desterré a naciones lejanas y los dispersé por países extraños, por un tiempo les he servido de santuario en las tierras adonde han ido.*
EZEQUIEL 11:16

## Ezequiel y la esperanza futura

Ezequiel había esperado con ansias convertirse en sacerdote, tal como su padre, y de pronto fue enviado al exilio. Pero a los 30 años de edad, cuando normalmente hubiera iniciado la tarea sacerdotal, Dios lo llamó a ser profeta.

### BOSQUEJO DEL MENSAJE DE EZEQUIEL:

#### ■ Capítulos 1–3: Llamado a ser profeta
Ezequiel recibió una impactante visión de la gloria divina (1:1–3:27). Al ver a Dios en su trono con ruedas que podían moverse en todas las direcciones, comenzó a entender que Dios puede moverse, no estaba restringido a Jerusalén, y se lo podía encontrar en todas partes.

#### ■ Capítulos 4–24: Mensajes para Jerusalén
A través de parábolas, alegorías, dramatizaciones y profecías, Ezequiel profetizó la caída de Jerusalén, ciudad que él mismo había dejado hacía cuatro años. Sabiendo que sus habitantes por lo general culpaban a otros por el pecado propio, declaró: "La persona que peque morirá" (18:4).

#### ■ Capítulos 25–32: Juicio sobre otras naciones
Las naciones paganas vecinas que se alegraban por la destrucción de Jerusalén no iban a quedar impunes. El juicio de Dios también les llegaría a ellas.

#### ■ Capítulos 33–39: Esperanza para el futuro
Una vez que el templo fue destruido, el mensaje de Ezequiel cambió de enfoque. Vio a Dios, el pastor de su pueblo (cap. 34),

### PROFECÍAS DE EZEQUIEL CONTRA LAS NACIONES

que iba a rescatarlos, les daba un nuevo corazón (36:25–27) y construía una nueva nación de los "huesos secos" en que se habían convertido (37:1–14).

#### ■ Capítulos 40–48: Visión de un nuevo templo
Era comprensible que un sacerdote viera un nuevo templo al que la gloria de Dios regresaría (43:1–5) y del cual iba a fluir el río de vida (47:1–12). Algunos cristianos creen que este templo se edificará en el período previo al regreso de Jesús, pero otros no entienden el propósito de un nuevo templo, y solo lo ven como algo simbólico de la nueva vida que produce el Espíritu.

IZQUIERDA: Cuando desaparecieron el templo y los sacrificios, el pueblo de Dios comenzó a darse cuenta de que podían reunirse en cualquier lugar. Así nacieron las sinagogas (palabra griega que significa "asamblea" o "reunión"), donde oraban y leían las Escrituras. Tal vez, más que cualquier otra institución, la sinagoga ayudó a moldear el judaísmo moderno, y sigue siendo el punto focal de la vida social y religiosa judía.

DERECHA: Un escriba copia las Escrituras con diligencia. Para asegurar precisión absoluta en el copiado se establecieron normas muy estrictas. Si un escriba cometía un error, toda la hoja de pergamino se destruía; si había tres errores en una hoja, se destruía todo el manuscrito y había que empezar nuevamente la tarea. ¡Esto era suficiente incentivo para asegurar el copiado preciso!

El Mar Muerto es tan salado que no permite ningún tipo de vida. Así y todo, Ezequiel vio un río que corría desde allí al templo, y que hacía sus aguas dulces y traía vida a sus orillas. En la visión de Juan, de Apocalipsis 22:1–2, se advierte nuevamente esta impactante figura del poder transformador divino.

### Idea central:
### El remanente

Los profetas vieron que quedaría un "remanente", un pequeño grupo del pueblo de Dios, como evidencia de la fidelidad y el amor divinos. Al margen de lo mala que pudiera ser la situación, al margen de los pocos que quedaran, Dios siempre guarda un "remanente" del cual pueda volver a surgir su propósito.

# El fin del exilio

## ¡TIEMPO DE IR A CASA!

**B**abilonia parecía invencible, y para los exiliados el regreso habrá parecido imposible. Sin embargo, tal como a veces demuestra la historia, los imperios aparecen y desaparecen, y Babilonia no fue la excepción. En el sur nacía una nueva potencia, Persia. De pronto todo comenzó a cambiar. Tal vez los profetas habían tenido razón; tal vez, después de todo, había esperanza.

El "Cilindro de Ciro" registra el relato del rey de la conquista de Jerusalén luego de desviar el cauce del Éufrates para que su ejército pudiera entrar en la ciudad por el lecho seco del río. El pueblo, cansado de gobernantes débiles, le dio la bienvenida y Ciro tomó la ciudad sin hacer uso de la fuerza.

## Ciro: Un nuevo método

Cuando Ciro de Persia conquistó Babilonia en octubre del 539 a.C., adquirió un vasto imperio. Pero a diferencia de gobernantes previos, adoptó una política más liberal y humanitaria para con los pueblos conquistados: les concedió cierta autonomía y los animó a guardar sus tradiciones y su religión. Incluso les permitió regresar a su patria y les otorgó ayuda financiera estatal. Esta política lo llevó a emitir un decreto en el 538 a.C. donde permitió a los judíos regresar a su tierra y reconstruir el templo. Hasta restituyó objetos del templo que Nabucodonosor había quitado (aunque no se menciona nada sobre el arca del pacto). Sin embargo, no había apuro para el regreso pues las comodidades de que gozaban eran un reto para la aventura de la fe, y muchos exiliados, que en ese tiempo ya se habían acostumbrado al nuevo estilo de vida, no tenían ansias de dejar todo ello.

**EL IMPERIO PERSA**

Tierra Persa
Tierra anexada de los medos, 550 a.C.
Tierra anexada de los babilonios, 539 a.C.
Extensión máxima del imperio persa

0 — 500 km
0 — 300 millas

**FECHAS CLAVE PARA ISRAEL**

605 a.C. Primer exilio
597 a.C. Segundo exilio
**586 a.C. Exilio final**

539 a.C. Ciro conquista Babilonia
**538 a.C. Judíos regresan a Jerusalén**
**536–516 a.C. Reconstrucción del templo**
520 a.C. Hageo y Zacarías animan con sus profecías

458 a.C. Esdras llega a Jerusalén
445 a.C. Nehemías regresa a Jerusalén y reedifica el muro

**REINADOS DE REYES PERSAS**

559–530 a.C. Ciro
530–522 a.C. Cambises (no se lo menciona)

522–486 a.C. Darío I
486–464 a.C. Jerjes (Asuero)
464–423 a.C. Artajerjes I

Desde que los primeros exiliados fueron enviados a Babilonia en el 605 a.C., hasta el regreso en el 538 a.C., pasaron casi 70 años, tal como había profetizado Jeremías.

*En el primer año del reinado de Ciro, rey de Persia, el Señor dispuso el corazón del rey para que éste promulgara un decreto en todo su reino y así se cumpliera la palabra del Señor por medio del profeta Jeremías.*

**ESDRAS 1:1**

**VER TAMBIÉN**
DANIEL P74
DISPERSIÓN P74
ESDRAS Y NEHEMÍAS P72–73

## EL REGRESO DE LOS EXILIADOS

1. Daniel profetizó a Nabucodonosor que su imperio estaba por derrumbarse (539 a.C.).

2. Zorobabel, el nieto del rey Joaquín, lideró el regreso del primer grupo (538–537 a.C.) y comenzó a reedificar el templo.

3. Hageo y Zacarías, con el apoyo del rey Darío, los animaron a terminar la obra del templo (520 a.C.).

4. Ester se casó con el rey Jerjes (aprox. 460 a.C.) y salvó a los judíos que aún estaban en el exilio.

5. Esdras regresó a Jerusalén con un segundo grupo (458 a.C.).

6. Nehemías regresó con un tercer grupo y reconstruyó los muros de Jerusalén (445 a.C.).

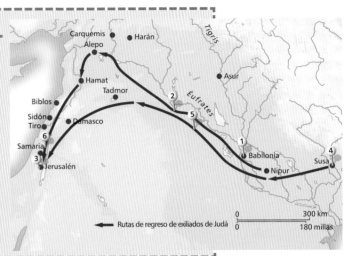

Rutas de regreso de exiliados de Judá

### El segundo templo

A menudo la gente comienza una tarea con gran entusiasmo, pero cuando lleva más tiempo del esperado, se desanima. Esto es precisamente lo que sucedió con los exiliados que regresaron. Comenzaron a reedificar el templo con entusiasmo, pero la ansiedad por necesidades básicas (por ejemplo casas y cosechas) hicieron a un lado a Dios y la reconstrucción. Además se enfrentaron a gran oposición por parte de residentes locales.

Todo esto hizo que durante 15 años se detuviera la obra en el templo. Recomenzó solo porque los profetas **Hageo** y **Zacarías** cuestionaron al pueblo por edificar sus propias casas pero dejar que la casa de Dios siguiera en ruinas. Ambos declararon al pueblo que no debían sorprenderse de que no hubiera bendición. Armados con una nueva autoridad real, ambos profetas animaron al pueblo a la reconstrucción, y cuatro años más tarde (516 a.C.) el templo se concluyó y fue consagrado a Dios. Aunque sabemos poco sobre el segundo templo, es probable que haya seguido el modelo de Salomón ya que se construyó sobre los mismos cimientos. Sin embargo, lejos estaba de la grandeza del primero, y quienes recordaban el primer templo, lloraban al compararlo al de ese entonces. Gradualmente fue reparado y reconstruido hasta que finalmente fue reemplazado por el de Herodes el Grande, el templo en la época de Jesús.

Después de la muerte de Ciro, su hijo Cambises lo sucedió en el trono y siguió una política basada en aspectos militaristas más antiguos, pero al tiempo y luego de un golpe de estado, fue reemplazado por Darío, uno de sus generales, que fue uno de los reyes más poderosos de Persia. Darío volvió a la política de Ciro en cuanto a apoyar el regreso de los exiliados.

Las ruinas de su inmenso complejo palaciego en Persépolis (arriba), que completó Artajerjes I, indica la grandiosidad de sus proyectos.

### Isaías y sus profecías a largo plazo

Isaías había profetizado 150 años antes que Ciro (e incluso dio su nombre) llegaría al poder (Isaías 44:28; 45:1,13), y hasta lo llamó ungido del Señor, muestra de lo convencido que estaba de cómo Ciro iba a cumplir los planes de Dios para su pueblo. Si bien algunos eruditos creen que un admirador posterior ("Isaías de Babilonia") tuvo que haber escrito los capítulos 40–66 ya que la idea de una profecía a largo plazo les resulta problemática, muchos cristianos no dudan de la precisión de las profecías de Isaías. Si Dios es eterno, como declaró Isaías, "Yo anuncio el fin desde el principio; desde los tiempos antiguos, lo que está por venir" (Isaías 46:10).

### Idea central: Lo imposible

Como muchos antes y después de Zorobabel, este se enfrentó a una tarea imposible. Hubiera sido fácil decir "esto no es factible". Pero los cristianos creen que cuando Dios dice algo, lo imposible se transforma en posible. Como Dios le dijo a Zorobabel: "No será por la fuerza ni por ningún poder, sino por mi Espíritu" (Zacarías 4:6).

# Esdras y Nehemías

## NUEVA VIDA, NUEVOS MUROS

Animado por Hageo y Zacarías, el pueblo de Dios completó la reedificación del templo, pero aún quedaba mucho por hacer. En lo espiritual, el pueblo necesitaba reformarse, y en lo material, los muros de la ciudad requerían reconstrucción. Después de un tiempo de oposición, el nuevo monarca de Persia permitió que Esdras y Nehemías regresaran y ayudaran a completar la tarea.

### El escriba Esdras

En el 458 a.C., Artajerjes, el nuevo rey persa, envió a Esdras a Jerusalén. Este no solo era un sacerdote del linaje de Aarón, sino además maestro muy bien versado en la Ley de Moisés. Se le encomendó enseñar la Ley divina, ofrecer sacrificios y designar magistrados, y contaba con apoyo del rey.

Al llegar, Esdras se horrorizó. Los matrimonios mixtos eran galopantes, incluso entre los líderes, y el profeta Malaquías indica que algunos hasta se habían divorciado de sus esposas judías para casarse con mujeres locales. Y como Israel había sido destruida precisamente por los matrimonios mixtos, la situación demostraba que el pueblo no había aprendido la lección. Pero la oración de arrepentimiento que hizo Esdras (Esdras 9:5–15) les remordió la conciencia y destacó la gravedad de sus acciones. Después de tres días y en medio de una intensa lluvia, se reunieron para resolver la situación.

Después de diez años vemos que Esdras realizaba tareas más agradables: enseñaba la ley de Dios ante un pueblo que escuchaba con avidez, con lo cual se consolidaba el proceso por el cual los judíos se estaban convirtiendo en "el pueblo del Libro".

Los libros de la Biblia se ordenaban temática y no cronológicamente. Esto explica por qué Esdras y Nehemías aparecen tanto antes que Malaquías.

Después de la construcción de los muros de Jerusalén, Esdras leyó del libro de la Ley de Moisés (los cinco primeros libros de la Biblia) desde el amanecer hasta el mediodía (Nehemías 8:3).

Ciertas porciones de Esdras (4:8–6:18; 7:12–26) no se escribieron en hebreo sino en arameo, el idioma internacional de ese tiempo. En vez de traducir los registros históricos y las cartas, Esdras las copió.

El arameo finalmente reemplazó al hebreo como lengua vernácula de los judíos.

ABAJO: Una ceremonia de "Bar Mitzva" ("hijo del Mandamiento") en la cual un jovencito judío sostiene un rollo de la Ley para que luego se lea. El muchachito tiene 13 años, y se lo considera de edad suficiente para entenderla y asumir responsabilidades, así como Esdras había instado hacer al pueblo cuando les leyó las Escrituras (Nehemías 8:1–18).

2000 AC
1900 AC
1800 AC
1700 AC
1600 AC
1500 AC
1400 AC
1300 AC
1200 AC
1100 AC
1000 AC
900 AC
800 AC
700 AC
600 AC
500 AC
400 AC
300 AC
200 AC
100 AC
1 DC
100 DC

## El gobernador Nehemías

En el 445 a.C., Nehemías recibió una carta de Judá con malas noticias: los exiliados que habían regresado estaban luchando terriblemente (Nehemías 1:3). Después de cuatro meses de ayuno y oración, Nehemías tuvo la oportunidad de relatarle la situación al monarca persa, que lo designó gobernador de Judá y lo envió a Jerusalén para reconstruir los muros.

Después de una secreta inspección nocturna, desafió a los judíos a terminar con la vergüenza nacional de tener muros destruidos. Cada familia se encargó de reparar la sección que estuviera frente a su casa (una apelación al orgullo y a la seguridad), y el muro se completó en tan solo 52 días (Nehemías 6:15). Jerusalén una vez más era segura, y los muros se dedicaron a Dios con una gran marcha de alabanza.

Cuando el trabajo concluyó, Nehemías volvió a Persia en el 433 a.C. Durante su ausencia los judíos volvieron al pecado, y él tuvo que regresar para un segundo período a fin de ocuparse de cuestiones que se habían descuidado (Nehemías 13:6–31).

"Yo era copero del rey" (Nehemías 1:11). Como tal, uno de sus deberes era elegir y probar vino para el rey, un trabajo peligroso en una época cuando intrigas y envenenamientos en la corte eran corrientes. De modo que era un puesto de mucha confianza, y tal vez explique por qué Artajerjes sentía aprecio por Nehemías y le permitió ir a Jerusalén durante un tiempo. Esta copa persa data de la época de Nehemías.

## Malaquías

Cuando las promesas de Hageo y Zacarías no se cristalizaron, el pueblo se desanimó, actitud que se reflejaba en su desganada adoración a Dios. Malaquías, que profetizó alrededor de la época de Nehemías, los reprendió por sus dudas sobre si Dios en verdad los amaba, cuestionó la impiedad del pueblo y los animó a creer que "el día del Señor" estaba por llegar. Dios iba a enviar a su "mensajero" para preparar el camino (Malaquías 3:1; 4:5), una promesa que encontró cumplimiento en Juan el Bautista en el tiempo del Nuevo Testamento.

### JERUSALÉN EN TIEMPOS DE NEHEMÍAS

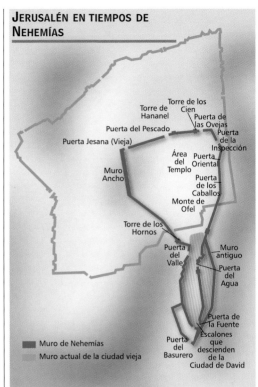

Torre de los Cien
Torre de Hananel
Puerta de las Ovejas
Puerta del Pescado
Puerta de la Inspección
Puerta Jesana (Vieja)
Área del Templo
Puerta Oriental
Muro Ancho
Puerta de los Caballos
Monte de Ofel
Torre de los Hornos
Puerta del Valle
Muro antiguo
Puerta del Agua
Puerta de la Fuente
Escalones que descienden de la Ciudad de David
Puerta del Basurero

■ Muro de Nehemías
Muro actual de la ciudad vieja

## El ayuno

El ayuno –abstenerse de comida con el propósito de orar– es una manera de decir: "Dios, nada es más importante que tú, ni siquiera comer, y te estoy buscando con urgencia". Muchos en la Biblia practicaron el ayuno: Daniel, Ester, Esdras, Nehemías, Pablo, e incluso el mismo Jesús.

Existían varias clases de ayuno:

■ *El ayuno normal*, abstenerse de comida, pero no de agua, durante un día (Jueces 20:26; Levítico 23:32).

■ *El ayuno parcial, abstenerse de cierto tipo de comidas durante un tiempo (Daniel 1:8–20; 10:3).*

■ *El ayuno total*, abstenerse de comida y agua en circunstancias excepcionales (Éxodo 34:28; Ester 4:15–16; Mateo 4:1–11).

Para muchos cristianos el ayuno aún tiene un papel importante: profundizar su comunicación con Dios, y ayudar a que suceda algo decisivo en situaciones de necesidad.

A pesar de la oposición, Nehemías consiguió que en 52 días el pueblo reconstruyera los muros de Jerusalén, que durante 150 años habían estado en ruinas. Esta foto muestra una juntura en la albañilería como la que está en la derecha, que data de tiempos de Nehemías. A la izquierda se observa un posterior trabajo en piedra de la época de Herodes.

## Idea central: El diezmo

*"Traigan íntegro el diezmo para los fondos del templo…Pruébenme en esto…y vean si no abro las compuertas del cielo…"* (Malaquías 3:10). Darle a Dios una décima parte ("diezmo") de los ingresos es una expresión de gratitud y confianza. Si bien algunos creen que esto era simplemente un requisito de la ley judía, tanto Abraham como Isaac diezmaron mucho tiempo antes de que llegara la Ley. Además, el Nuevo Testamento no invalida el diezmo sino que lo da por sentado y anima a los cristianos a dar incluso más. El diezmo es aventurado, pero para los cristianos es también una expresión de la asombrosa matemática divina: con Dios, el 90% es más que el 100%.

# Daniel y Ester

## SIERVOS EN TIERRAS LEJANAS

2000 AC
1900 AC
1800 AC
1700 AC
1600 AC
1500 AC
1400 AC
1300 AC
1200 AC
1100 AC
1000 AC
900 AC
800 AC
700 AC
600 AC
500 AC
400 AC
300 AC
200 AC
100 AC
1 DC
100 DC

Aunque algunos exiliados habían vuelto a Judá, no todos querían ni podían hacerlo. Algunos se habían asentado en ese lugar y decidieron permanecer allí; otros se habían trasladado a otras regiones de Persia; pero para otros, como Daniel y Ester, no había alternativa. Ambos se encontraron en el mismo centro del régimen de Babilonia y del sistema de Persia, y fue allí (y no en Judá) donde Dios los deseaba.

Aunque separados por un siglo, tanto Daniel como Ester mostraron de qué modo el pueblo de Dios puede impactar culturas, incluso una cultura muy distinta que la propia.

### Daniel

El libro de Daniel se divide en dos mitades:

■ **Capítulos 1–6: Material histórico.** Relata la historia de Daniel, un joven exiliado a Babilonia en la primera deportación de Judá (605 a.C.), que llegó a ser prominente por la sabiduría que le había dado Dios y por su capacidad para interpretar sueños. Leemos que a pesar la gran oposición que a veces tuvo –fue puesto en un foso con leones y sus amigos fueron arrojados a un horno ardiente–, Dios siempre lo protegió. La Biblia subraya la negativa de Daniel para transigir y su determinación de encontrar una alternativa apropiada. Esto indica que es posible permanecer fiel a Dios y al mismo tiempo ser una bendición para un mundo sin Dios.

■ **Capítulos 7–12: Material apocalíptico.** Revela el futuro a través de imágenes simbólicas y subraya que, al margen de lo que suceda, Dios tiene el control de las cosas y rescatará a su pueblo. Las imágenes apocalípticas hoy parecen extrañas, pero en tiempos bíblicos se las entendía. De modo que cualquier intento de interpretarlas se debe hacer en el contexto de lo que hubiera significado para los lectores originales del Antiguo Testamento. No hacerlo de esa manera ha llevado a extrañas interpretaciones de Daniel en cuanto al futuro.

Daniel nunca regresó a Judá. Pasó casi 70 años al servicio de varios reyes, y murió en Babilonia, probablemente cerca de los 90 años.

### DANIEL Y SUS VISIONES DEL FUTURO

Por medio de una serie de visiones, Dios le mostró a Daniel cómo cada superpotencia se derrumbaría y finalmente sería reemplazada por el reino de Dios, que por sí solo llenaría toda la tierra (Daniel 2:35). Este cuadro menciona las visiones, sus imágenes y las naciones que representan.

| CAPÍTULO 2 UNA GRAN ESTATUA | CAPÍTULO 7 CUATRO ANIMALES SALVAJES | CAPÍTULO 8 LUCHA DE UN CARNERO Y UN MACHO CABRÍO | NACIÓN REPRESENTADA | DERROTADA EN |
|---|---|---|---|---|
| Cabeza de oro | León | | Babilonia | 539 a.C. |
| Pecho y brazos de plata | Oso | Carnero | Medo–Persia | 330 a.C. |
| Vientre y muslos de bronce | Leopardo | Macho cabrío | Grecia | 63 a.C. |
| Piernas de hierro | Bestia con diez cuernos | | Roma | 476 d.C. * |

\* Fecha convencional del colapso final del Imperio Romano.

*"Miraba yo en la visión de la noche, y he aquí con las nubes del cielo venía uno como un hijo de hombre…Su dominio es dominio eterno, que nunca pasará, y su reino uno que no será destruido"* (Daniel 7:13–14 RVR1960).

Con un trasfondo de imperios que nacían y se derrumbaban, Daniel vio al "hijo del hombre" que reinaba en un reino eterno. Este título se convirtió en el favorito de Jesús para autodescribirse.

### La "dispersión"

Los eruditos estiman que solo 50.000 judíos regresaron del exilio, solo un puñado en comparación con los que dejaron Judá. Muchos permanecieron donde estaban o se trasladaron a otros lugares de Persia. Esta dispersión (la "Diáspora") ayudó a que el judaísmo se extendiera con rapidez y, al fin de cuentas, también del cristianismo pues muchos comenzaron en las sinagogas la predicación evangélica.

● **VER TAMBIÉN**
AYUNO P73
BABILONIA P64
FIN DEL EXILIO P70–71
SUEÑOS Y VISIONES P25

## Ester

Ester es uno de los dos libros de la Biblia que tienen nombre de mujer (el otro es Rut). Ester relata cómo una huérfana judía en el exilio se convirtió en reina de Persia y frustró un complot para exterminar a los judíos, el último intento de ello en el período del Antiguo Testamento.

La escena es Susa, la capital real en el invierno. El relato comienza con el rey Jerjes I (486–465 a.C.), que en un momento de enojo destrona a su esposa (capítulo 1). Hay un concurso de belleza para reemplazarla, y esto hace que Ester se convierta en reina, aunque Jerjes no sabe que ella es judía (capítulo 2). Cuatro años después, Amán, el funcionario principal del rey, planea una limpieza étnica de los judíos de Persia ya que el judío Mardoqueo no lo honraba como Amán deseaba (capítulo 3). Mardoqueo, que había adoptado a Ester, le ruega a ella que intervenga, y le dice que Dios tal vez la había hecho reina para esto (capítulo 4). A través de notables sucesos, Amán termina ahorcado en la misma horca que le había preparado a Mardoqueo (capítulos 5–7), quien asume el puesto de aquel y con rapidez emite un edicto donde a los judíos se les permite defenderse. De manera que se evita un holocausto judío y sigue una gran celebración (capítulos 8–9).

Ester es un libro notable ya que no menciona a Dios, aunque resulta claro que Él fue parte de todo lo sucedido.

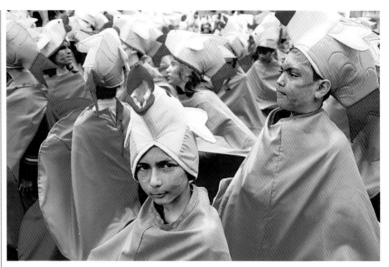

**FESTIVAL DE PURIM**

El Purim, que conmemora la liberación divina de los judíos cuando Amán quiso exterminarlos, es una de las ocasiones más festivas del judaísmo. Se celebra en el mes de Adar; se representa con un pez (reflejado en esta vestimenta); se lee el *Meguillot* ("el rollo de Ester"); la gente se viste con máscaras y vestidos para representar a los personajes principales de la historia, y se disfruta de una comida comunal.

Daniel y Ester se desarrollan en los lujosos palacios de Babilonia y de Persia. Las imágenes de estos arqueros son del palacio de Susa, donde tiene lugar la historia de Ester.

El rey Belsasar demostró su desprecio por Dios al usar en una de sus fiestas las copas que se habían saqueado del templo. Un mensaje de Dios sobre una pared profetizó la caída del rey, que sucedió al día siguiente (Daniel 5:1–30). Esta copa de plata es parte del tesoro de Oxus, de este período de la historia de Persia.

### Idea central: Influencia

La Biblia declara que Dios no desea que su pueblo abandone este mundo sino que sea una influencia positiva. Como Daniel y Ester, los cristianos creen que hoy las personas son colocadas en situaciones para ser "sal" y "luz" (Mateo 5:13–14). Esto demuestra que los caminos de Dios siempre son los mejores en cada aspecto de la vida.

# Entre los dos Testamentos
## EL SILENCIO DE DIOS

L uego de la última página de Malaquías, el último libro del Antiguo Testamento, hasta Mateo, el primer libro del Nuevo, es lógico que un lector no se dé cuenta de que pasaron más de 400 años, ya que la Biblia no menciona palabra sobre dicho período. Pero aunque Dios pudo no haber estado hablando a través de sus profetas, seguía obrando. A través de inmensos cambios en la escena mundial, como Daniel había profetizado, Dios estaba preparando todo para la llegada de Jesús.

### NUEVOS LECTORES, NUEVA TRADUCCIÓN

Al seguir dispersándose, la mayoría de los judíos perdió la capacidad de hablar hebreo, y eso significó que ya no pudieran leer la palabra de Dios. Pero como el griego se estaba convirtiendo en el idioma mundial, el Antiguo Testamento se tradujo al griego en el siglo III a.C., en Alejandría, una de las nuevas ciudades de Alejandro Magno en el norte de África. Esta traducción se conoció como "La Septuaginta" (a veces se abrevia con los números romanos LXX) porque la realizaron 70 eruditos. Además colocó los libros de la Biblia en el orden actual. Este fragmento es parte de Deuteronomio, y data del siglo II a.C.

Después de la muerte de Alejandro, sus vastas tierras quedaron divididas entre sus generales. Surgieron dos imperios rivales, el ptolomeo en el norte de África y el seléucida en Asia occidental. Palestina, que era el puente terrestre entre ambos, a menudo se convertía en campo de batalla, pero en el 198 a.C. finalmente se convirtió en parte del imperio seléucida.

### El surgimiento de Grecia

Grecia, que antes había sido una nación débil y dividida, cambió radicalmente con Alejandro Magno. En el 334 a.C. Alejandro, un joven de 20 años, cruzó a Asia Menor, y durante los 12 años que siguieron hasta que murió de una enfermedad, se apropió de todo lo que estaba ante él: Asia, Siria, Egipto, Persia, y hasta cruzó el Río Indo e hizo un avance hasta India. Su imperio fue el más grande que el mundo había conocido.

Pero el objetivo de Alejandro no era solo crear un imperio sino una forma de vida. Deseaba extender la cultura griega ("helenismo", de *Hellas*, palabra antigua para Grecia), y dejar un legado que nunca se olvidara. El arte, la arquitectura, las costumbres y las ideas griegas florecieron, y el griego se convirtió en el idioma internacional de esa época. Esto resultó ser una gran ventaja para difundir el mensaje cristiano.

Las ruinas del teatro en Escitópolis, la ciudad principal de Decápolis ("diez ciudades"), al sudeste del Mar de Galilea. A través de todo el imperio griego aparecieron teatros, gimnasios y estadios.

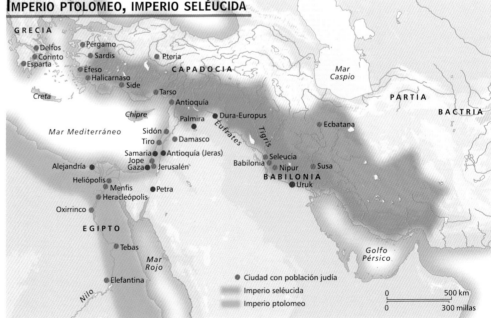

### IMPERIO PTOLOMEO, IMPERIO SELÉUCIDA

Mapa con las siguientes ciudades y regiones:

GRECIA — Delfos, Pérgamo, Corinto, Sardis, Esparta, Pteria, Éfeso, Halicarnaso, Side, CAPADOCIA, Creta, Tarso, Antioquía, Chipre, Palmira, Dura-Europus, Sidón, Tiro, Damasco, Samaria, Jope, Antioquía (Jeras), Gaza, Jerusalén, Alejandría, Babilonia, Seleucia, Nipur, Susa, BABILONIA, Uruk, Heliópolis, Menfis, Petra, Heracleópolis, Oxirrinco, EGIPTO, Tebas, Elefantina, Ecbatana, PARTIA, BACTRIA

Mar Mediterráneo, Mar Caspio, Mar Rojo, Golfo Pérsico, Nilo, Éufrates, Tigris

● Ciudad con población judía
Imperio seléucida
Imperio ptolomeo

0 ___ 500 km
0 ___ 300 millas

Línea de tiempo (columna izquierda): 2000 AC, 1900 AC, 1800 AC, 1700 AC, 1600 AC, 1500 AC, 1400 AC, 1300 AC, 1200 AC, 1100 AC, 1000 AC, 900 AC, 800 AC, 700 AC, 600 AC, 500 AC, 400 AC, 300 AC, 200 AC, 100 AC, 1 DC, 100 DC

*Desde tiempos antiguos nadie ha escuchado ni percibido, ni ojo alguno ha visto, a un Dios que, como tú, actúe en favor de quienes en él confían.*
ISAÍAS 64:4

### CHOQUE ENTRE DOS CULTURAS

La humanidad, centro focal del helenismo, produjo un choque con el judaísmo y su estilo de vida centrado en Dios. El teatro y los deportes, dos importantes características de la vida griega, fueron un claro ejemplo. Los judíos entendían que los teatros, que a menudo contaban con representaciones de un alto contenido erótico, y los estadios, donde los atletas aparecían desnudos, eran abusos a la sexualidad y la moralidad que Dios les había dado. Juntamente con el politeísmo y la idolatría de los griegos, el choque futuro parecía inevitable.

Esta foto muestra el estadio en Delfos, en la Grecia continental.

## La rebelión macabea

Los judíos habían sido tolerados bajo el dominio ptolomeo, pero todo cambió cuando los seléucidas tomaron el mando. Cada aspecto de la vida, incluyendo la religión, fue helenizado al extremo. Cuando Antíoco IV Epifanes colocó una estatua de Zeus en el templo de Jerusalén en el 168 a.C., para los judíos fue la gota que rebalsó el vaso. El sumo sacerdote Matatías se rebeló, y así comenzó una guerra de guerrillas. Se destruyeron los altares paganos, se dio muerte a los que transigían, y los niños judíos fueron circuncidados a la fuerza (muchas familias habían abandonado la circuncisión porque los griegos la veían como mutilación del cuerpo). En el 164 a.C. Judas Macabeo, el hijo de Matatías, reivindicó y purificó el templo.

La guerra de la independencia duró años, y recién en el 128 a.C. Juan Hircano, nieto de Matatías, finalmente aseguró la libertad e Israel otra vez se hizo independiente. A medida que el poder seléucida se iba deteriorando, se fue anexando territorio alrededor de Judea hasta que las fronteras fueron similares a las originales.

## Escritos de este período

Cierta cantidad de libros escritos durante este período "intertestamentario" nos permite vislumbrar la vida en ese tiempo. Libros conocidos con el nombre de "deutero–canónicos" ("segunda división") o bien como "apócrifos" ("cosas escondidas") y escritos en griego, nunca formaron parte de las escrituras hebreas del judaísmo. Algunas tradiciones cristianas (católica romana, copta, ortodoxa oriental) aceptan que tienen autoridad y los incluyen en el Antiguo Testamento; sin embargo, otros (la mayoría de las iglesias protestantes) no reconocen su autoridad y los excluyen completamente o bien los incluyen en una sección separada entre el Antiguo y el Nuevo Testamento.

La fiesta de **Januká** ("dedicación") celebra la rededicación macabea del templo. Según la tradición, solo pudieron encontrar aceite para que la menora (candelabro) quedara encendida un día, pero milagrosamente el aceite duró ocho días, y les permitió obtener más aceite para mantenerla prendida. En la actualidad, los judíos celebran Januká por ocho días, y encienden velas todas las noches, para así conmemorar el milagro.

IZQUIERDA: Moneda con la imagen de Antíoco IV.

DERECHA: En el 168 a.C. Antíoco IV Epifanes colocó en el templo una estatua del dios griego Zeus, similar a esta, acción considerada la "abominación desoladora" profetizada por Daniel (Daniel 9:27; 11:31; 12:11), que dio lugar a la rebelión macabea.

## Grecia da lugar a Roma

Gradualmente el imperio griego cayó ante los romanos; Atenas cayó en el 86 a.C. El general romano Pompeyo invadió Palestina y la convirtió en provincia romana en el 63 a.C. Si los griegos habían llevado consigo su idioma y su cultura, los romanos trajeron consigo paz, orden público y excelentes caminos. Esto también demostró ser muy útil para difundir el mensaje cristiano.

## Idea central: Preparación

En los 400 años entre el Antiguo Testamento y el Nuevo, Dios estaba preparando detalladamente la fase siguiente de su plan. Los cristianos creen que Dios rara vez actúa con apuro, aunque cuando es tiempo de actuar, la Biblia muestra que actúa con rapidez. El pueblo de Dios no debe pensar que el tiempo de espera es tiempo perdido, ya que Dios siempre está obrando.

# Los Evangelios

Este es el punto de partida para cualquier persona que desee estudiar el cristianismo: los textos de los cuatro Evangelios que relatan el nacimiento, vida, muerte y resurrección de Jesús. El propósito de los autores fue mostrar que si bien Jesús era un hombre, era también mucho más que un hombre: era Dios mismo que había venido a rescatar a toda la humanidad. Los Evangelios son una invitación para que comprobemos esta afirmación.

### Evangelio = Buenas Noticias

La palabra "evangelio", derivada del griego *euangelion*, significa sencillamente "buenas noticias". Aunque hoy tiene un sentido religioso, originalmente tenía un significado puramente secular. Cuando el emperador tenía buenas noticias, enviaba mensajeros que gritaban en las plazas de todo el imperio "¡Euangelion! ¡Euangelion!", y toda la gente corría a escucharlos. "Es precisamente lo que nosotros tenemos", dijeron los cristianos. "¡Buenas noticias! ¡Acérquense y oigan!"

Ningún libro hasta ese momento había recibido el nombre de *euangelion*, pero lo que los autores querían escribir acerca de Jesús no correspondía a ningún género literario conocido. Después de todo, eran hechos históricos pero no era solo historia; era la vida de una persona, pero era más que una biografía; era un relato veraz, pero no imparcial. Por tanto, al ver que sus escritos no coincidían con ningún género literario, los escritores de los evangelios crearon un nuevo género que indicara a los lectores que allí encontrarían las "buenas noticias" acerca de Jesús transmitidas con pasión y convicción.

### Se escriben los Evangelios

Como son los primeros libros del Nuevo Testamento, es común pensar que se escribieron primero, pero no fue así; fueron fruto de un proceso de varias etapas.

■ En los primeros tiempos después de la muerte de Jesús, las "buenas noticias" se transmitieron oralmente. Aunque alguien podría pensar que el método no era confiable, lo era en la cultura judía porque desde la niñez aprendían a memorizar textos sin equivocarse, y además, porque el estilo de enseñar de Jesús, basado en pequeñas unidades de texto acompañadas de ejemplos gráficos, facilitaba la repetición.

■ Conforme el mensaje cristiano se fue extendiendo, surgió la necesidad de dar orientación práctica sobre cómo vivir la fe cristiana. Ese fue el origen de las cartas o epístolas; la mayoría fueron escritas antes que los Evangelios.

■ Sin embargo, muy pronto se vio la necesidad de poner por escrito la historia de Jesús para preservarla para futuras generaciones, y así nacieron los Evangelios.

La región que rodea el Mar de Galilea fue el escenario donde Jesús concentró gran parte de su predicación de las buenas noticias.

### ¿Por qué cuatro?

Así como los diversos medios de comunicación ofrecen una visión diferente de un mismo suceso, también cada uno de los Evangelios aporta una perspectiva particular. Mateo, Marcos y Lucas escriben con un mismo enfoque, y reciben el nombre de evangelios "sinópticos", palabra derivada del griego que significa "con el mismo punto de vista". El lenguaje, el contenido y la cronología de los acontecimientos es similar. Juan, en cambio, presenta los hechos desde una perspectiva propia y diferente.

La mayoría de los especialistas creen que Marcos se escribió primero y que Mateo y Lucas se basaron en la estructura de Marcos pero le agregaron material propio. Aunque hoy tal vez lo consideraríamos plagio, en aquel tiempo se lo consideraba una manera de honrar y confirmar la autenticidad del material usado como fuente. Juan, en cambio, escribió su relato independientemente de los otros tres Evangelios.

## CARACTERÍSTICAS CLAVE DE LOS CUATRO EVANGELIOS

| | MATEO | MARCOS | LUCAS | JUAN |
|---|---|---|---|---|
| AUTOR | Discípulo del grupo original de los doce | Discípulo de Jesús; colaborador de Pedro en Roma | Médico gentil convertido; viajó con Pablo | Discípulo del grupo original de los doce |
| FECHA | Aprox. 65 d.C. | Aprox. 58 d.C. | Aprox. 59 a 61 d.C. | Aprox. 85 d.C. |
| PÚBLICO | Cristianos judíos | Gentiles (no judíos) | Gentiles (no judíos) | Judíos y gentiles |
| ESTILO | Las enseñanzas ocupan grandes bloques de texto (ej. el Sermón del Monte) | Narración de ritmo rápido, mucha acción, en griego sencillo | Investigación detallada, datos precisos (1:1– 4) | Muy selectivo (20:30–31); extensas enseñanzas y debates |
| JESÚS COMO: | ▶ El Mesías prometido que cumplía profecías del Antiguo Testamento; ▶ Hijo de Dios; ▶ Gran Maestro; ▶ Más grande que Moisés | ▶ El Hijo del Hombre que padece por nosotros; ▶ El Hijo de Dios que vence al mal; ▶ Mesías prometido; ▶ Maestro (rabí) | ▶ Mesías; ▶ Hombre del Espíritu; ▶ Descendiente prometido del rey David | ▶ Dios hecho hombre; ▶ El Hijo que tiene una singular relación con el Padre |
| RELATO DEL NACIMIENTO | Si | No | Si | Su origen cósmico |
| PUNTOS PRINCIPALES | ▶ Jesús el gran maestro que dio a conocer una ley superior ▶ Denuncia de los fariseos ▶ Reino de los cielos ▶ Discipulado ▶ El regreso de Jesús | ▶ El reino de Dios está aquí ▶ El poder de Jesús sobre todas las cosas (los milagros ocupan 1/3 de Marcos) ▶ Discipulado (incluidos los fracasos) ▶ Mantener el secreto mesiánico (porque la gente no entendería) | ▶ Cuidado y atención de despreciados y desprotegidos ▶ Obra del Espíritu Santo ▶ Sanidad ▶ Oración ▶ El evangelio es para todos ▶ La nueva comunidad | ▶ Siete "señales" y siete frases ("discursos") que indican quién es Jesús ▶ Siete "Yo soy" ▶ Relación de Jesús con Dios el Padre ▶ Contiene algunos de los versículos más conocidos de la Biblia |
| IDEAL PARA PERSONAS QUE QUIEREN: | Conocer relación entre Jesús y Antiguo Testamento. | Comenzar a descubrir quién fue Jesús. | Aprender más sobre solidaridad con necesitados. | Reflexionar más profundamente sobre Jesús. |

La iglesia primitiva vio un paralelo entre los cuatro Evangelios y las cuatro criaturas de la visión de Ezequiel (Ezequiel 1:10) y de Juan (Apocalipsis 4:7). Aquí se las ve en una ilustración de una de las páginas del Libro de Kells.

■ Un hombre (Mateo) representa la auténtica humanidad de Jesús.

■ Un león (Marcos) representa la fuerza y la realeza de Jesús.

■ Un buey (Lucas) representa a Jesús que se sacrificó por toda la humanidad y cargó con todos sus males.

■ Un águila (Juan) representa el Espíritu que se movía sobre Él.

### ¿Sabía usted…?

… que se han conservado más manuscritos antiguos del Nuevo Testamento que de cualquier otro texto de la antigüedad? Los antiguos manuscritos de la obra de Herodoto, Tácito y César apenas alcanzan la decena, mientras que existen más de 5000 textos en griego, 10.000 en latín y 9300 en otras lenguas del Nuevo Testamento escritos en los 3 primeros siglos. El lapso entre el texto original de Herodoto y el manuscrito más antiguo que se conserva es de 1300 años; sin embargo, lo transcurrido hasta la versión completa del Nuevo Testamento es solo 300 años, y garantiza mayor grado de exactitud. Es decir, las evidencias de los hechos en que se basa el cristianismo son más sólidas que las evidencias sobre cualquier otro hecho histórico de la antigüedad.

### Idea central: La verdad

La Biblia dice que la verdad es un atributo fundamental de Dios. Pedro, en cuya predicación se basa el Evangelio de Marcos, escribió: "Cuando les dimos a conocer la venida de nuestro Señor Jesucristo en todo su poder, no estábamos siguiendo sutiles cuentos supersticiosos, sino dando testimonio de su grandeza, que vimos con nuestros propios ojos" (2 Pedro 1:16). Por tanto, los cristianos creen que los Evangelios son confiables no solo porque contienen la verdad sino más bien porque son la verdad.

# Juan el Bautista

## PREPARACIÓN DEL CAMINO

2000 AC
1900 AC
1800 AC
1700 AC
1600 AC
1500 AC
1400 AC
1300 AC
1200 AC
1100 AC
1000 AC
900 AC
800 AC
700 AC
600 AC
500 AC
400 AC
300 AC
200 AC
100 AC
1 DC
100 DC

El comienzo del Nuevo Testamento es comparable con los corredores que se lanzan a la pista tras una tensa espera en la línea de largada. Después de una larga espera de más de 400 años desde la última vez que Dios había hablado a través de profetas, fue como si estallara el disparo de largada seguido de una súbita e intensa actividad de ángeles y profetas. El que encabezó la marcha fue Juan el Bautista que, en cumplimiento de la profecía de Malaquías, llegó como una suerte de profeta Elías a fin de preparar el camino para el mesías y llamar a la gente a estar preparada.

### Mensaje de Juan

El mensaje de Juan era para quienes pensaban que estaban bien con Dios simplemente por ser descendientes de Abraham. Juan confrontó esta opinión y les recordó a los oyentes que Dios esperaba que "llevaran fruto" y que si rehusaban hacerlo, el hacha de Dios cortaría los árboles sin fruto (Mateo 3:7–10). Fue apodado "el Bautista" debido a que bautizaba a la gente en el río.

Juan concibió su tarea como preparación para la venida del mesías, el enviado de Dios, alguien mucho más importante que él. "Yo los bautizo a ustedes con agua para que se arrepientan. Pero el que viene después de mí es más poderoso que yo, y ni siquiera merezco llevarle las sandalias. Él los bautizará con el Espíritu Santo y con fuego" (Mateo 3:11). Cuando vio a Jesús, Juan exclamó "¡Aquí tienen al Cordero de Dios, que quita el pecado del mundo!" (Juan 1:29).

### Nacimiento de Juan

Los padres de Juan eran de edad avanzada y no habían podido tener hijos. No debe sorprendernos que a Zacarías le resultara difícil creer el anuncio del ángel Gabriel (Lucas 1:5–18) cuando le dijo que tendrían un hijo que prepararía el camino del Señor tal como se había profetizado (Malaquías 4:5–6). Pero no eran tiempos para dudar, y Zacarías perdió el habla a causa de su incredulidad. No volvió a hablar hasta nueve meses después, durante la ceremonia de circuncisión, cuando dijo que su hijo se llamaría Juan, según el ángel lo había instruido (contrario a la práctica habitual de darle el nombre del padre). Zacarías recuperó el habla de inmediato y la gente, convencida de que todo era obra de Dios, se preguntaba qué habría de ser este niño. Zacarías, lleno del Espíritu Santo, alababa a Dios y profetizó que a Juan le correspondería preparar el camino para el Señor (Lucas 1:67–79). Este cántico, llamado el "Benedictus" (por la primera palabra de la versión en latín) se lee aun hoy en muchas iglesias.

Los desiertos fueron lugares clave en la historia del pueblo judío, y los profetas dijeron que precisamente del desierto vendría el mesías (Isaías 40:3–5). No es extraño, por tanto, que grandes multitudes salieran a ver a Juan cuando comenzó su predicación en el desierto de Judea (Mateo 3:5).

### Bautismo

Juan no inventó el bautismo. Los judíos tenían baños rituales que representaban la purificación, y también los usaban para bautizar a los convertidos. Sin embargo, el bautismo de Juan fue diferente porque marcó un nuevo comienzo en la relación con Dios, y rápidamente se convirtió en *la* señal visible de una vida nueva en Jesús (Hechos 2:38–41).

"Bautizar" proviene del griego *baptizo*, que significa "sumergir". El bautismo en el Nuevo Testamento se hacía por inmersión en lugar de hacerlo por aspersión o vertiendo agua sobre la persona, dos prácticas que la iglesia adoptó más adelante. La inmersión era una manera apropiada de representar las ideas fundamentales de la ceremonia del bautismo: limpiarse de todo pecado, enterrar la antigua vida y sumergirse en la vida de Jesús.

No hay evidencia de bautismo de bebés en el Nuevo Testamento; solo se bautizaba a quienes tenían suficiente edad para creer por sí mismos.

Un bautismo en la actualidad

*Voz de uno que grita en el desierto: 'Preparen el camino para el Señor, háganle sendas derechas.'*
**Mateo 3:3**

**Ver también**
ARREPENTIMIENTO P57
ELÍAS P54–55
ENTRE LOS DOS TESTAMENTOS P76–77

## Los esenios

Los esenios, un grupo no mencionado en la Biblia, eran una secta que se negaba a vivir en una sociedad que consideraban contaminada por la cultura griega. Había pequeños grupos diseminados en las regiones de Galilea y Judea, pero su centro principal estaba en Qumrán, a orillas del Mar Muerto. Practicaban un ascetismo riguroso y se veían a sí mismos como "los hijos de la luz" que se preparaban para la venida del Mesías. Juan se identificaba, en parte, con las creencias de los esenios.

## Los rollos del Mar Muerto

Los rollos del Mar Muerto fueron hallados accidentalmente por unos muchachitos que buscaban una cabra perdida. Probablemente los rollos fueron escritos por los esenios y colocados dentro de vasijas de arcilla cilíndricas, con tapa, que luego escondieron en cuevas en las rocas cerca de Qumrán, poco después del comienzo de la guerra entre judíos y romanos (66 d.C.).

Los rollos no solo arrojaron luz sobre las prácticas de los esenios y las creencias judías de aquel momento sino que confirmaron la veracidad de los textos del Antiguo Testamento, permitiéndonos acceder a copias casi 1000 años más antiguas que las conocidas hasta entonces. Esto permitió comprobar la fidelidad con que las Escrituras se habían copiado a lo largo del tiempo.

Una de las vasijas donde estaban ocultos los rollos del Mar Muerto.

### La fortaleza de Herodes

En este lugar se erigía el palacio–fortaleza Macareus donde Herodes Antipas encerró a Juan el Bautista por temor a que instigara una rebelión. En un momento de duda, Juan, preso en Macareus, envió mensajeros a Jesús para preguntarle si él verdaderamente era el mesías, y Jesús le confirmó que no sería defraudado en su fe. Finalmente, Juan fue decapitado en prisión después de que Herodes cayó en la trampa tendida por su esposa Herodías, que hizo que el rey le obsequiara la cabeza de Juan a su hija Salomé (Mateo 14:3–12).

Mucha gente comenzó a creer que Jesús era Juan resucitado (Mateo 16:13–14), y hasta el propio Herodes, aguijoneado por su conciencia, comenzó a creer que esto era cierto (Marcos 6:14–16).

Una de las cuevas cerca de Qumrán donde se descubrieron los rollos del Mar Muerto en 1947. Los rollos incluyen partes de todos los libros del Antiguo Testamento, excepto Ester.

## Idea central: El cambio

El llamado de Juan a la gente: "Produzcan frutos que demuestren arrepentimiento" (Mateo 3:8) es parte fundamental del desafío que plantea la Biblia acerca de que toda persona que verdaderamente cree en Dios experimentará un cambio en su vida. Los cristianos creen que no puede haber auténtica fe si no se produce un cambio auténtico en la persona.

# María

## LA MADRE DE JESÚS

2000 AC
1900 AC
1800 AC
1700 AC
1600 AC
1500 AC
1400 AC
1300 AC
1200 AC
1100 AC
1000 AC
900 AC
800 AC
700 AC
600 AC
500 AC
400 AC
300 AC
200 AC
100 AC
1 DC
100 DC

La tradición de la Iglesia comúnmente ha adoptado posiciones extremas con relación a María, ya sea atribuyéndole una importancia que no corresponde con el papel que tiene en la Biblia, o bien ignorándola por completo. Debemos reconocer que hay muy poca información sobre ella en el Nuevo Testamento, pero lo que se dice revela una mujer de gran fe y humildad. Desde el misterio del nacimiento de Jesús hasta el misterio de su muerte, sabemos que María aceptó cumplir el propósito de Dios.

María y José vivían en Nazaret (derecha), un pueblo perdido de Galilea, que en aquel tiempo no contaba con más de 200 habitantes. Es probable que allí María le haya contado a Jesús la maravillosa historia de su concepción y nacimiento.

La actual basílica de la Iglesia Católica (arriba) fue construida en el lugar de la anunciación; un lugar de culto incluso en la iglesia primitiva.

La iglesia primitiva vio en el nacimiento virginal el cumplimiento de lo que Isaías había profetizado 700 años antes: "La virgen concebirá, y dará a luz un hijo, y llamará su nombre Emanuel" (Isaías 7:14 RVR 1960; Mateo 1:23).

### La anunciación

En el siglo I se sabía tan bien como hoy cómo nacían los bebés. Por eso, cuando el ángel Gabriel se le apareció a María para decirle que quedaría embarazada y sería la madre del Hijo de Dios (este encuentro se conoce como "la anunciación"), ella respondió con toda lógica: "¿Cómo pasará esto, si aún no me he casado?" (Lucas 1:34, TLA).

También es lógica la reacción de José que, convencido de que María había sido infiel, resolvió romper el compromiso en secreto (Mateo 1:18–19). En ambos casos, los textos explican que fue necesaria una revelación de Dios para que se convencieran de lo imposible. En el caso de José, le fue revelado en un sueño que el niño que María iba a tener verdaderamente era del Espíritu Santo y no de un hombre (Mateo 1:20–21), y para María, la revelación fue a través de una señal: su parienta Elisabet, que era estéril, también estaba embarazada.

### El nacimiento virginal

Muchos descartan el "nacimiento virginal" por considerarlo un imposible o un mero recurso literario para demostrar que Jesús era "especial", pero para el cristianismo es relevante porque explica quién es Jesús y por qué vino a la tierra. Los cristianos creen que a través del nacimiento virginal, Dios marcó el comienzo de una humanidad completamente nueva. Jesús fue un nuevo ser humano creado por el Espíritu de Dios en el vientre de María, lo cual implica que no heredó el pecado de Adán y Eva como las demás personas. La Biblia dice que gracias a que Jesús no conoció el pecado, pudo morir por nosotros y pagar el precio, no de su pecado —porque no había pecado en Él— sino del pecado de la humanidad. Si se rechaza el nacimiento virginal, explican los cristianos, su muerte queda desprovista de poder.

A pesar de la tradición posterior, en el Nuevo Testamento no hay indicios de que María haya permanecido virgen por el resto de su vida; los textos dicen simplemente: "pero [José] no tuvo relaciones conyugales con ella hasta que dio a luz un hijo". De hecho, hay textos que hablan de los hermanos y hermanas naturales de Jesús, lo cual demuestra que María y José tuvieron una relación matrimonial corriente después del nacimiento de Jesús (Mateo 12:46; 13:55–56).

*"Aquí tienes a la sierva del Señor", contestó María. "Que él haga conmigo como me has dicho."*
LUCAS 1:38

VER TAMBIÉN
ADÁN Y EVA P12–13
ANA P39
JESÚS: SU NACIMIENTO P84–85
JOSÉ P84–85

### ÁNGELES

Los ángeles suelen aparecer en situaciones clave en la Biblia. Aunque a menudo los artistas los presentan como seres alados vestidos con largas túnicas, la Biblia muestra una imagen mucho más humana, y en ocasiones se los confunde con personas. La palabra "ángel" significa "mensajero". Son criaturas celestiales que transmiten mensajes de parte de Dios, cumplen los planes divinos y defienden a su pueblo.

## El Magníficat

Después del anuncio del ángel, María visitó a Elisabet y comprobó que efectivamente estaba embarazada, e irrumpió en alabanzas al Señor (Lucas 1:46–55). Su cántico, similar al de Ana en análogas circunstancias (1 Samuel 2:1–10), se llama "el Magníficat" porque esa es la primera palabra de la versión en latín.

## Otras referencias a María

Curiosamente, se encuentran muy pocas referencias a María después del nacimiento. Los textos en los que aparece mencionada muestran su auténtica humanidad:

■ Su ansiedad cuando creyó que Jesús se había perdido durante la visita a Jerusalén en la Pascua (Lucas 2:41–51).

■ El pedido a Jesús para que actuara cuando se acabó el vino en una boda, lo cual motivó una advertencia amable pero categórica de Jesús al recordarle que Él sólo podía actuar a instancias de su Padre celestial, no a pedido de su madre terrenal (Juan 2:1–11).

■ Su preocupación por Jesús cuando pensó que su tarea era demasiado pesada y acabaría sufriendo una crisis por agotamiento (Marcos 3:20–21).

■ Presenció la crucifixión y fue encomendada al cuidado de Juan, lo cual indica que posiblemente José ya había fallecido (Juan 19:25–27).

■ Se reunía a orar con los discípulos en el Aposento Alto después de la ascensión de Jesús (Hechos 1:14).

### EL MATRIMONIO

Entre los judíos, el matrimonio se cumplía en dos etapas. Comenzaba con el compromiso, que generaba las mismas obligaciones que el matrimonio en sí, de modo que era preciso un trámite de divorcio para romper el vínculo. Un año más tarde, sin anunciarlo con mucha anticipación, se celebraba el matrimonio, y el novio llevaba a la novia a su casa. Fue en el transcurso de este año que José descubrió que María estaba embarazada. Ella debía de tener unos 14 años de edad.

## Dolor futuro

Cuando María y José llevaron a Jesús al templo para presentarlo delante del Señor (Lucas 2:22–24), Simeón no solo profetizó acerca del ministerio futuro de Jesús sino que también predijo el sufrimiento futuro de María, y le dijo: "una espada te atravesará el alma". Sin embargo, María seguramente jamás imaginó que sería testigo del horror de la crucifixión.

## Ideas posteriores sobre María

Muchas tradiciones surgidas posteriormente con relación a María no tienen fundamento en los textos del Nuevo Testamento. Algunos ejemplos:

■ **La inmaculada concepción:** Igual que Jesús, María fue concebida sin pecado y vivió libre de pecado.

■ **Virginidad perpetua:** María permaneció virgen el resto de su vida.

■ **Ascensión:** Su cuerpo y alma ascendieron al cielo después de su muerte.

■ **Intercesión por los santos:** María intercede por nosotros delante de Dios.

## Idea central: Humildad

María es un maravilloso modelo de humildad al reconocer que nada hubiera sido posible sin la intervención divina. Un elemento fundamental de la fe cristiana es que la persona humilde cumple con su parte pero le da a Dios todo el honor.

La Navidad es una de las historias más conocidas en el mundo entero y, al mismo tiempo, una de las menos comprendidas. Año tras año, grupos de niños vestidos como ángeles y pastores deleitan a los adultos con representaciones del nacimiento. Pero detrás de la sencillez del relato se esconde una verdad de extraordinaria importancia: Dios visitó la tierra.

## Un recibimiento poco digno

*"Así que dio a luz a su hijo primogénito. Lo envolvió en pañales y lo acostó en un pesebre, porque no había lugar para ellos en la posada"* (Lucas 2:7).

■ El pesebre, un comedero para los animales, probablemente era de piedra, como el que muestra la foto de la izquierda. Si se lo cubría de paja fresca, perfectamente podía servir como cuna.

■ Se acostumbraba a envolver al bebé con tela para que brazos y piernas crecieran derechos y el niño no tuviera problemas en el futuro.

■ La palabra que se traduce "hotel" o "posada" probablemente signifique "habitación para huéspedes". Debido al censo, la casa estaría llena de familiares que venían de otros lugares y no había lugar para María y José. Una cueva allí cerca, que se usaba como depósito y para guardar animales, resultó un lugar abrigado y tranquilo para el nacimiento.

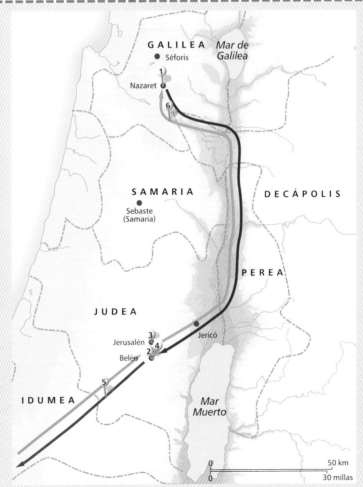

## NACIMIENTO E INFANCIA DE JESÚS

### 1. NAZARET
Los ángeles anunciaron la concepción milagrosa de Jesús (Mateo 1:18–25; Lucas 1:26–38). Poco antes del nacimiento, José y María viajaron a Belén para cumplir con el censo (Lucas 2:1–5).

### 2. BELÉN
Allí nació Jesús (Lucas 2:6–7) y los ángeles guiaron a los pastores para que fueran a ver al Salvador que acababa de nacer (Lucas 2:8–20).

### 3. JERUSALÉN
Ocho días después de haber nacido, le pusieron por nombre Jesús y lo circuncidaron (Lucas 2:21). Cinco semanas más tarde, Jesús fue presentado a Dios en el templo, y Ana y Simeón profetizaron acerca del niño (Lucas 2:22–38).

### 4. BELÉN
"Magos" de Persia, atraídos por una estrella inusitada, le llevaron regalos simbólicos (Mateo 2:1–12). Contrariamente a la tradición popular, no fue la noche del nacimiento sino tiempo después cuando estaban en "la casa" (versículo 11); probablemente la vivienda familiar.

### 5. EL VIAJE A EGIPTO
A través de los sabios de oriente, Herodes el Grande supo que había nacido el rey de los judíos y decidió matar a todos los niños menores de dos años de Belén para eliminar a cualquier posible rival. José, María y Jesús huyeron a Egipto para ponerse a salvo (Mateo 2:13–18).

### 6. NAZARET
Después de la muerte de Herodes el Grande, regresaron a Judea y luego fueron a vivir a Nazaret en Galilea (Mateo 2:19–23). Dado que Jesús vivió en Galilea, seguramente aprendió griego, además de hebreo y arameo.

Map labels:

2000 AC
1900 AC
1800 AC
1700 AC
1600 AC
1500 AC
1400 AC
1300 AC
1200 AC
1100 AC
1000 AC
900 AC
800 AC
700 AC
600 AC
500 AC
400 AC
300 AC
200 AC
100 AC
1 DC
100 DC

GALILEA — Mar de Galilea
Séforis
Nazaret
SAMARIA
Sebaste (Samaria)
DECÁPOLIS
JUDEA
PEREA
Jerusalén
Belén
Jericó
IDUMEA
Mar Muerto

0    50 km
0    30 millas

*Pero cuando se cumplió el plazo, Dios envió a su Hijo...*
**GÁLATAS 4:4**

● **VER TAMBIÉN**
ANUNCIACIÓN P82
JESÚS: SU NACIÓN P86–87
MARÍA P82–83
NACIMIENTO VIRGINAL P82

## BELÉN

*"Pero de ti, Belén Efrata, pequeña entre los clanes de Judá, saldrá el que gobernará a Israel"* (Miqueas 5:2).

Hubo un censo de población y José y María regresaron a Belén, su ciudad natal, para ser empadronados (Lucas 2:1–3). Mientras estaban allí, nació Jesús, y así se cumplió lo profetizado por Miqueas 700 años antes.

## La dimensión cósmica

A diferencia del resto de los seres humanos, la vida de Jesús no comenzó cuando fue concebido. La Biblia dice que él existía con el Padre desde el principio. La tabla de abajo contiene varios pasajes del Nuevo Testamento que presentan una síntesis de su transformación de Hijo eterno en el cielo a un Jesús humano en la tierra.

## Regalos simbólicos

Los regalos de los "magos" (no eran "sabios" sino astrólogos) simbolizaban la vida y el ministerio futuro de Jesús:

■ El oro, el metal más costoso, representaba su realeza.

■ El incienso, que se quemaba durante las ceremonias religiosas, apuntaba a su función sacerdotal.

■ La mirra, que se usaba para embalsamar, representaba su muerte por toda la humanidad.

Como el relato menciona tres regalos, surgió la tradición de los tres magos aunque, en realidad, el texto bíblico no especifica cuántos eran. La visita de estos magos se recuerda el 6 de enero durante la celebración de la Epifanía (de la palabra griega "aparecer").

## Años de silencio

Excepto por la visita a Jerusalén cuando tenía 12 años (Lucas 2:41–52), no sabemos nada de la infancia de Jesús. Posiblemente fue educado en la sinagoga local y aprendió el oficio de "carpintero" con su padre (Marcos 6:3), aunque el término griego significa más bien "constructor" en un sentido amplio, lo cual podría explicar por qué Jesús en sus enseñanzas incluyó ejemplos tomados de la construcción.

Herodes Antipas había elegido Séforis como capital de su reino, una ciudad cosmopolita de 30.000 habitantes, distante a algo menos de 5 km (3 millas) de Nazaret. La ciudad atravesaba una etapa de gran desarrollo edilicio, y es muy probable que José y Jesús trabajaran allí en proyectos de construcción.

Tal vez José murió joven, lo cual explica por qué Jesús permaneció en la casa paterna hasta la edad de 30 años: debía proveer el sustento hasta que sus hermanos y hermanas crecieran.

## Idea central: Encarnación

La Biblia dice que Jesús dejó de lado su divinidad, es decir su naturaleza divina, y se hizo hombre para dar cumplimiento al plan de Dios. Este milagro se conoce como "encarnación" (del latín, *incarnare*, "en la carne"). El punto focal del cristianismo es un Dios que sale a buscar al ser humano, antes que un ser humano en busca de Dios.

|  | JESÚS EN LA ETERNIDAD | JESÚS EN LA TIERRA |
|---|---|---|
| JUAN | En el principio ya existía el Verbo, y el Verbo estaba con Dios, y el Verbo era Dios. Él estaba con Dios en el principio. Por medio de él todas las cosas fueron creadas (Juan 1:1–2). | Y el Verbo se hizo hombre y habitó entre nosotros (Juan 1:14). |
| PABLO | [Cristo], siendo igual a Dios, no consideró el ser igual a Dios como algo a qué aferrarse (Filipenses 2:6). | Por el contrario, se rebajó voluntariamente, tomando la naturaleza de siervo (Filipenses 2:7). |
| AUTOR DE HEBREOS | El Hijo es el resplandor de la gloria de Dios, la fiel imagen de lo que él es, y el que sostiene toda las cosas con su palabra poderosa (Hebreos 1:3). | Ya que ellos son de carne y hueso, [Cristo] también compartió esa naturaleza humana (Hebreos 2:14). |

# Jesús: Su nación

## HOMBRE REAL, MUNDO REAL

2000 AC
1900 AC
1800 AC
1700 AC
1600 AC
1500 AC
1400 AC
1300 AC
1200 AC
1100 AC
1000 AC
900 AC
800 AC
700 AC
600 AC
500 AC
400 AC
300 AC
200 AC
100 AC
1 DC
100 DC

El milagro del nacimiento virginal no solo permitió que Jesús fuera un hombre real sino además que viviera en el mundo real. Eso significa que durante su vida experimentó la alegría y la tristeza, como cualquier otro ser humano, y en la Palestina del siglo I había sobrados motivos para ambas.

### La *Pax romana*

El Imperio Romano cubría una vasta extensión que incluía Europa, Grecia, Asia Menor y el norte de África. Con mano de hierro, los romanos habían logrado paz y estabilidad en sus territorios: se vivía bajo el imperio de la ley y de una administración eficiente; una extensa red vial unía unas ciudades con otras; la actividad comercial era pujante; el latín y el griego eran los idiomas internacionales, y el denario romano era la moneda corriente. Esto se conocía como la *pax romana*.

Pero esta "paz" tenía su precio.

Palestina había estado bajo el dominio de Roma desde el 63 a.C., y si bien algunos valoraban las ventajas de esta situación, la mayoría se oponía a la presencia de los extranjeros paganos. Durante los 70 años siguientes a la muerte de Herodes el Grande en el 4 d.C., hubo numerosas revueltas lideradas por supuestos salvadores ("mesías") que querían liberar a Israel del yugo romano e intentaron, sin éxito, establecer un reino judío. Es lógico, pues, que el gobernador romano Pilato se sintiera intranquilo cuando le dijeron que Jesús afirmaba ser el rey de los judíos.

### Dinero

Los peregrinos debían cambiar su dinero y conseguir moneda local, especialmente para pagar el tributo en el templo y comprar animales para los sacrificios. Los cambistas cumplían una función necesaria, pero a menudo eran corruptos y le cobraban de más a la gente. En dos oportunidades, Jesús los echó del templo indignado por cómo habían desvirtuado el propósito del templo.

Más corruptos aun eran los cobradores de impuestos. Mediante el pago por adelantado a Roma, adquirían el derecho de cobrar los impuestos en un determinado distrito, pero luego obtenían enormes ganancias al aplicarle una tasa impositiva excesivamente alta a los bienes gravables. Esto lo hacían con el apoyo de soldados romanos. Jesús se acercó a este grupo despreciado por el resto de la sociedad, y llegó a ser conocido como "amigo de los cobradores de impuestos y pecadores", entre quienes se encontraban Mateo y Zaqueo.

Un denario de plata del reinado del emperador Augusto, que murió en el 14 d.C. El denario era la moneda de mayor circulación y equivalía al jornal de un día de un trabajador. En sus enseñanzas Jesús aludió a las monedas de uso corriente, y de un modo o de otro la mitad de las parábolas están relacionadas con el dinero; una señal, quizá, de que el dinero era un tema tan central en aquel momento como lo es ahora.

### CAMINOS ROMANOS

A través del Imperio Romano se extendían más de 80.000 km (50.000 millas) de caminos. Esta red vial empedrada y con alzada (para facilitar el drenaje del agua) permitía viajar al margen de las condiciones climáticas. Los caminos fueron construidos fundamentalmente para la rápida movilización de las tropas, pero abrieron enormes posibilidades para el comercio, sobre todo en conjunción con el desarrollo marítimo de Roma.

### PALESTINA EN TIEMPOS DE JESÚS

Después de la muerte de Herodes el Grande en el 4 d.C., el reino se dividió en tres territorios, cada uno de ellos gobernado por uno de sus hijos. Pero Herodes Arquelao, por su ineficiencia como gobernante, fue reemplazado por un gobernador romano llamado Pilato que ocupó el cargo desde el 26 hasta el 36 d.C., el mismo que ordenó la crucifixión de Jesús (Mateo 27:11–26).

Mar Mediterráneo

Cesarea de Filipo

TRACONITE

Mar de Galilea

GALILEA

DECÁPOLIS

Caesarea

SAMARIA

JUDEA

PEREA

Jerusalén

Mar Muerto

IDUMEA

Tierra otorgada a:
Felipe
Herodes Antipas
Arquelao
Provincia de Siria

*Y el Verbo se hizo hombre y habitó entre nosotros.*

**JUAN 1:14**

● **VER TAMBIÉN**
ENTRE LOS DOS TESTAMENTOS P76–77
JESÚS: SU MINISTERIO P88–89
JESÚS: SUS OPOSITORES P94–95
LA TIERRA PROMETIDA P34–35

## La economía de Palestina

En aquel momento Palestina tenía una economía básicamente agrícola, y la mayoría de las familias trabajaban su propia tierra. En los valles del norte y las llanuras costeras se cultivaba el trigo, y en el sur, la cebada; la cría de ovejas, cabras y ganado se desarrollaba en la zona montañosa, y en las laderas se cultivaban higos, dátiles y viñedos. La pesca era una actividad importante en la región del Mar de Galilea, y numerosas parábolas de Jesús incluyen ejemplos de la pesca y el trabajo en el campo.

Los caminos y las flotas de barcos de los romanos permitieron la incorporación de Palestina al comercio internacional. Entre las importaciones cabe mencionar especias de Grecia y Persia, mirra de Arabia, manzanas de Creta, queso de Bitinia y pergaminos de Egipto. Los productos de exportación incluían hortalizas, cereales, aceite de oliva, miel, pescado salado y betún. Jerusalén se convirtió en uno de los principales centros comerciales; en tiempos del Nuevo Testamento la ciudad contaba con 7 mercados, y se tienen registros de 118 artículos de lujo importados tales como joyas, seda y recipientes de vidrio.

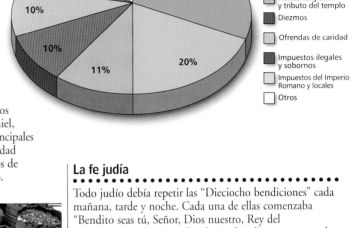

- Vestimenta — 30%
- Comida — 20%
- Fiestas religiosas y tributo del templo — 11%
- Diezmos — 10%
- Ofrendas de caridad — 10%
- Impuestos ilegales y sobornos — 5%
- Impuestos del Imperio Romano y locales — 4%
- Otros — 10%

## La comida

El pan, que se preparaba y horneaba cada día, era un componente esencial de las comidas. De hecho, la expresión hebrea "comer pan" significa "comer una comida". La dieta era básicamente vegetariana dado que la carne (habitualmente cordero, y a veces, carne vacuna) era cara y se reservaba para ocasiones especiales. El agua, la leche y el vino, a menudo diluido con agua, eran las bebidas habituales.

Comer juntos era expresión de amistad, y la hospitalidad era un valor apreciado. Sin embargo, las normas judías sobre la comida establecían que los judíos no podían comer con gentiles (personas no judías), y muchos judíos devotos tampoco comían con otros judíos que no cumplían el ritual del lavado de manos o que no lavaban los utensilios correctamente. Pero Jesús disfrutaba comiendo con toda clase de personas, lo cual irritaba a los fariseos.

## La fe judía

Todo judío debía repetir las "Dieciocho bendiciones" cada mañana, tarde y noche. Cada una de ellas comenzaba "Bendito seas tú, Señor, Dios nuestro, Rey del universo…". Además, se bendecían los alimentos antes de cada comida. La mayoría de los judíos asistía a la sinagoga el sábado (sábat) para escuchar la lectura de las Escrituras y orar, y tres veces al año iban al templo en Jerusalén durante la celebración de las grandes fiestas anuales.

El enfrentamiento de Jesús no fue con la fe judía –Él mismo dijo que había venido a cumplir la ley, no a anularla– sino con las interpretaciones de los líderes religiosos que mantenían a la gente común alejada de Dios.

Jesús pasó muchas horas trabajando en el taller de carpintería de su familia.

## Idea central: Trabajo

Hasta el comienzo de su ministerio público a la edad de 30 años, Jesús cumplió su jornada de trabajo diario y así demostró que el trabajo no era impedimento ni obstáculo para la vida espiritual sino que era parte misma de la vida.

El trabajo no es una maldición sino una bendición, y los cristianos creen que es posible encontrar y servir a Dios en el trabajo como en cualquier otra área de la vida.

# Jesús: Su ministerio

## EL TIEMPO SE CUMPLIÓ

2000 AC
1900 AC
1800 AC
1700 AC
1600 AC
1500 AC
1400 AC
1300 AC
1200 AC
1100 AC
1000 AC
900 AC
800 AC
700 AC
600 AC
500 AC
400 AC
300 AC
200 AC
100 AC
1 DC
100 DC

Cuando tenía 30 años, Jesús dejó su casa y comenzó su ministerio público que tan solo habría de durar 3 años, pero fue un tiempo muy intenso durante el cual compartió el amor de Dios y capacitó a 12 discípulos para que continuaran la obra después de Él. En Jerusalén, donde había muchos grupos con intereses creados tanto en lo político como en lo religioso, su predicación cayó en terreno árido, pero en Galilea la gente se mostró más abierta a su anuncio de que el tiempo se había cumplido y el reino de Dios había llegado.

### Los discípulos

No fue sino después de la ejecución de Juan el Bautista que Jesús regresó a Galilea y reunió formalmente a un grupo de 12 hombres claves. Al escoger 12 personas, como los 12 hijos de Jacob que formaron las tribus de Israel, Jesús estaba afirmando que fundaba un nuevo pueblo y un nuevo reino. "Discípulo" significa "alumno" o "aprendiz", alguien que mantiene una estrecha relación con otra persona a fin de adquirir sus mismas habilidades o destrezas. Jesús reunió a 12 aprendices para que lo acompañaran a fin de enviarlos a predicar y darles autoridad para echar fuera demonios. La prioridad era que estuvieran con Él; al convivir con Él aprenderían a vivir como Él vivía. Sin duda, el grupo de discípulos era muy heterogéneo:

### COMIENZO DEL MINISTERIO DE JESÚS

Jesús comenzó su ministerio pidiéndole a Juan que lo bautizara en el Río Jordán (derecha), no porque fuera pecador sino para "cumplir con lo que es justo" e identificarse con la raza humana y marcar el camino a seguir. Dice el relato bíblico que

después del bautismo, "mientras oraba, se abrió el cielo, y el Espíritu Santo bajó sobre él en forma de paloma. Entonces se oyó una voz del cielo que decía: 'Tú eres mi Hijo amado; estoy muy complacido contigo'" (Lucas 3:21–22).

Seguidamente, Jesús pasó 40 días de ayuno y oración en el desierto de Judea donde fue tentado por el diablo (Mateo 4:1–11; Marcos 1:12–13; Lucas 4:1–13). Este trató de desviarlo del propósito de su ministerio al proponerle milagros instantáneos y espectaculares. Pero Jesús sabía que no estaba llamado a ser esa clase de mesías y rebatió los argumentos del diablo citando textos de las Escrituras.

■ **Simón Pedro** –un pescador de Capernaúm, de temperamento impetuoso.

■ **Jacobo** –hijo de Zebedeo, un pescador de Capernaúm.

■ **Juan** –pescador y hermano de Jacobo (Pedro, Jacobo y Juan eran los más cercanos a Jesús).

■ **Andrés** –pescador, hermano de Pedro.

■ **Felipe** –de Betsaida, en Galilea; probablemente de origen griego.

■ **Bartolomé** –también llamado Natanael, un hombre recto y sincero.

■ **Mateo** –cobrador de impuestos.

■ **Tomás** –famoso por dudar de la resurrección.

■ **Jacobo** –el hijo de Alfeo. Se sabe muy poco sobre él.

■ **Tadeo** –también llamado Judas, hijo de Jacobo.

■ **Simón el Zelote** –ex integrante de la guerrilla nacionalista.

■ **Judas Iscariote** –el tesorero del grupo; fue quien traicionó a Jesús a cambio de dinero.

Además de este núcleo principal, Jesús tenía un grupo más amplio de seguidores, incluidas varias mujeres (algo muy poco usual, o directamente escandaloso en aquel tiempo). Algunos colaboradores brindaban sostén financiero al ministerio de Jesús.

### JESÚS Y JERUSALÉN

El paisaje de Jerusalén estaba dominado por el enorme templo construido por Herodes el Grande. Hacia el sur estaba la Ciudad Baja, donde vivían los más pobres; era una zona de calles angostas, con casas pegadas unas a otras, y mercados bulliciosos. En la zona oeste, donde se destacaba el palacio de Herodes, estaba la Ciudad Alta donde los ricos tenían sus residencias.

Hasta su última semana de vida, el ministerio de Jesús en Jerusalén había sido bastante limitado debido a que los líderes religiosos se oponían a su mensaje, hasta el extremo de que habían enviado personas a Galilea para tratar de sorprenderlo en alguna falta.

*Jesús tenía unos treinta años cuando comenzó su ministerio.*
**LUCAS 3:23**

● **VER TAMBIÉN**
JESÚS: SUS ENSEÑANZAS P90–91
JESÚS: SUS MILAGROS P92–93
JUAN EL BAUTISTA P80–81
PESCAR P104

## EL MAR DE GALILEA

Rodeado de colinas que formaban verdaderos túneles de viento, donde se originaban violentas tempestades, este lago de agua dulce tenía peces en abundancia y era un centro vital de desarrollo como lo demuestran las ruinas de doce ciudades construidas en sus costas. Capernaúm, atravesada por la Vía Maris –la principal ruta de comercio internacional– era un importante centro comercial con un puesto de control aduanero.

"Jesús recorría toda Galilea, enseñando en las sinagogas, anunciando las buenas nuevas del reino, y sanando toda enfermedad y dolencia entre la gente" (Mateo 4:23).

## Esperanza para todos

Jesús se ocupó de toda clase de personas en su ministerio:

- Hombres y mujeres (Lucas 8:1–3)
- Adultos y niños (Marcos 10:1,13–15)
- Personas religiosas y no religiosas (Lucas 7:36–50)
- Judíos y gentiles (Mateo 8:1–13)

## Jesús predica en Galilea

Jesús fue mucho mejor recibido en Galilea, a excepción de Nazaret, su pueblo natal, donde estuvieron a punto de ¡arrojarlo desde un precipicio después de escuchar su primer sermón! En esa predicación, Jesús dijo que Él era el Salvador ungido por el Espíritu que había prometido Isaías, y también afirmó que la salvación de Dios no era solo para los judíos sino también para los gentiles (Lucas 4:16–30).

Ruinas de la sinagoga de Capernaúm, siglo IV. Excavaciones realizadas debajo de estas ruinas pusieron al descubierto parte del edificio original de la época de Jesús, construido en basalto negro, y pagado por un centurión romano.

## HECHOS FAMOSOS EN EL MINISTERIO DE JESÚS EN GALILEA

### 1. CAPERNAÚM

- Sanó a un hombre endemoniado en la sinagoga (Marcos 1:21–28)
- Sanó a la suegra de Pedro (Marcos 1:29–32)
- Perdonó y sanó a un paralítico (Marcos 2:1–12)
- Curó al siervo del centurión (Mateo 8:5–3)
- Resucitó a la hija de un dirigente judío (Mateo 9:18–26)

### 2. CORAZÍN

- Varios milagros no especificados, que fueron recibidos con incredulidad (Mateo 11:20–24)

### 3. BETSAIDA

- Alimentación de los 5000 (Lucas 9:10–17)

### 4 Y 5. MAR DE GALILEA

- Caminó sobre el agua (Mateo 14:22–33)
- Calmó la tempestad (Mateo 8:23–27)

### 6. GADARA

- Echó los demonios a los cerdos (Mateo 8:28–34)

### 7. MAGDALA

- Jesús fue puesto a prueba por fariseos y saduceos (Mateo 16:1–12)

## Idea central: Mesías

En tiempos del Nuevo Testamento había gran expectativa respecto de la llegada inminente del "mesías" ("Cristo", en griego) quien, según lo prometido por los profetas, establecería el reino de Dios. Sin embargo, la Biblia muestra a un Jesús que no lo hace con la espada (como esperaba el común de la gente) sino mediante la cruz.

# Jesús: Sus enseñanzas

## PALABRAS CON RESULTADO

2000 AC
1900 AC
1800 AC
1700 AC
1600 AC
1500 AC
1400 AC
1300 AC
1200 AC
1100 AC
1000 AC
900 AC
800 AC
700 AC
600 AC
500 AC
400 AC
300 AC
200 AC
100 AC
1 DC
100 DC

Los filósofos griegos Sócrates, Platón y Aristóteles enseñaron por más de 40 años mientras que Jesús solo enseñó durante 3, sin embargo bien puede decirse que su influencia tuvo mayor alcance que la de aquellos. ¿Por qué? Los cristianos argumentarían que esto se debe a que Jesús dio esperanzas de que las cosas podían cambiar, no a través de sus propios esfuerzos, logros o conocimientos, sino simplemente por llegar a conocer a Dios como Padre.

### El reino de Dios

La enseñanza de Jesús no se centró en el amor, como creen muchas personas, sino en el reino de Dios (o reino de los cielos, como se lo llamaba entonces para evitar mencionar el nombre de Dios). Para nosotros hoy, un reino es un lugar, y así lo entendían los judíos, pero Jesús se refería a otra cosa. La palabra griega significa "gobierno" más que "reino" o "ámbito", de modo que el reino de Dios es el gobierno de Dios, en una dimensión espiritual más que geográfica. Jesús declaró que cuando Dios gobierna, todo cambia.

Dijo, además, que aunque su reino estaba "cerca", cada uno debía buscarlo, y al hallarlo, debía renunciar a todo (Mateo 13:44–46) y tomar la decisión de entrar en el reino confiando en Dios, como los niños pequeños confían en sus padres (Mateo 18:3). A los religiosos les disgustó este mensaje, pero los pobres y los marginados lo recibieron con gran alegría porque inesperadamente Dios parecía estar a su alcance.

Aunque el reino ya había sido inaugurado, Jesús dijo que lo mejor habrá de venir cuando Él regrese al final de los tiempos.

¿Con qué voy a comparar el reino de Dios? Es como la levadura que una mujer tomó y mezcló con una gran cantidad de harina, hasta que fermentó toda la masa (Lucas 13:20–21). Así como la levadura produce un efecto mucho mayor que su tamaño, otro tanto ocurre con el reino de Dios, dice la Biblia. A partir de un comienzo casi insignificante, llegará el día en que se extenderá a todo el mundo.

Jesús acostumbraba a usar imágenes sencillas de la vida cotidiana para explicar cómo era el reino de Dios. Lo describió como una semilla, muy pequeña al comienzo pero destinada a multiplicarse, y a sus seguidores los describió como "la luz del mundo" que disipa toda oscuridad.

### EL SERMÓN DEL MONTE

Una de las enseñanzas más conocidas de Jesús es "El Sermón del Monte" (Mateo 5:1– 7:28; Lucas 6:17–49). La versión de Mateo incluye:

■ Las bienaventuranzas o bendiciones (Mateo 5:3–12)

■ Normas éticas (5:13–20; 7:1–6,13–23)

■ Contraste entre las enseñanzas de Jesús y el legalismo de algunos sectores del judaísmo (5:21–48)

■ Enseñanzas sobre las ofrendas, la oración y el ayuno (6:1–18; 7:7–12)

■ Exhortación a poner a Dios en primer lugar y a confiar en Él en todo (6:19–34)

■ Lo importante es no limitarse a escuchar sus enseñanzas sino ponerlas en práctica (7:24–29).

El Monte de las Bienaventuranzas (derecha), a orillas del Mar de Galilea, es quizás el lugar donde Jesús predicó el Sermón del Monte.

*La gente se asombraba de su enseñanza, porque la impartía como quien tiene autoridad y no como los maestros de la ley.*
MARCOS 1:22

## EL AMOR A DIOS Y AL PRÓJIMO

El camino de Jericó a Jerusalén, a través del desierto de Judea, fue el escenario de la parábola del buen samaritano (Lucas 10:30–37). Un intérprete de la ley, para poner a prueba a Jesús, le preguntó: "¿Quién es mi prójimo?" La respuesta de Jesús lo desconcertó: cualquiera que necesite tu ayuda o que esté dispuesto a ayudarte, aunque sea samaritano (a quienes los judíos despreciaban).

## Enseñanzas de Jesús sobre sí mismo

Una característica inusual de las enseñanzas de Jesús fue que no giraron en torno a la religión o la moral sino a *su propia persona*. A pesar de que no anunció de manera estrepitosa quién era (porque la gente hubiera malinterpretado la clase de mesías que era Él), su afirmación fue categórica: Él era Dios mismo, ni más ni menos. Esto quedó demostrado porque:

■ Usó la frase "Yo soy" unida al nombre de Dios y se atribuyó títulos y funciones propias de Dios.

■ Aceptó que lo llamaran "Señor" y "Dios".

■ Perdonó los pecados de la gente, algo que solo Dios podía hacer.

## Parábolas de Jesús

Las parábolas eran relatos basados en situaciones cotidianas, que encerraban un significado más profundo, a veces, evidente, y otras veces, oculto. La mayoría de las parábolas tienen un tema principal, y los lectores deben ser cautelosos al buscar significados ocultos porque probablemente no los hay. El análisis minucioso de cada parábola nos coloca ante el riesgo de echar las cosas por tierra, tal como ocurre cuando alguien trata de explicar un chiste.

## Jesús y el Antiguo Testamento

Para Jesús, el Antiguo Testamento fue su "Biblia", y valoraba sus enseñanzas. En los Evangelios, Jesús cita textos del Antiguo Testamento al menos 40 veces y alude a su contenido en 70 oportunidades, con frecuencia, como recurso para resolver una controversia. Jamás criticó su contenido, sino las interpretaciones de los líderes religiosos. De hecho, Jesús dijo: "No piensen que he venido a anular la ley o los profetas; no he venido a anularlos sino a darles cumplimiento" (Mateo 5:17) –es decir, "revelar su significado más profundo". Por tanto, los lectores no deben caer en el error de trazar una línea divisoria entre el Antiguo y el Nuevo Testamento porque Jesús no reconoció tal división.

## La pedagogía de Jesús

### ■ Estimulaba la reflexión

A diferencia de muchos maestros de su tiempo, Jesús no quería que la gente se limitara a memorizar conocimientos sino que pensara por sí misma. Por ese motivo, les hacía preguntas, desafiaba su intelecto, usaba acertijos y contaba parábolas; apeló a toda clase de recursos para lograr que la gente reflexionara.

### ■ Llegaba a todos

Jesús podía participar en debates académicos y, a la vez, podía captar la atención de la gente común al relatar parábolas e historias tomadas de la vida cotidiana.

### ■ Tenía autoridad

Su enseñanza no se limitaba a "palabras" como ocurría con la mayoría de los maestros; sus hechos y su estilo de vida respaldaban lo que decía.

## Idea central: Maestro

A menudo la gente llamaba a Jesús "maestro" o "rabí", pero los cristianos creen que solo pueden llamarlo así aquellos que no se limitan a escuchar sus enseñanzas sino que las ponen en práctica.

| PARÁBOLAS FAMOSAS | MATEO | MARCOS | LUCAS |
|---|---|---|---|
| Los dos cimientos | 7:24–27 | | 6:47–49 |
| El buen samaritano | | | 10:25–37 |
| El rico insensato | | | 12:13–21 |
| El sembrador | 13:1–23 | 4:1–20 | 8:4–15 |
| La semilla de mostaza | 13:31–32 | 4:30–32 | 13:18–19 |
| La oveja perdida | 18:12–14 | | 15:3–7 |
| El hijo pródigo (perdido) | | | 15:11–32 |
| El rico y Lázaro | | | 16:19–31 |
| El siervo que no quiso perdonar | 18:23–35 | | |
| El banquete de bodas | 22:1–14 | | |
| Las diez vírgenes | 25:1–13 | | |
| Los talentos | 25:14–30 | | 19:11–27 |
| El juicio de las naciones | 25:31–46 | | |

# Jesús: Sus milagros

## VER ES CREER

Si las parábolas fueron la manera que Jesús escogió para describir el reino de Dios, los milagros fueron su manera de manifestarlo. A través de estos demostró qué clase de vida podemos tener cuando dejamos que Dios entre en nuestro ser. Los Evangelios registran 35 milagros, y hacen alusión a muchos más. Debe recordarse, sin embargo, que los milagros no siempre provocaron una respuesta de fe, y hubo personas que después de ser sanadas no expresaron gratitud ni creyeron en Jesús. Pero para aquellos que vieron más allá de la superficie, todo parece indicar que ver fue sinónimo de creer.

### Las siete señales de Juan

Juan relató sólo siete milagros de Jesús aunque conocía muchos más (Juan 20:30; 21:25). Escogió siete porque para los judíos era el número perfecto, la totalidad. Juan no los llamó "milagros" como los demás Evangelios sino "señales", porque quería resaltar su significado por sobre la demostración de poder. Su propósito era que a partir de estas señales la gente se diera cuenta de que estaban frente a un hombre como ningún otro.

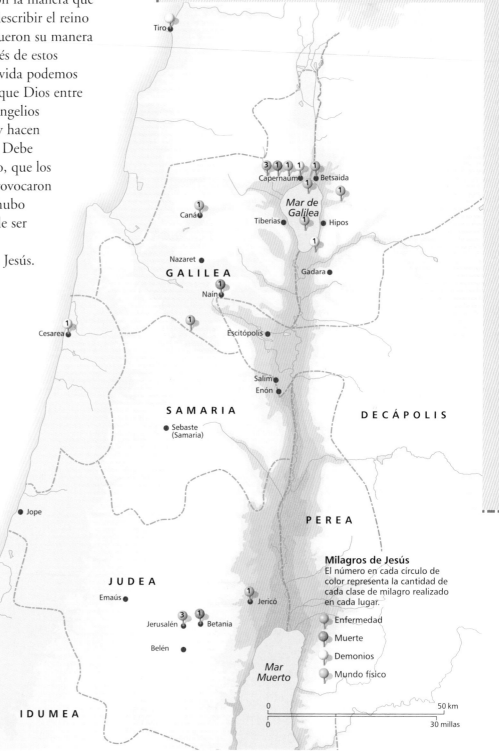

### Milagros de Jesús

El número en cada círculo de color representa la cantidad de cada clase de milagro realizado en cada lugar.

- Enfermedad
- Muerte
- Demonios
- Mundo físico

0 — 50 km
0 — 30 millas

*Créanme cuando les digo que yo estoy en el Padre y que el Padre está en mí; o al menos créanme por las obras mismas.*

JUAN 14:11

● VER TAMBIÉN
ENCARNACIÓN P85
ESPÍRITU SANTO P100–101
JESÚS: SU MINISTERIO P88–89
PARÁBOLAS P91

## ALGUNOS MILAGROS DE JESÚS

### CAPERNAÚM
Curó al siervo del centurión (Mateo 8:5–13)
Curó a la suegra de Pedro (Mateo 8:14–17)
Curó al hombre de la mano paralizada (Mateo 9:1–8)
Resucitó a una niña (Mateo 9:18–26)
Liberó a un hombre poseído por un demonio (Marcos 1:21–28)
La pesca milagrosa (Lucas 5:1–11)

### BETSAIDA Y ALREDEDORES DEL MAR DE GALILEA
Curó a un ciego (Marcos 8:22–26)
Alimentó a 5000 (Juan 6:1–15)
Calmó la tempestad (Mateo 8:23–27)
Caminó sobre el agua (Mateo 14:22–25)
Liberó a un hombre poseído por un demonio (Marcos 5:1–20)

### CERCA DE TIRO
Liberó a una joven poseída por un demonio (Mateo 15:21–28)

### CESAREA DE FILIPO
Liberó a un muchacho poseído por un demonio (Lucas 9:37–45)

### CANÁ
Convirtió el agua en vino (Juan 2:1–11)

### NAÍN
Resucitó al hijo de una mujer viuda (Lucas 7:11–17)
Sanó a diez leprosos (Lucas 17:11–19)

### JERICÓ
Sanó a un mendigo ciego (Lucas 18:35–43)

### BETANIA
Resucitó a Lázaro (Juan 11:1–44)

### JERUSALÉN
Sanó la oreja del siervo del sumo sacerdote (Lucas 22:47–51)
Sanó a un hombre inválido (Juan 5:1–15)
Sanó a un ciego de nacimiento (Juan 9:1–41)

Tinajas para el agua como las que usaban los judíos para los lavados rituales. El primer milagro de Jesús fue convertir en vino el agua de seis tinajas similares a estas durante una boda en Caná de Galilea (Juan 2:1–11). El anfitrión se vio en aprietos porque el vino se acabó muy pronto (el festejo podía extenderse por una semana, y se debía asegurar comida y bebida para toda la aldea). Jesús no solo lo sacó de un apuro sino que puso de manifiesto la voluntad de Dios de ser parte del quehacer cotidiano de la gente.

Ruinas del estanque de cinco pórticos llamado Betesda, en Jerusalén. Alrededor de este estanque de agua de manantial se reunían los inválidos porque creían que el primero que lograba descender al estanque después del movimiento del agua quedaba sano. Allí Jesús sanó a un hombre que era paralítico desde hacía 38 años.

### ORACIÓN Y MILAGROS
Leemos en la Biblia que Jesús contaba con el poder del Espíritu Santo gracias a su vida de oración, que lo llevaba a sacrificar lo necesario para poder orar. Como buenos judíos, sus discípulos oraban con frecuencia, pero se daban cuenta de que las oraciones de Jesús eran diferentes; Él no necesitaba encontrar palabras, momentos ni lugares especiales; sencillamente, hablaba con su Padre Celestial. Cuando le pidieron que les enseñara a orar, les enseñó el Padrenuestro (Mateo 6:9–13; Lucas 11:2–4); probablemente no con la intención de que lo aprendieran de memoria sino más bien como un modelo.

## ¿Cómo hizo Jesús los milagros?

Jesús no era una suerte de súperman con poderes ocultos. La Biblia dice que cuando dejó el cielo, se despojó de su poder divino y se hizo humano igual que nosotros, sin ningún poder especial; solo podía entregarse a Dios y confiar en que el poder del Espíritu actuara a través de Él.

Esto explica por qué los cristianos creen que Él pudo enviar a sus discípulos a predicar, sanar y expulsar demonios: porque el mismo Espíritu que estaba en Jesús también estaba con sus discípulos. De hecho, Él les prometió que después de regresar con su Padre, ellos harían cosas más grandes que las que Él había hecho (Juan 14:12). Según el libro de Hechos, la iglesia primitiva continuó ofreciendo sanidad y liberación como parte fundamental de su ministerio. En la actualidad, muchas iglesias oran y viven experiencias de sanidad al invocar el nombre de Jesús.

### PARA REFLEXIONAR
La alimentación de los 5000 es el único milagro relatado por los cuatro Evangelios (Mateo 14:13–21; Marcos 6:30–44; Lucas 9:10–17; Juan 6:1–15). Pero sólo Juan relata que los cinco panes y los peces (representados en este mosaico) fueron entregados por un muchacho (Juan 6:9); seguramente se trataba de una vianda para el almuerzo así que ¡no era muy abundante! Sin embargo, Jesús alimentó a toda la multitud y aun sobró. Más adelante, a partir de este milagro enseñó que Él era "el pan de vida" (Juan 6:25–59).

## Los milagros y la fe

Si bien en la Biblia existe una relación entre fe y milagros, señalemos que:

■ Los milagros no siempre *dependieron* de la fe. En algunos casos la gente tenía muy poca fe en la curación (Juan 5:6–9), y otras veces tenía mucha (Mateo 9:21).

■ Los milagros no siempre *provocaron* una respuesta de fe, como lo demuestra el relato de los diez leprosos (Lucas 17:11–19), que es quizá fiel reflejo de la inconstancia de la naturaleza humana.

## Idea central: Señorío

Para los cristianos, los milagros de Jesús ponen de manifiesto su señorío, su supremacía absoluta sobre toda la creación. Un elemento central de la fe cristiana es la convicción de que las personas disfrutamos plenamente de la vida cuando reconocemos a Jesús como Señor y dejamos que Él cumpla su voluntad en y a través de nuestra vida.

# Jesús: Sus opositores

## QUE SIGA NUESTRAS REGLAS

2000 AC
1900 AC
1800 AC
1700 AC
1600 AC
1500 AC
1400 AC
1300 AC
1200 AC
1100 AC
1000 AC
900 AC
800 AC
700 AC
600 AC
500 AC
400 AC
300 AC
200 AC
100 AC
1 DC
100 DC

Al cabo de tres años de ministerio público, Jesús había irritado a todos y cada uno de los sectores influyentes de la sociedad, en parte porque era muy diferente de la idea de la gente sobre la aparición de Dios en la tierra, y en parte porque no aceptó "las reglas de juego" establecidas. Peor aun, existía un riesgo cierto de que la gente creyera en su mensaje, particularmente después de la resurrección de Lázaro, un hecho que al final convenció a las autoridades religiosas de la necesidad de deshacerse de Él sin más demora.

## Los fariseos

Los fariseos eran una estricta secta religiosa que contaba con unos 6000 miembros. Ser fariseo no era una profesión sino un estilo de vida. La mayoría eran comerciantes de clase media muy devotos, que cumplían rigurosamente la Ley de Dios; no solo la ley de Moisés sino además gran cantidad de ordenanzas adicionales creadas por los rabís (maestros) para salvaguardar la Ley y aplicarla a la vida cotidiana. Aunque en la teoría esto suena bien, en la práctica se transformó en un legalismo cuyo punto focal era lo exterior y visible. Esto estaba en franca oposición con Jesús, que ponía el énfasis en el corazón, y lo llevó a confrontar sus prácticas y tradiciones acusándolos de "hipócritas… guías ciegos… sepulcros blanqueados".

Por supuesto, no todos los fariseos actuaban de este modo. Algunos, como Nicodemo, fueron receptivos al mensaje de Jesús y lo siguieron. También el apóstol Pablo, antes de su conversión, había sido un fariseo muy devoto.

El manto de oración usado por los judíos, con sus características tiras azules y borlas en las cuatro puntas. Dios le había ordenado al pueblo que cosiera borlas sobre la ropa como manera de recordar a Dios y los mandamientos. En tiempos del Nuevo Testamento los judíos usaban largos flecos con borlas como señal de gran piedad, pero Jesús reprendió a los fariseos por hacer gala de religiosidad.

## Los saduceos

A pesar de ser muchos menos que los fariseos, los saduceos tenían mucha más influencia. Eran descendientes de Sadoc, el sumo sacerdote de Salomón, y de entre ellos se elegía el sumo sacerdote. Tenían el control de las actividades del templo y manejaban el Sanedrín, el consejo superior judío que enjuició a Jesús (Mateo 26:59–68). Eran más conservadores que los fariseos; aceptaban únicamente los escritos de Moisés (los cinco primeros libros de la Biblia) y rechazaban las tradiciones orales y la aplicación de la ley de los fariseos. Sin embargo, hicieron alianza con ellos en contra de Jesús.

*Los saduceos solo logran convencer a los ricos y no tienen seguidores entre el pueblo. Pero los fariseos tienen a las masas como aliados. Antigüedades de los judíos, Flavio Josefo*

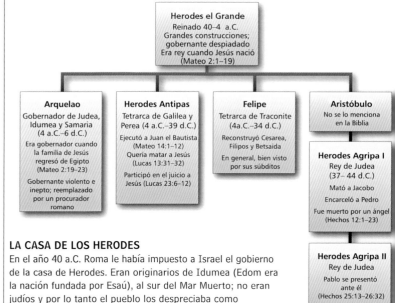

**Herodes el Grande**
Reinado 40–4 a.C.
Grandes construcciones; gobernante despiadado
Era rey cuando Jesús nació
(Mateo 2:1–19)

**Arquelao**
Gobernador de Judea, Idumea y Samaria (4 a.C.–6 d.C.)
Era gobernador cuando la familia de Jesús regresó de Egipto (Mateo 2:19–23)
Gobernante violento e inepto; reemplazado por un procurador romano

**Herodes Antipas**
Tetrarca de Galilea y Perea (4 a.C.–39 d.C.)
Ejecutó a Juan el Bautista (Mateo 14:1–12)
Quería matar a Jesús (Lucas 13:31–32)
Participó en el juicio a Jesús (Lucas 23:6–12)

**Felipe**
Tetrarca de Traconite (4 a.C.–34 d.C.)
Reconstruyó Cesarea, Filipos y Betsaida
En general, bien visto por sus súbditos

**Aristóbulo**
No se lo menciona en la Biblia

**Herodes Agripa I**
Rey de Judea (37– 44 d.C.)
Mató a Jacobo
Encarceló a Pedro
Fue muerto por un ángel (Hechos 12:1–23)

**Herodes Agripa II**
Rey de Judea
Pablo se presentó ante él (Hechos 25:13–26:32)

### LA CASA DE LOS HERODES

En el año 40 a.C. Roma le había impuesto a Israel el gobierno de la casa de Herodes. Eran originarios de Idumea (Edom era la nación fundada por Esaú), al sur del Mar Muerto; no eran judíos y por lo tanto el pueblo los despreciaba como gobernantes. Diferentes miembros de la casa de Herodes aparecen en varios momentos de la historia de Jesús y de la iglesia, pero siempre como opositores al mensaje de ambos.

## Los maestros de la ley

Los maestros de la ley ("escribas" o "rabís") eran los especialistas encargados de copiar los textos del Antiguo Testamento e interpretar cómo debían aplicarse a la vida cotidiana. Aunque se proponían ayudar a la gente a preservar la Palabra de Dios, Jesús los confrontó por su excesiva preocupación por los detalles que los hacía desatender lo realmente importante. Criticaron el ministerio de Jesús y a menudo trataban de sorprenderlo en falta.

## Los herodianos

Los Evangelios de Mateo y Marcos mencionan a "los herodianos", un grupo influyente que apoyaba a la casa de Herodes y, por ende, se mostraban amistosos con Roma, que los respaldaba. Aunque por sus creencias tenían mayor afinidad con los saduceos, se unieron con los fariseos en contra de Jesús.

*...desde ese día convinieron en quitarle la vida.*

JUAN 11:53

VER TAMBIÉN
QUMRÁN P81
ESCRIBA P69
TEMPLO DE SALOMÓN P48–49

## EL TEMPLO DE HERODES

La obra más destacada de Herodes fue la reconstrucción del templo de Jerusalén, que comenzó en el 20 a.C. y finalizó en el 64 d.C., mucho después de su muerte. El emprendimiento tenía un doble propósito: impresionar a Roma y ganarse el favor de sus súbditos, pero no logró lo uno ni lo otro. Sus súbditos lo odiaban, y Roma destruyó el templo en el 70 d.C. cuando puso fin a la rebelión de los judíos.

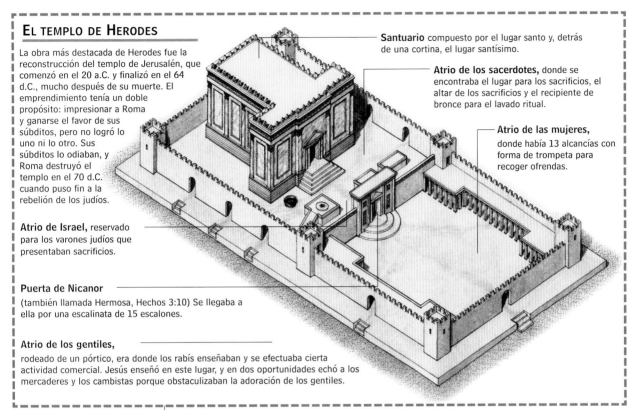

**Santuario** compuesto por el lugar santo y, detrás de una cortina, el lugar santísimo.

**Atrio de los sacerdotes,** donde se encontraba el lugar para los sacrificios, el altar de los sacrificios y el recipiente de bronce para el lavado ritual.

**Atrio de las mujeres,** donde había 13 alcancías con forma de trompeta para recoger ofrendas.

**Atrio de Israel,** reservado para los varones judíos que presentaban sacrificios.

**Puerta de Nicanor**

(también llamada Hermosa, Hechos 3:10) Se llegaba a ella por una escalinata de 15 escalones.

**Atrio de los gentiles,** rodeado de un pórtico, era donde los rabís enseñaban y se efectuaba cierta actividad comercial. Jesús enseñó en este lugar, y en dos oportunidades echó a los mercaderes y los cambistas porque obstaculizaban la adoración de los gentiles.

## Roma
• • • • • • • • • • • • •

A simple vista, pareciera que el enfrentamiento final de Jesús fue con los romanos, y sin duda, ellos fueron quienes lo crucificaron. Sin embargo, el Nuevo Testamento atribuye gran parte de la responsabilidad a los líderes religiosos que consiguieron manipular a los romanos para asegurarse de que Jesús moriría. Los relatos muestran a un Pilato dispuesto a liberar a Jesús. Este nunca habló en contra de Roma; más aun, animó a la gente a darle al césar lo que es del césar, y a Dios lo que es de Dios. Es poco probable, por tanto, que los romanos se preocuparan por un maestro religioso con estas características.

La inscripción escrita en griego y ubicada en la entrada del atrio de las mujeres prohíbe bajo pena de muerte el ingreso de los gentiles (no judíos) al templo.

El muro occidental (Muro de los Lamentos) es la única parte del templo que se conserva, y continúa siendo un lugar de oración importante para los judíos en la actualidad.

## Idea central: Hipocresía
• • • • • • • • • • • • •

Hipocresía significa aparentar algo exteriormente que no condice con lo que uno es interiormente. En el Nuevo Testamento vemos que Jesús fue implacable al denunciar la hipocresía, en especial entre las personas religiosas, y afirmó que Dios espera una absoluta coincidencia entre el interior y el exterior de una persona.

# Jesús: Sus últimos días
## HACIA LA META

La naturaleza voluble del ser humano se puso en evidencia durante la última semana de vida de Jesús: la misma multitud que el día domingo gritaba "¡Hosanna!" ("¡Viva!"), el viernes gritaba "¡Crucifícalo!". Sus tres años de ministerio enseñándole a la gente cómo era Dios, acabaron siendo intolerables para algunos grupos, y decidieron que era hora de deshacerse de Él.

Esa última semana, llamada "Semana Santa" o "Semana de la Pasión" ("pasión" en el sentido de "sufrimiento"), fue un tiempo de intensa actividad, y mucho apuntaba hacia la cruz que se acercaba. Sin embargo, lejos de intentar escapar, Jesús siguió con firmeza el camino trazado por Dios.

## LOS SIETE DÍAS DE LA SEMANA SANTA

### 1. VIERNES: LLEGADA A BETANIA
En este poblado en la ladera oriental del Monte de los Olivos, a unos 3 km (2 millas) de Jerusalén, María ungió los pies de Jesús con un perfume costoso –un gesto que Jesús interpretó como preparación para su sepultura.

### 2. SÁBADO: DÍA DE DESCANSO
No se brindan detalles pero es probable que Jesús haya pasado el día descansando con sus amigos María, Marta y Lázaro, que vivían en Betania.

### 3. DOMINGO: LA ENTRADA TRIUNFAL
Jesús llegó a Jerusalén montado en un asno, y así se cumplió la profecía de Zacarías 9:9. La multitud lo recibió como rey, agitando ramas de árboles y gritando "Hosanna" (Mateo 21:1–11; Marcos 11:1–11; Lucas 19:28–44; Juan 12:12–16). Este domingo previo a la Pascua se conoce como "Domingo de Ramos".

### 4. LUNES: PURIFICACIÓN DEL TEMPLO
Enfurecido al ver que el atrio exterior del templo, el único lugar donde podían orar los gentiles, estaba ocupado por comerciantes y cambistas, Jesús volcó sus mesas y los expulsó (Mateo 21:12–17; Marcos 11:12–19; Lucas 19:45–46).

### 5 Y 6. MARTES Y MIÉRCOLES: ENSEÑANZAS FINALES
Jesús aprovechó esta última oportunidad de enseñar a todos los que quisieran escucharlo; habló sobre su regreso y el fin de los tiempos (Mateo 21:23–25; Marcos 13:1–37; Lucas 21:5–38).

### 7. JUEVES: ÚLTIMA CENA Y GETSEMANÍ
Después de lavar los pies de sus discípulos, Jesús compartió con ellos la cena de la Pascua. Mientras cenaban, Judas se escabulló para traicionar a Jesús mientras el resto se dirigió a Getsemaní, donde Jesús predijo la negación de Pedro (Mateo 26:31–35; Marcos 14:27–32; Lucas 22:31–34). Allí Jesús oró y esperó a los que irían a arrestarlo (Mateo 26:36–56; Marcos 14:32–52; Lucas 22:39–53; Juan 18:1–14).

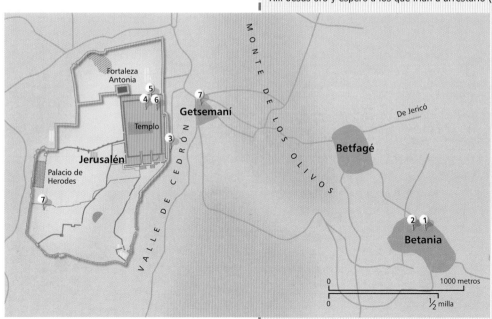

*¡Bendito el que viene en el nombre del Señor!*
JUAN **12:13**

VER TAMBIÉN
JESÚS: MUERTE Y RESURRECCIÓN P98–99
PASCUA P27
TEMPLO DE HERODES P95

## Domingo de Ramos

Cuando Jesús, al comenzar la Pascua, entró a Jerusalén montado en un asno, la gente inevitablemente recordó la profecía al respecto (Zacarías 9:9) y lo consideró señal de que Roma pronto sería derrotada.

Formaron una guardia de honor y le dieron la bienvenida agitando ramas de árboles (se las usaba como símbolo de victoria) y tendiendo sus mantos en el camino. Al reconocerlo como "el que viene en el nombre del Señor" y gritar "¡Hosanna!", le estaban dando una recepción real. Pero cuál

no sería su sorpresa cuando Jesús simplemente miró lo que ocurría y luego regresó a Betania (Marcos 11:11).

### GETSEMANÍ
Getsemaní, que significa "prensa de olivas", estaba en el Monte de los Olivos, al otro lado del Valle del Cedrón, que lo separa de Jerusalén. Desde allí, Jesús podía divisar fácilmente a los que venían a arrestarlo con antorchas encendidas para iluminar el camino, sin embargo, no huyó. En cambio, oró pidiendo fortaleza para lo que se avecinaba y se comprometió una vez más con el propósito de Dios (Mateo 26:36–46; Marcos 14:32–42; Lucas 22:39–46).

## La última cena

La última cena de Jesús con sus discípulos fue para celebrar la Pascua, cuando se celebraba que Dios los había rescatado de Egipto (Éxodo 12:1–42). Seguramente Jesús siguió el ritual tradicional que duraba unas cuatro horas, pero le dio un nuevo significado: el pan ahora simbolizaba su cuerpo y el vino, su sangre que sería derramada en la cruz (Mateo 26: 17–30; Marcos 14:12–26; Lucas 22:7–23; Juan 13:1–30). Dijo que su muerte le daría a la gente una nueva libertad.

## ¿Por qué Judas traicionó a Jesús?

Algunos han sugerido que Judas trataba de forzar a Jesús a reaccionar contra Roma, pero el único indicio psicológico que ofrece la Biblia es que era codicioso y lo hizo por dinero (Mateo 26:14–16). Este pareciera un problema subyacente que Judas nunca superó. Sin embargo, la ganancia no fue grande, ya que las 30 piezas de plata que obtuvo equivalían al valor de un esclavo (Éxodo 21:32) o 4 meses de salario. Más tarde sintió remordimiento y trató de devolver el dinero, pero los líderes religiosos se desentendieron, y Judas se suicidó (Mateo 27:1–5).

Fue aquí que Jesús les dijo a sus discípulos: "Hagan esto en memoria de mí" (Lucas 22:19), y muy pronto esto se convirtió en un elemento central de las celebraciones cristianas, aunque el contexto inicial fuera comida y no un culto religioso. En la actualidad, los cristianos de todo el mundo siguen compartiendo el pan y el vino para recordar la muerte de Jesús, aunque lo llaman de diferentes maneras: cena del Señor, santa cena, partir el pan, santa comunión y misa.

Jerusalén desde el Monte de los Olivos. Jesús lloró por la ciudad porque el pueblo no quiso reconocer la llegada de Dios (Lucas 19:41–44).

## Idea central: Sumisión

Los cristianos creen que la sumisión a Dios, es decir, hacer lo que Él quiere y no lo que nosotros preferiríamos, no es fácil pero es siempre lo mejor. La Biblia sostiene que si Jesús, en lugar de someterse a la voluntad del Padre, se hubiera apartado de ella –y bien podría haberlo hecho– las consecuencias para la humanidad hubieran sido trágicamente diferentes.

# Jesús: Muerte y resurrección
## EL FIN Y EL COMIENZO

La muerte de Jesús era inevitable, pero no porque amenazaba alterar el *statu quo*, como algunos pueden suponer, sino porque dice la Biblia que ese era el plan de Dios desde el comienzo, ya que era la única manera de resolver el pecado humano. Esto explica por qué la cruz no lo sorprendió sino que la anticipó con claridad creciente. Jesús no solo profetizó su muerte sino también su resurrección, la prueba final de que su sacrificio había sido aprobado.

Un látigo romano llamado *flagrum* (derivado de la misma raíz que "flagelar"), similar al que usaron con Jesús. Solía tener dos o tres correas de cuero con trozos de metal o hueso en los extremos para provocar el máximo sufrimiento.

### ÚLTIMAS HORAS DE JESÚS

1. Arresto de Jesús (Mateo 26:47–56; Marcos 14:43–52; Lucas 22:47–53; Juan 18:1–11)

2. Primer interrogatorio a cargo de Anás, el ex sumo sacerdote (Juan 18:12 y 13, 19–24)

3. Jesús comparece ante Caifás, el sumo sacerdote (Lucas 22:54–65)

4. Juicio formal ante el Sanedrín (Mateo 26:57–27:1; Marcos 14:53 – 15:1; Lucas 22:66–71)

5. Juicio ante Pilato (Mateo 27:2,11–14; Marcos 15:1–5; Lucas 23:1–5; Juan 18:28–40)

6. Juicio ante Herodes Antipas (Lucas 23:6–12)

7. De nuevo ante Pilato, donde se exige la pena de muerte (Mateo 27:15–26; Marcos 15:6–15; Lucas 23:13–25; Juan 18:33 – 19:16)

8. Burlado y azotado por soldados romanos (Mateo 27:27–31; Marcos 15:16–20)

9. Le exigen cargar su cruz y cuando ya no puede seguir, obligan a Simón de Cirene a ayudarlo (Mateo 27:32; Marcos 15:21; Lucas 23:26)

10. Es crucificado entre dos criminales (Mateo 27:33–56; Marcos 15:22–41; Lucas 23:32–49; Juan 19:17–37).

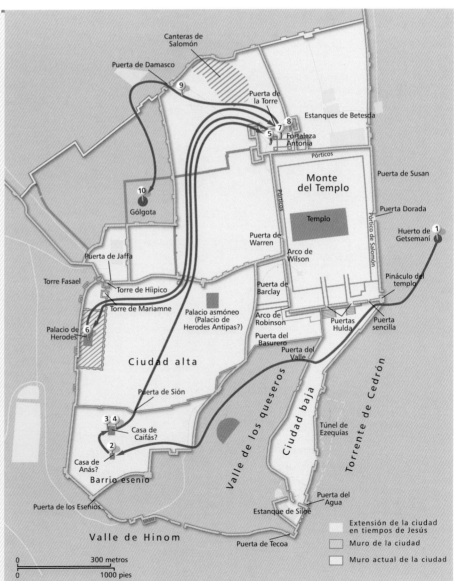

Canteras de Salomón
Puerta de Damasco
Puerta de la Torre
Estanques de Betesda
Fortaleza Antonia
Pórticos
Puerta de Susan
Monte del Templo
Templo
Puerta Dorada
Huerto de Getsemaní
Gólgota
Puerta de Warren
Pórtico de Salomón
Pináculo del templo
Puerta de Jaffa
Arco de Wilson
Torre Fasael
Torre de Hípico
Puerta de Barclay
Torre de Mariamne
Palacio asmóneo (Palacio de Herodes Antipas?)
Arco de Robinson
Palacio de Herodes
Puertas Hulda
Puerta sencilla
Ciudad alta
Puerta del Basurero
Puerta del Valle
Valle de los queseros
Ciudad baja
Torrente de Cedrón
Puerta de Sión
Túnel de Ezequías
Casa de Caifás?
Casa de Anás?
Barrio esenio
Puerta del Agua
Puerta de los Eseníos
Estanque de Siloé
Valle de Hinom
Puerta de Tecoa

Extensión de la ciudad en tiempos de Jesús
Muro de la ciudad
Muro actual de la ciudad

0    300 metros
0    1000 pies

2000 AC
1900 AC
1800 AC
1700 AC
1600 AC
1500 AC
1400 AC
1300 AC
1200 AC
1100 AC
1000 AC
900 AC
800 AC
700 AC
600 AC
500 AC
400 AC
300 AC
200 AC
100 AC
1 DC
100 DC

*El Hijo del hombre tiene que ser entregado en manos de hombres pecadores, y ser crucificado, pero al tercer día resucitará.*

LUCAS 24:7

● VER TAMBIÉN
HERODES ANTIPAS P94
LA CRUZ P114
SANEDRÍN P94

## Crucifixión

La crucifixión era un método romano de ejecución cruel y brutal para inspirar temor. El condenado era azotado y luego se lo forzaba a cargar con el madero transversal –no con toda la cruz– hasta el lugar de la ejecución. Allí se clavaban sus muñecas al travesaño y este era levantado sobre un poste vertical enterrado en el suelo, al que se clavaban los tobillos. En el poste, sobre la cabeza del condenado, se clavaba una lista de los delitos que había cometido. Era una muerte lenta; la respiración se iba haciendo cada vez más difícil porque el peso del cuerpo colgado implicaba un enorme esfuerzo para el diafragma. Los prisioneros podían mantenerse conscientes por días; a veces, los soldados les quebraban las piernas para acortarles el sufrimiento. Los líderes judíos querían que se hiciera esto con Jesús para asegurarse de que su cuerpo no quedara en la cruz durante el sábado. Pero los soldados comprobaron, con asombro, que Jesús ya estaba muerto, de modo que no lo quebraron pero le clavaron una lanza para estar seguros (Juan 19:31–37).

Parte del esqueleto de una persona crucificada en el siglo I; la única evidencia física jamás hallada de una crucifixión.

Aunque es probable que la Tumba del Jardín en Jerusalén no sea el sepulcro original, no hay duda de que es similar al que José de Arimatea preparó para Jesús. La entrada se cerraba con una enorme piedra circular que se hacía rodar a lo largo de un canalón (Mateo 27:57–61; Marcos 15:42–47; Lucas 23:50–55; Juan 19:38–42).

## Resurrección

Los cuatro Evangelios concuerdan en que cuando las mujeres fueron a la tumba de Jesús el domingo, pues el sábado había sido día de reposo, la hallaron vacía (Mateo 28:1–10; Lucas 24:1–12; Juan 20:1–9). Ni remotamente se les había ocurrido la idea de la resurrección, y lo primero que pensaron fue que alguien se había llevado el cuerpo (Juan 20:2,15); los discípulos, por su parte, pensaron que ellas estaban locas (Lucas 24:11). Fueron aceptando la verdad conforme escuchaban los relatos de quienes vieron a Jesús a lo largo del día. Finalmente se apareció ante ellos esa noche (Juan 20:19–20). Cuando Tomás, que no estaba allí, lo vio una semana más tarde, cayó de rodillas y confesó lo que los cristianos han seguido confesando en estos últimos 2000 años: "¡Señor mío y Dios mío!" (Juan 20:28).

## ¿El "tercer" día?

La Biblia dice que Jesús resucitó "al tercer día", pero muchos se preguntan si en realidad no fue al segundo día (viernes a domingo). En tiempos bíblicos, para contar se incluía también el día en que se iniciaba el conteo, de modo que el domingo era el tercer día: viernes, sábado y domingo.

## Idea central: Creer

La fe es elemento fundacional del cristianismo, particularmente con respecto a la resurrección. Las primeras predicaciones cristianas siempre la incluían como dato histórico (por ejemplo, Hechos 2:23–24), y afirmaban que sin resurrección, el cristianismo carecía de sentido (1 Corintios 15:14–17). Los cristianos creen en la resurrección no solo por la evidencia histórica sino también por su experiencia de encuentro personal con Jesús resucitado.

## Explicaciones sobre la tumba vacía

Con frecuencia la resurrección es uno de los principales obstáculos para las personas que se acercan al cristianismo, dado que todos sabemos que los muertos no resucitan, y ciertamente no lo hacen tres días después de su muerte. Pero los cristianos sostienen que cada una de las explicaciones propuestas para dar cuenta de la tumba vacía presentan sus propios problemas, como se ve en la siguiente tabla:

| EXPLICACIONES | PROBLEMAS |
| --- | --- |
| El cuerpo fue robado por ladrones de tumbas | La guardia romana estaba allí para impedirlo (Mateo 27:62–66) |
| Los discípulos robaron el cuerpo (para iniciar rumores de la resurrección de Jesús) | Como en el punto anterior, la guardia romana estaba allí para impedirlo. Ni remotamente se les había ocurrido a los discípulos la idea de la resurrección |
| Las autoridades trasladaron el cuerpo (para detener los rumores de resurrección) | ¿Por qué no presentaron el cuerpo cuando se esparció el rumor? No lo hicieron porque no lo tenían |
| Las mujeres, angustiadas, fueron a la tumba equivocada | ¿Por qué no fueron las autoridades al sepulcro correcto y mostraron el cuerpo? |
| Jesús no murió sino que sufrió un desmayo, y el aire frío del sepulcro lo hizo volver en sí. | Los soldados se aseguraron de que estuviera muerto (Juan 19:33–34) porque según la ley romana, hubieran perdido la vida si no era así. Además, esto implica creer que Jesús, después de haber sido brutalmente torturado, desde el interior del sepulcro logró correr la enorme piedra, venció a la guardia romana, caminó de regreso a Jerusalén y en su terrible estado —golpeado y ensangrentado— convenció a sus discípulos de que había resucitado en forma gloriosa. |

# Pentecostés

Después de su resurrección, Jesús pasó 40 días "dándoles [a sus discípulos] muchas pruebas convincentes de que estaba vivo" (Hechos 1:3) y enseñándoles acerca del reino de Dios. Ellos seguían pensando en términos nacionalistas, pero Jesús tenía en mente algo mucho mayor, algo que les permitiría llevar a cabo la "Gran Comisión" de hacer discípulos, no en una sola nación sino en todas las naciones (Mateo 28:18–20). El Espíritu Santo vendría y entonces todo cambiaría.

## La ascensión

Cuarenta días después de haber resucitado, Jesús reunió a sus discípulos en el Monte de los Olivos, desde donde regresó junto a su Padre celestial (Lucas 24:51; Hechos 1:9); este acontecimiento se conoce como "la ascensión". Era mucho más que un simple regreso a la presencia de su Padre –si bien su sacrificio quedó sellado cuando volvió a ocupar su lugar en el cielo (Hechos 2:33–35)– debido a que Jesús regresó al cielo de manera muy diferente de como había venido. Cuando Jesús se encarnó (al venir a la tierra), se hizo un ser humano real, y ahora llevaba esa humanidad de regreso al cielo con Él, y de ese modo garantizó que allí en verdad hay lugar para la humanidad.

A la ascensión le siguieron diez días de espera y oración, durante los cuales los discípulos escogieron a Matías para reemplazar a Judas (Hechos 1:14–26).

## La llegada del Espíritu

Eran las nueve de la mañana y los discípulos se preparaban para celebrar la fiesta de Pentecostés. De pronto, les pareció que había entrado algo que parecía viento y fuego, y "todos fueron llenos del Espíritu Santo" (Hechos 2:4). Fue una experiencia impactante y sobrecogedora, tanto que muchos creyeron que estaban alcoholizados. Pero Pedro explicó lo ocurrido como el cumplimiento de la profecía de Joel sobre el día cuando el Espíritu de Dios se derramaría sobre todas las personas, y seguidamente comenzó a predicar sobre Jesús (Hechos 2:14–39). Dado que 3000 personas respondieron al mensaje y fueron bautizadas, ¡su sermón debe de haber sido realmente con poder!

El Espíritu de Dios –la presencia activa de Dios en nuestra vida– había llegado y todo sería diferente.

Desde el Monte de los Olivos, Jesús regresó al cielo una vez cumplida su misión.

2000 AC
1900 AC
1800 AC
1700 AC
1600 AC
1500 AC
1400 AC
1300 AC
1200 AC
1100 AC
1000 AC
900 AC
800 AC
700 AC
600 AC
500 AC
400 AC
300 AC
200 AC
100 AC
1 DC
100 DC

*Todos fueron llenos del Espíritu Santo...*
**HECHOS 2:4**

● **VER TAMBIÉN**
**HECHOS DE LOS APÓSTOLES** P102–103
**REINO DE DIOS** P90
**TORRE DE BABEL** P14–15

### PEREGRINOS EN PENTECOSTÉS

El auditorio de Pedro en Pentecostés (Hechos 2:7–11) era de muy diverso origen como se ve en este mapa. Esto muestra cómo en aquel momento los judíos se habían diseminado por todo el mundo antiguo.

El pórtico real, una amplia galería encolumnada en el extremo sur del atrio de los gentiles en el templo, probable lugar de la llegada del Espíritu Santo.

Una cisterna o piscina para baños rituales similar a la que usaron los discípulos para bautizar a los primeros conversos. En el Templo había varias piscinas de este tipo para el lavado ritual antes de rendir culto a Dios.

## La promesa del Espíritu

La venida del Espíritu Santo no fue imprevista; Pedro le recordó a la multitud que profetas como Joel habían anticipado que Dios derramaría su Espíritu sobre todos (Hechos 2:17–18, una cita de Joel 2:28–29). También Jesús había hablado con frecuencia acerca del Espíritu (por ejemplo, Juan 14:15–27; 15:26; 16:5–15) y había prometido que se manifestaría con poder entre sus seguidores. Les había dicho que enviaría a "otro Consolador" (Juan 14:16); en este caso, la palabra "otro" significa "otro del mismo tipo". En otras palabras, Jesús les decía que después de que Él regresara al Padre, el Espíritu los acompañaría de la misma manera en que Él mismo lo había hecho.

## Hablar en lenguas

Una señal exterior de la llegada del Espíritu fue que "comenzaron a hablar en diferentes lenguas" (Hechos 2:4); no se trataba de balbuceos sin sentido ni de oraciones en éxtasis sino de idiomas ("lenguas") que otros comprendían (Hechos 2:11). Fue como si se revirtiera la confusión provocada por la Torre de Babel (Génesis 11:1–9), porque con la ayuda del Espíritu las personas ahora podían entenderse. Sin embargo, el propósito primordial no fue evangelístico (la evangelización no empezó hasta que Pedro comenzó su discurso) sino para "proclamar las maravillas de Dios" (Hechos 11). Era alabanza, no predicación.

Pero este don no fue exclusivo de Pentecostés. En cada relato de Hechos acerca de cómo Dios derramaba su Espíritu, se menciona el don de hablar en lenguas, excepto en una ocasión –aunque incluso en esa oportunidad hubo una señal muy poderosa, tanto que impresionó a un ex mago y hechicero (Hechos 8:14–19). La iglesia en Corinto seguía cultivando el don 25 años después (1 Corintios 14:1–25). Muchos cristianos hoy valoran y practican este don del Espíritu Santo.

## ¿Dónde ocurrió?

Tradicionalmente se creía que la llegada del Espíritu Santo había ocurrido en el aposento alto donde los discípulos estaban orando y donde habían compartido la última cena con Jesús, pero el libro de los Hechos no lo indica. En realidad, es mucho más probable que hubieran ido al templo a celebrar Pentecostés y que hubiera sucedido allí mismo, como parecen indicarlo los siguientes datos:

■ Había al menos 120 personas (Hechos 1:15); demasiados para una casa, pero cabían perfectamente en el templo.

■ Rápidamente atrajeron la atención de la multitud (Hechos 2:6); algo fácil de lograr en el templo.

■ Los convertidos fueron bautizadas de inmediato (Hechos 2:40–41); las cisternas o piscinas que se usaban para los baños rituales en el templo ofrecían un lugar apropiado.

■ El viento "llenó toda la casa donde estaban reunidos" (Hechos 2:2). Era normal hablar del templo como "la casa" o "la casa del Señor". Además, estaban sentados (en lugar de estar parados como era costumbre al orar), lo cual sugiere que aguardaban el inicio de un culto.

Este sitio público destaca desde el principio que el don del Espíritu no era para disfrute personal sino para compartirlo con los demás.

## ¿POR QUÉ PENTECOSTÉS?

¿Por qué la llegada del Espíritu Santo ocurrió en Pentecostés y no en otra fecha? Tal vez porque en Pentecostés se celebraban dos acontecimientos: la recepción de la ley y la cosecha principal. Los cristianos creen que Dios estaba diciendo que a partir del don del Espíritu se abría la posibilidad de una ley y una nueva cosecha: una ley escrita sobre el corazón, no sobre piedra (véase Jeremías 31:33; Ezequiel 36:26–27) y una cosecha de personas, en lugar de cereales. Ambos son aspectos fundamentales de la obra del Espíritu.

## Idea central: Llenura del Espíritu

El bautismo del Espíritu, recibir el Espíritu, o estar lleno del Espíritu; el Nuevo Testamento describe esta llegada de muchas diferentes maneras. Por lo tanto, lo importante para los cristianos no es la *forma* en que se lo describe sino la *experiencia* en sí; no como un nuevo ritual o creencia sino como una realidad.

# Hechos de los apóstoles
## LAS BUENAS NOTICIAS VUELAN

2000 AC
1900 AC
1800 AC
1700 AC
1600 AC
1500 AC
1400 AC
1300 AC
1200 AC
1100 AC
1000 AC
900 AC
800 AC
700 AC
600 AC
500 AC
400 AC
300 AC
200 AC
100 AC
1 DC
100 DC

Como un guijarro arrojado a una laguna, el impacto de la llegada del Espíritu Santo se difundió en círculos cada vez mayores. Lo que se inició como una insignificante secta judía en Jerusalén, rápidamente se convirtió en una misión mundial que abarcaba a judíos y gentiles. Hechos detalla este crecimiento dinámico desde el día de Pentecostés en el 30 d.C. hasta cuando liberaron a Pablo de su primer encierro en Roma en el 63 d.C. Al año siguiente se produjo una espantosa persecución contra los cristianos, pero al principio nada pudo detener el mensaje de Cristo que se difundía por todo el mundo. El plan revelado a Abraham 2000 años antes (de que Dios construiría una familia de todas las naciones), finalmente se había comenzado a concretar.

### Cada vez más, y también más lejos

La iglesia se expandió con rapidez en los 30 años siguientes a la resurrección de Jesús, y fue mucho más allá de sus raíces judías. El libro de Hechos registra los hechos clave:

■ Conversiones entre los samaritanos, considerados por los judíos como infieles "judíos a medias" (Hechos 8:4–25)

■ Conversión de un eunuco etíope, cuya condición física lo excluía de convertirse en judío (Deuteronomio 23:1), pero que creyó en Dios y fue bautizado (Hechos 8:26–39)

■ Conversión de un centurión romano, su familia y sus amigos (Hechos 10:1–48), cuando Dios los llenó de su Espíritu Santo antes de que Pedro tuviera tiempo de circuncidarlos

■ Conversiones en Antioquía con su población gentil de todo el mundo (Hechos 11:19–21)

■ Conversiones en toda Asia menor (Turquía), Grecia y Roma cuando Pablo inició sus viajes (Hechos 13:1–28:31)

Lucas quería que sus lectores supieran que el mensaje cristiano se aplica a todos, al margen del trasfondo, y que la iglesia no podía ser detenida. Sin embargo, al leer Hechos, los lectores deben recordar que es un resumen de eventos clave en una escala temporal sumamente comprimida, y que las cosas no siempre sucedían tan rápidamente como podría parecer.

### ¿Quién escribió Hechos?

El libro de Hechos está dirigido a Teófilo, un oficial romano, al igual que el Evangelio de Lucas; de manera que pareciera, en especial porque el estilo de escritura es idéntico, que Lucas también escribió Hechos. Es la segunda parte de una obra de dos tomos que completa la historia de "todo lo que Jesús *comenzó* a hacer y enseñar", lo que implica que Jesús todavía tiene más que hacer a través de sus seguidores.

El médico Lucas acompañó a Pablo en varios viajes. Escribió Hechos mientras Pablo aguardaba ser juzgado en Roma, como demostración de que a pesar de las acusaciones de los judíos, los cristianos no habían hecho más que cosas buenas.

### PRIMEROS PASOS DESPUÉS DE JERUSALÉN

1. Felipe predica en Samaria

2. Pedro y Juan predican en aldeas samaritanas

3. Felipe bautiza a un etíope eunuco que regresaba a África

4. Felipe predica en ciudades entre Azoto y Cesarea

5. Pedro sana a Eneas, que había estado paralítico durante ocho años

6. Pedro resucita a Dorcas. Tuvo una visión y comprendió que Dios recibe a judíos y gentiles por igual

7. Pedro responde a una invitación de Cornelio, un oficial del ejército romano, a predicar, y el Espíritu Santo desciende sobre todos los que escuchaban

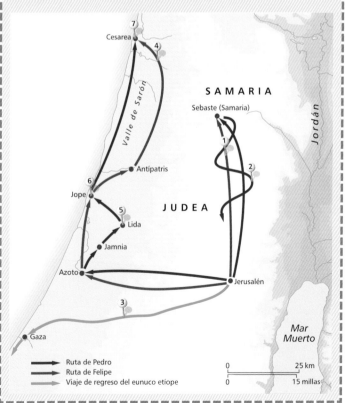

Ruta de Pedro
Ruta de Felipe
Viaje de regreso del eunuco etíope

0    25 km
0    15 millas

*Pero cuando venga el Espíritu Santo sobre ustedes, recibirán poder y serán mis testigos tanto en Jerusalén como en toda Judea y Samaria, y hasta los confines de la tierra.*

HECHOS 1:8

VER TAMBIÉN
ABRAHAM P18–21
LUCAS P79
PABLO P108–117
PEDRO P104–105

## DIFUSIÓN DEL EVANGELIO EN HECHOS

1. para el 35 d.C. (Judea, Samaria, Galilea)

2. para el 40 d.C. (Siria)

3. para el 48 d.C. (Asia menor)

4. para el 52 d.C. (Grecia)

5. para el 60 d.C. (Roma)

El libro de Hechos se centra en la difusión del evangelio por el mundo romano, pero también se difundía en otras direcciones. Por ejemplo, la tradición cristiana afirma que el apóstol Tomás fue a la India y que el apóstol Mateo fue a Etiopía y Arabia.

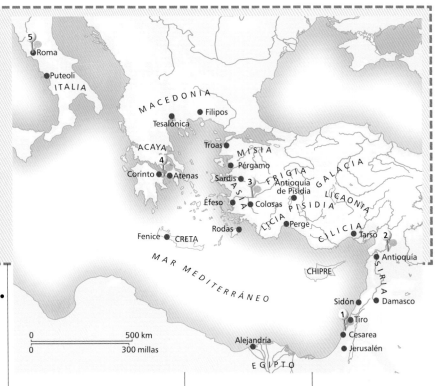

## Oposición y persecución

Jesús les había anticipado a los discípulos que ellos, al igual que Él, enfrentarían persecución, y no debieron esperar mucho para que sucediera:

■ **Pedro y Juan:** arrestados por sanar a una persona (3:1–4:21)

■ **Los apóstoles:** arrestados y conminados a no hablar de Jesús (5:17–42)

■ **Esteban:** arrestado por blasfemia y lapidado (6:8–7:60)

■ **La iglesia de Jerusalén:** severamente perseguida (8:1–3)

■ **Jacobo:** asesinado por Herodes Agripa (12:2)

■ **Pedro:** arrestado por Herodes pero liberado en forma milagrosa (12:2–19)

■ **Pablo y Silas:** encarcelados por liberar a una joven poseída por espíritus malignos (16:16–39)

■ **Los acompañantes de Pablo:** maltratados debido a la predicación de Pablo (19:23–20:1)

■ **Pablo:** arrestado, juzgado y enviado a Roma por invocar al César (21:27–26:32)

Lucas deseaba dejar en claro a sus lectores que cuando el cristianismo obra, a no todos les gusta ni lo reciben con agrado.

## Características de la iglesia en Hechos

■ Corazones dispuestos por parte de los creyentes (2:42–47; 4:32–36)

■ Obrar del Espíritu Santo (4:31; 19:1–7)

■ Reuniones caseras (2:46; 5:42)

■ Milagros (5:12–16; 8:6–8)

■ Diversidad de métodos evangelísticos (2:14–41; 5:12–16; 9:20–22; 13:13–52; 17:16–34)

■ Misión (13:1–3; 16:6–10)

Sin embargo, no todo se desarrolló con facilidad. Episodios como el intento de engaño de Ananías y Safira a la iglesia (5:1–11) o la discusión de Pablo y Bernabé (15:36–41), enfatizan que el libro de Hechos es un fiel y sincero reflejo de la vida de la iglesia primitiva, y no un relato idealizado de lo acontecido.

## ANTIOQUÍA, TRAMPOLÍN PARA LA OBRA MISIONERA

Antioquía, 500 km (300 millas) al norte de Jerusalén y capital de la provincia romana de Siria, fue descrita por Josefo como "la tercera ciudad del imperio". Aunque mediterránea, se ubica a orillas del Río Orontes, un río navegable, y en una de las principales vías comerciales. Por tanto, era una ciudad cosmopolita donde convergían diversas razas: judíos, griegos, romanos, persas, centroasiáticos e indios. Era un sitio ideal para una iglesia con visión misionera. Mientras Jerusalén se mantuvo aferrada a sus raíces judías, la mezcla cosmopolita de Antioquía hizo que se convirtiera en un importante centro para la misión cristiana.

## Idea central: Los cristianos

*"Fue en Antioquia donde a los discípulos se les llamó 'cristianos' por primera vez"* (Hechos 11:26). Lo que originalmente fuera un apodo en referencia a los creyentes en Antioquía, "cristiano" (seguidor de Cristo) pasó a ser un término adoptado por los seguidores de Jesús para describirse a sí mismos. La palabra enfatiza que ser cristiano no significa pertenecer a una nación, una familia ni una iglesia en particular sino que es alguien que ha decidido personalmente seguir a Cristo.

# Pedro

## PESCADOR DE HOMBRES

2000 AC
1900 AC
1800 AC
1700 AC
1600 AC
1500 AC
1400 AC
1300 AC
1200 AC
1100 AC
1000 AC
900 AC
800 AC
700 AC
600 AC
500 AC
400 AC
300 AC
200 AC
100 AC
1 DC
100 DC

La Biblia dice que Dios usa a personas comunes y corrientes, personas como Pedro, un hombre que va de la profundidad del fracaso a las alturas de la fe y que, sin embargo, Jesús tomó, transformó y usó. En el día de Pentecostés, lo que había sido un temperamento exaltado se convirtió en piadosa audacia, como prueba de ser la roca sobre la que Jesús edificaría su iglesia.

### Pedro, el pescador

Como pescador profesional del Mar de Galilea, Pedro trabajaba duramente y con frecuencia hasta pescaba de noche. Las barcas de pesca podían llevar hasta seis hombres quienes, como Pedro y Andrés, a menudo trabajaban como socios. La pesca se efectuaba con *tanza y anzuelo, red para arrojar* (una pequeña red circular que se arrojaba al agua desde la orilla) o *red de arrastre* (una larga red que se echaba entre dos botes para atrapar los peces). Una vez limpios y clasificados, los peces se vendían en el mercado local o se salaban para enviarlos a Jerusalén.

Jesús animó a Pedro a dejar esa vida y en su lugar aprender a pescar hombres (Marcos 1:17).

Restos de un barco de pesca del siglo I, recobrado del fango en el Mar de Galilea.

### Pedro, el discípulo

Pedro se convirtió en el líder entre los discípulos de Jesús y siempre se lo nombraba primero al mencionarlos. Junto con Jacobo y Juan, fue uno de los amigos más cercanos de Jesús, de los que estaban con Él cuando los otros no. No obstante, la Biblia lo retrata en forma realista y lo muestra como falto de entendimiento (Marcos 9:5–6), reacio a perdonar (Mateo 18:21), con una idea distorsionada de sí (Mateo 26:33–35), reprendido por Jesús (Mateo 16:22–23) e incluso negando a su Maestro (Marcos 14:66–72). Sin embargo, Pedro también manifestó una gran fe al reconocer quién era Jesús (Mateo 16:16), al animarse a caminar sobre el agua (Mateo 14:25–29) y al reconocer a Jesús resucitado y correr a su encuentro (Juan 21:7). En síntesis, Pedro era como nosotros: una mezcla de fe y dudas, de valor y temor.

Lo que se cree son las ruinas de la casa de Pedro en Capernaúm.

La gruta del dios Pan en Cesarea de Filipo. Desde esta cueva fluye uno de los principales manantiales que alimenta al Río Jordán. Se convirtió en un sitio de adoración pagana, en especial de Pan (el dios griego mitad hombre, mitad cabra). Aquí, en Cesarea de Filipo, Jesús le preguntó a los discípulos quién pensaban que era Él (Mateo 16:13–15). Pedro respondió: *"Tú eres el Cristo, el Hijo del Dios viviente"*. Jesús lo bendijo y, haciendo un juego de palabras, expresó: *"Tú eres Pedro [Petros] y sobre esta piedra [petra] edificaré mi iglesia"*.

*Tú eres Pedro, y sobre esta piedra edificaré mi iglesia…*
**Mateo 16:18**

● Ver también
CONCILIO DE JERUSALÉN P117
DISCÍPULOS P88
GALILEA P89
HECHOS DE LOS APOSTÓLES P102–103

El acueducto romano en Cesarea marítima, cuartel general de la ocupación del ejército romano, donde Pedro le predicó al centurión Cornelio y donde el evangelio hizo su primera incursión entre los gentiles. Herodes el Grande desarrolló la ciudad y la convirtió en un puerto principal que albergaba 300 barcos. La ausencia de agua dulce requirió la construcción de un acueducto que llevara agua desde los manantiales al pie del Monte Carmelo a 15 km (10 millas) de distancia.

## Pedro, el apóstol

En Pentecostés, el Espíritu Santo transformó a Pedro de un discípulo inestable en un apóstol sólido como una roca. La primera mitad del libro de Hechos registra importantes eventos de los cuales fue parte:

■ Audaz predicación que motivó la conversión de 3000 personas (Hechos 2:14–41)

■ Sanó a un mendigo paralítico y predicó (Hechos 3:1–26)

■ Explicó acerca de Jesús ante el Sanedrín (4:1–22; 5:17–42)

■ Enfrentó a Ananías y Safira por su engaño (5:1–11)

■ Predicó y oró por algunas personas en Samaria (8:14–25)

■ Sanó a Eneas en Lida (9:32–35)

■ Resucitó a Dorcas en Jope (9:35–42)

■ Transmitió el evangelio a los gentiles en Cesarea (10:1–48)

■ Explicó por qué bautizaba a gentiles (11:1–18)

■ Encarcelado pero milagrosamente liberado (12:3–19)

■ Hizo contribuciones decisivas en el concilio de Jerusalén (15:5–11)

Si bien no hallamos nada más sobre Pedro en el libro de Hechos, en el resto del Nuevo Testamento encontramos datos de otras cosas que hizo. Comenzó a viajar más lejos, probablemente con su esposa (1 Corintios 9:5), en un "apostolado a la circuncisión", en referencia a los judíos (Gálatas 2:8). Visitó Antioquía, donde Pablo lo enfrentó por acomodaticio (Gálatas 2:11–14), se relacionó con cristianos en el Ponto, Galacia, Capadocia, Asia y Bitinia y, según la tradición, terminó en Roma. Aunque no fue el fundador de esa iglesia, casi seguro fundada por convertidos romanos que regresaron luego de Pentecostés, se convirtió en una figura importante en dicha congregación, y su predicación fue la base del Evangelio de Marcos. Sufrió el martirio en ese lugar entre el 67 y el 68 d.C.

Interior de la Iglesia de la Gruta de San Pedro en Antioquía. Según la tradición, esta cueva se usó para reuniones cristianas secretas y se dice que Pedro enseñó allí entre el 47 y el 54 d.C. Muchos cristianos huyeron a Antioquía cuando estalló la persecución en Jerusalén luego de la muerte de Esteban (Hechos 11:19–21).

## Cartas de Pedro

Pedro escribió dos cartas (1 y 2 Pedro) que se conservan en el Nuevo Testamento. En ellas, menciona que los cristianos son los verdaderos herederos de las promesas a los judíos en el Antiguo Testamento, y lo respalda con la Escritura. Además brinda una cantidad de consejos prácticos sobre cómo deben conducirse los cristianos en tiempos de dificultad, en especial ante el inminente regreso de Jesús.

## Hombre con muchos nombres

La roca sobre la que Jesús edificó su iglesia era conocida por diversos nombres:

■ Simón (Marcos 1:16)

■ Pedro (Mateo 16:17–18)

■ Cefas (traducción de Pedro al arameo) (Juan 1:42)

## Idea central: Mártir

Como muchos en la época del Nuevo Testamento, Pedro murió como un "mártir", por ser un "testigo" (significado original de la palabra griega) de Cristo, hasta dar su vida. Los cristianos no procuran el martirio, ya que dar la vida no tiene valor en sí mismo; pero creen que si esto sucede, Cristo estará con ellos y los guardará.

# Jacobo (Santiago)

## DEMOSTRACIÓN DE FE

Tener a Jesús de hermano mayor debió de haber sido fascinante pero a la vez molesto: siempre haciendo preguntas profundas, jamás una discusión o una pelea... Así pudo haber sido la vida de Jacobo, el hermano de Jesús, quien (junto al resto de la familia) pensó que Jesús se estaba convirtiendo en un fanático religioso (Marcos 3:20–21) y se negó a creer en Él (Juan 7:5). Sin embargo, todo cambió después de la resurrección cuando Jesús se apareció a Jacobo (1 Corintios 15:7) y se convirtió en un creyente (Hechos 1:14) que terminó liderando la iglesia de Jerusalén. Hombre pragmático que quizás haya trabajado en el negocio familiar a la par de Jesús, manifestó una fe igualmente práctica.

## No confundamos a los Jacobos

Hay tres personas llamadas Jacobo en el Nuevo Testamento:

(1) Jacobo, el hermano de Juan, uno de los doce discípulos (Mateo 4:21–22), asesinado por Herodes en el 44 d.C. (Hechos 12:1–2)

(2) Jacobo, el hijo de Alfeo (Mateo 10:3), también uno de los doce

(3) Jacobo, el hermano de Jesús y a quien nos estamos refiriendo aquí, conocido como "Jacobo el justo"; escritor de la carta que lleva su nombre (Santiago, que es la contracción de "San" y el nombre hebreo "Yacob") y líder de la iglesia de Jerusalén hasta su martirio en el 62 d.C.

## Jacobo y la iglesia de Jerusalén

Jacobo se convirtió enseguida en el líder de la iglesia de Jerusalén. Cuando Pedro fue milagrosamente liberado de la cárcel, le dijo a la muchacha: "Cuéntenles esto a Jacobo y a los hermanos" (Hechos 12:17). Esta expresión señala que Jacobo era el líder de los ancianos. Presidió el decisivo concilio de Jerusalén, y luego de escuchar a los apóstoles y a los ancianos, llegó a una conclusión con inconfundible autoridad: "Por tanto yo considero que…" (Hechos 15:19). No nos sorprende, entonces, que Pablo lo haya considerado "columna" de la iglesia (Gálatas 2:9).

No obstante, la iglesia de Jerusalén pasó por momentos de dificultad y experimentó persecución y pobreza, reflejada en las ofrendas económicas que les hacían otras iglesias. Resulta lamentable que perdiera su preeminencia debido a la incapacidad de ver más allá de sus raíces judías, y Antioquía se volvería mucho más importante en términos misioneros.

## Personajes del Antiguo Testamento en Santiago

- Abraham e Isaac (Santiago 2:20–24; Génesis 22:1–19)

- Rahab (Santiago 2:25; Josué 2:1–24; 6:22–25)

- Job (Santiago 5:10–11; Job 1:6–2:10)

- Elías (Santiago 5:17–18; 1 Reyes 17:1–18:46)

Ciudad de Jerusalén

---

Timeline (left margin):
2000 AC, 1900 AC, 1800 AC, 1700 AC, 1600 AC, 1500 AC, 1400 AC, 1300 AC, 1200 AC, 1100 AC, 1000 AC, 900 AC, 800 AC, 700 AC, 600 AC, 500 AC, 400 AC, 300 AC, 200 AC, 100 AC, 1 DC, 100 DC

VER TAMBIÉN
CONCILIO DE JERUSALÉN P117
MÁRTIR P105
SERMÓN DEL MONTE P90

## Carta de Santiago

Si bien no tenemos seguridad de la fecha en que Jacobo escribió su carta, bien pudo haber sido el primer escrito del Nuevo Testamento (las otras posibilidades son Gálatas o Tesalonicenses), quizás anterior al concilio de Jerusalén en el 50 d.C. Trata cuestiones de especial relevancia en los primeros años de la iglesia que se estaba desarrollando, aunque algunos la fechan en un período apenas posterior.

La primera de siete "epístolas (cartas) generales" del Nuevo Testamento, cartas no dirigidas a una persona ni a una iglesia en particular, Santiago va dirigida "a las doce tribus que se hayan dispersas" (Santiago 1:1). Dicha figura del Antiguo Testamento sugiere que fue escrita para los judíos cristianos, quizás los que habían huido de Jerusalén luego del martirio de Esteban (Hechos 8:1; 11:19).

### PREOCUPACIÓN POR LOS POBRES

En aquella época había un abismo entre los ricos y los pobres en Jerusalén, y algunas de estas divisiones se habían extendido a la iglesia (Santiago 2:1–7; 5:1–6). Jacobo rescata un tema común tanto al Antiguo Testamento como a Jesús, de que la iglesia no puede pasar por alto a pobres y necesitados.

Los cristianos han estado a la vanguardia de la acción social, aliviando necesidades inmediatas como se muestra aquí a través de la tarea de Teresa de Calcuta, o creando un cambio estructural en la sociedad, como la abolición de la esclavitud o la introducción de la educación formal.

### ¿Santiago (Jacobo) contra Pablo?

Algunos observan una contradicción entre lo que escribieron Santiago y Pablo. El primero enfatiza que una persona es "salva" (es decir, está a cuenta con Dios) por lo que hace, y Pablo, por lo que cree. Sin embargo, esta aparente contradicción puede explicarse diciendo que se referían a situaciones distintas. Jacobo (Santiago) le escribía a los que pensaban que si tenían fe no importaba cómo vivieran, y Pablo escribía a quienes pensaban que si vivían correctamente, Dios los aceptaría sin importarle lo que creyeran. Santiago y Pablo no se contradicen sino que se complementan.

A Martín Lutero (1483–1546), uno de los grandes líderes de la Reforma, no le agradaba la carta de Santiago. En su opinión, carecía de sustancia porque no decía nada sobre lo que Lutero intentaba restituir a la iglesia de su época: creer que la gente se pone a cuentas con Dios por medio de la fe y no por las buenas obras, algo que la iglesia había perdido de vista en la época de Lutero y que Santiago (erróneamente interpretado) parecía negar. Por lo tanto, Lutero catalogó a Santiago "la epístola de paja".

### Puntos clave en la carta de Santiago

La sumamente práctica carta de Santiago contiene enseñanzas similares a las de Jesús en el Sermón del Monte. El simple conocimiento intelectual de Dios no alcanza, manifiesta Santiago, sino que debe producir una diferencia en la vida cotidiana. Algunos temas centrales son:

■ Mantener una actitud positiva cuando la vida es difícil (1:2–18)

■ La importancia de hacer y no tan solo escuchar (1:19–26)

■ Permitir que la fe se vea en lo que hacemos (2:14–26)

■ Dominar la lengua (3:1–12)

■ Controlar las disputas y el orgullo (4:1–17)

■ Usar el dinero de manera adecuada (5:1–6)

■ Importancia de la paciencia (5:7–11)

■ Orar por los enfermos (5:12–20)

### Idea central: Fe y obras

La Biblia dice que las personas no son salvas por hacer buenas obras sino para hacer buenas obras. Debido a esto, los cristianos creen que su fe debe verse en la acción y que aunque es algo personal, nunca debe ser privado.

# Pablo: Su conversión

Saulo (quien pronto sería Pablo) iba camino a Damasco para arrestar a los cristianos y llevarlos a Jerusalén cuando de repente Jesús lo confrontó a través de una luz enceguecedora y una voz del cielo. Ante la evidencia de encontrarse con alguien que él presumía muerto, Saulo cayó al piso y quedó ciego por tres días. Cuando un discípulo llamado Ananías oró por él tres días más tarde, "cayó de los ojos de Saulo algo como escamas" (Hechos 9:18) y por fin pudo ver, no solo en sentido físico sino también en el espiritual. Dedicó el resto de su vida a hacer que otros también pudieran "ver".

## Su primera época

Pablo nació en Tarso aproximadamente en el 5 d.C. en una devota familia judía (Filipenses 3:5). Fue tal vez durante su adolescencia que sus padres lo enviaron a Jerusalén para capacitarse como rabino (maestro religioso) bajo la tutela del principal rabí de la época, Gamaliel (Hechos 22:3). Sin que Pablo lo supiera, Dios lo estaba preparando aun desde entonces para su futuro trabajo cristiano, porque Gamaliel era nieto de Hillel (60 a.C.–20 d.C.), uno de los mejores rabinos de ese tiempo, cuyo judaísmo más liberal estaba dispuesto a recibir a los gentiles en la fe, algo crucial para el futuro ministerio cristiano de Pablo.

Pablo era un excelente estudiante (lo que más tarde fue útil cuando explicó cómo el cristianismo cumplía el Antiguo Testamento). En esta época escribió: "Estoy avanzando en el judaísmo más que muchos judíos de mi edad y soy extremadamente celoso de las tradiciones de mis padres". Ese celo generó odio por los cristianos y las declaraciones "blasfemas" de estos acerca de Jesús, y lo convirtió en un

implacable y despiadado perseguidor de los creyentes. Las numerosas referencias a este tema muestran cuán profundamente grabado estaba esto en la memoria de Pablo. Todo cambió con su visita a Damasco.

Restos de una calle pavimentada de Tarso, capital de la provincia romana de Cilicia. Era un importante centro comercial, cultural y educativo. Aquí el padre de Pablo lo capacitó en el armado de tiendas, habilidad que usó para sostenerse económicamente durante su ministerio cristiano.

## Encuentro de Pablo con Jesús

La historia de la conversión de Pablo se narra tres veces en el libro de Hechos, señal de la importancia de este suceso. Podemos leerla en Hechos 9:1–19, cuando ocurre, y en Hechos 22:1–21 y 26:1–23 cuando Pablo la relata a otros. Su encuentro con Jesús, alrededor del 35 d.C., no fue una mera visión ya que Pablo insistía en que se había encontrado con el Señor resucitado (1 Corintios 9:1; 15:8). Dicho encuentro no solo lo transformó a él (su "conversión") sino que transformó en forma radical la dirección de su vida. A Ananías se le dijo: "ese hombre es mi instrumento escogido para dar a conocer mi nombre tanto a las naciones y a sus reyes como al pueblo de Israel" (Hechos 9:15). Pasaría el resto de su vida haciendo eso, reafirmado por el cambio de su nombre judío, Saulo, por uno griego, Pablo.

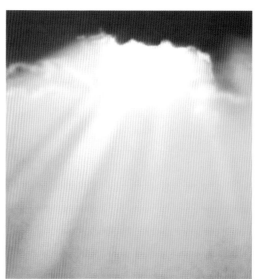

Pablo quedó ciego como consecuencia de su encuentro camino a Damasco, como un símbolo de la ceguera espiritual que tenía. Recién cuando Ananías, un fiel creyente en Cristo, se armó de valor y fue a orar por él, Pablo recobró la vista y fue lleno del Espíritu Santo.

2000 AC
1900 AC
1800 AC
1700 AC
1600 AC
1500 AC
1400 AC
1300 AC
1200 AC
1100 AC
1000 AC
900 AC
800 AC
700 AC
600 AC
500 AC
400 AC
300 AC
200 AC
100 AC
1 DC
100 DC

*"¿quién eres, Señor?" preguntó [Saulo]. "Yo soy Jesús, a quien tú persigues" le contestó la voz.*
HECHOS 9:5

## Pablo y el judaísmo

Mientras que la experiencia de Pablo fue en un sentido la conversión a algo nuevo, en otro fue sencillamente el reconocimiento de algo antiguo: creer que Jesús era el Mesías prometido, el cumplimiento de todo lo que estaba preparado en el Antiguo Testamento y a lo que este apuntaba, pero de una manera distinta a la esperada por los judíos. Luego de su encuentro con Jesús, Pablo descubre que lo que pensó que Dios haría por Israel al final de los días, ya lo había hecho por Jesús. La gran transformación esperada para el fin de los tiempos estaba comenzando: Jesús había sido resucitado a una nueva vida y la vida eterna estaba disponible para todo el que creyera en Él. Pablo descubrió que esto transformaba todo y que él necesitaba repensar las cosas y ver sus raíces judías de una nueva forma.

No obstante, Pablo no abandonó ni al judaísmo ni a los judíos. Siempre les predicaba primero, basando su enseñanza en las Escrituras judías, y les mostraba cómo en Jesús se habían cumplido todas las promesas. El plan revelado a Abraham estaba en pleno cumplimiento.

### LA CONVERSION DE PABLO Y LO QUE SIGUIÓ

1. Visión de Jesús en el camino a Damasco (Hechos 9:1–9)

2. Es bautizado en el Espíritu Santo y en agua (Hechos 9:10–19), predicó en las sinagogas y desconcertó a quienes lo escuchaban (Hechos 9:20–22)

3. Momento de reflexión sobre la importancia de lo acontecido (Gálatas 1:17)

4. Conspiración para matarlo (Hechos 9:23–25; 2 Corintios 11:32–33)

5. Bernabé lo presenta a los apóstoles en Jerusalén (Hechos 9:26–29)

6. Enviado a Tarso para escapar de conspiraciones en su contra (Hechos 9:30)

7. Llevado por Bernabé a Antioquía (Hechos 11:25–26), donde se convierte en líder de la iglesia y desde donde comienza su misión a los gentiles (Hechos 13:1–3)

Damasco, capital de Siria, está situada en el importantísimo cruce de caminos comerciales hacia Siria, Mesopotamia, Persia y Arabia. Pablo sabía que si el cristianismo se afianzaba allí, se difundiría con rapidez, por eso debía detenerlo de inmediato. Fue así que, munido de cartas de autorización del Sanedrín, partió en busca de los cristianos para hacerlos regresar a Jerusalén (Hechos 9:1–2).

Comerciantes modernos en la calle Derecha de Damasco. Pablo se convirtió en una casa de esta calle.

### Idea central: Conversión

La palabra conversión significa una media vuelta completa, como lo sucedido en la vida de Pablo. Aunque no todas las conversiones a la fe cristiana son tan repentinas e impactantes, todas se caracterizan por una experiencia personal con Jesucristo y una transformación milagrosa del corazón, como prometieron los profetas.

# Pablo: Sus viajes

## EL JUDÍO QUE FUE A LOS GENTILES

Si bien Pablo amaba en gran manera a su pueblo, los judíos, la Biblia dice que Dios lo envió al mundo de los gentiles (los no judíos) con las buenas noticias de Jesús. Aunque Pablo siempre comenzaba a predicar en las sinagogas judías, produjo el mayor impacto como "el apóstol a los gentiles", y extendió el cristianismo por toda Asia Menor y el mundo occidental. La ironía es que el hombre que más hizo para oponerse al cristianismo terminara siendo el que más lo extendiera.

## Diario de los viajes de Pablo

La segunda mitad de Hechos describe los tres viajes principales realizados por Pablo en los que estableció iglesias en un nuevo territorio. Un cuarto viaje, a Roma, surgió a raíz de que Pablo fue llevado ante las autoridades y, al prolongarse el proceso, reclamó su derecho como ciudadano romano a comparecer ante César (Hechos 25:10–11). El libro de los Hechos finaliza con Pablo bajo arresto domiciliario en Roma, desde donde continúa su ministerio (Hechos 28:30–31). De sus cartas, podemos deducir que al final fue liberado e hizo más viajes antes de ser arrestado y ejecutado alrededor del 68 d.C., probablemente decapitado ya que era ciudadano romano.

El teatro de Éfeso. Aquí los orfebres, temerosos ante una pérdida en sus ganancias, provocaron un disturbio en reacción a la enseñanza de Pablo y sus compañeros.

## VIAJES DE PABLO

### ANTIOQUÍA
Hogar de Pablo y sitio de partida hacia sus viajes.

### CHIPRE
Hogar de Bernabé, fue la primera escala del primer viaje de Pablo. Predicó en las sinagogas de toda la isla y demostró el poder de Dios (Hechos 13:4–12).

### ANTIOQUÍA DE PISIDIA
Pablo y Bernabé recibieron reacciones diversas de los judíos, y decidieron predicar a los gentiles (Hechos 13:14–52). Pablo volvió a visitar esta ciudad y las aledañas en su segundo y tercer viaje (Hechos 15:40–16:5; 18:23).

### LISTRA
Luego de una impactante sanidad en su primer viaje, Pablo y Bernabé fueron confundidos con dioses pero los judíos de Antioquía los apedrearon hasta dejarlos casi muertos (Hechos 14:8–20). En su segundo viaje, Pablo conoce a Timoteo (quizás adolescente todavía) y lo llevó con ellos (Hechos 16:1–3).

### JERUSALÉN
Con la oposición de los judaizantes (judíos cristianos que sostenían que todos los convertidos debían obedecer la ley judía), Pablo y Bernabé dieron por finalizado su primer viaje para relatar lo que Dios había estado haciendo (Hechos 15:1–35). Pablo volvió a visitarlos al final de su tercer viaje para presentar más informes y entregar la ofrenda que había recogido (Hechos 21:15–26), pero los judíos de Asia promovieron un disturbio (Hechos 21:27–32) que culminó con su arresto, juicio y posterior viaje a Roma (Hechos 22–28).

### TROAS
En su segundo viaje, Pablo tuvo una visión nocturna de un hombre que los invitaba a Macedonia, y partieron de inmediato (Hechos 16:6–10), llevando así el evangelio a Europa. En su tercer viaje, Pablo resucitó a Eutico, que se había quedado dormido y cayó desde una ventana durante uno de los largos sermones del apóstol (Hechos 20:7–12).

### FILIPOS
A la exitosa predicación en este lugar durante su segundo viaje, le siguió una noche de cárcel por haber causado disturbios al liberar a una joven de un espíritu inmundo. Sin embargo, un temblor produjo libertad para Pablo y Silas, y fe para el carcelero y su familia (Hechos 16:11–40).

### TESALÓNICA
Tres semanas de exitosa predicación entre judíos y griegos, durante el segundo viaje, terminaron en otro escándalo. Pablo y Silas debieron abandonar la ciudad de noche (Hechos 17:1–10).

### ATENAS
En su segundo viaje, Pablo predicó tanto en la sinagoga a los judíos y a los griegos temerosos de Dios, como también en el mercado a todo aquél que quisiera escuchar. En la columnata stoa, sede del concilio del Areópago, discutió con filósofos epicúreos y estoicos (Hechos 17:16–34).

2000 AC
1900 AC
1800 AC
1700 AC
1600 AC
1500 AC
1400 AC
1300 AC
1200 AC
1100 AC
1000 AC
900 AC
800 AC
700 AC
600 AC
500 AC
400 AC
300 AC
200 AC
100 AC
1 DC
100 DC

*Ese hombre es mi instrumento escogido para dar a conocer
mi nombre tanto a las naciones y a sus reyes como al pueblo de Israel.*

HECHOS 9:15

VER TAMBIÉN
ANTIOQUÍA P103
JUDAIZANTES P116
MÁRTIR P105
PABLO: SUS CARTAS P112–113

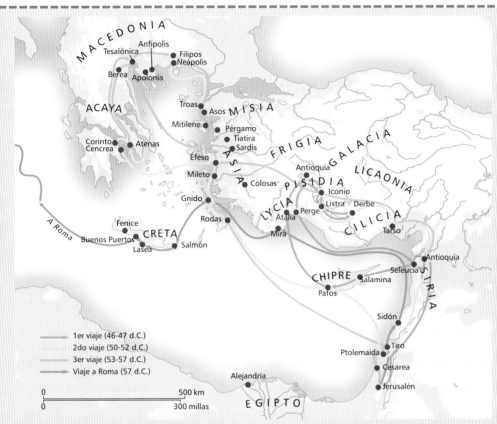

**1er viaje (46-47 d.C.)**
**2do viaje (50-52 d.C.)**
**3er viaje (53-57 d.C.)**
**Viaje a Roma (57 d.C.)**

0 — 500 km
0 — 300 millas

## CORINTO

Pablo permaneció aquí 18 meses en su segundo viaje, y estableció la iglesia que en el futuro le causaría tantos problemas (Hechos 18:1–17). Las cuestiones no resueltas a través de los escritos ameritaron una breve visita en su tercer viaje, según surge de sus cartas.

## ÉFESO

En su segundo y tercer viaje, Pablo visitó Éfeso, la principal ciudad comercial de Asia Menor y sede del templo de Artemisa (Diana), una de las siete maravillas del mundo antiguo. Su prédica, vista como una amenaza para la economía asociada al templo, ocasionó un motín y sus compañeros de viaje fueron llevados a la rastra a este teatro con capacidad para 24.000 personas (Hechos 19:23–41). El amor de Pablo por la iglesia se ve reflejado en su discurso de despedida a los ancianos (Hechos 20:17–38).

## CESAREA

Al tanto de las conspiraciones contra la vida de Pablo, el comandante romano lo trasladó a Cesarea, donde pasó dos años detenido (Hechos 23:12–24:27). Al final, Pablo, cansado, apeló al César (Hechos 25:1–26:32).

## HACIA ROMA

Pablo fue trasladado a Roma pero naufragó frente a las costas de Malta (una de las tantas dificultades que tuvo que enfrentar; ver 2 Corintios 11:23–28), aunque aun esto fue aprovechado por Pablo como una oportunidad evangelística (Hechos 27:13–28:10). Hechos finaliza con el apóstol bajo arresto domiciliario en Roma "y predicaba el reino de Dios y enseñaba acerca del Señor Jesucristo sin impedimento y sin temor alguno" (Hechos 28:31).

## Estrategia misionera de Pablo

■ Aunque era el apóstol a los gentiles, siempre predicaba primero a los judíos.

■ Trabajaba en equipo (con personas como Bernabé, Marcos, Silas, Lucas, Timoteo, Priscila y Aquila).

■ Viajó por rutas comerciales a ciudades provinciales que pudieran influenciar a toda la región.

■ Empleó gran variedad de métodos (predicación, debate de las Escrituras, debate filosófico) para transmitir las buenas noticias de Jesús.

■ Hizo que el evangelio fuera culturalmente relevante pero sin cambiar el mensaje esencial.

## Idea central: Apóstol

Aunque en su origen eran doce los apóstoles, la palabra enseguida adquirió un significado más amplio según su raíz griega: "alguien enviado". Se usó para líderes clave, como Bernabé y Pablo, cuando fueron enviados a viajes misioneros estratégicos, y fue crucial para el crecimiento de la iglesia (Efesios 4:11–13). Los apóstoles fueron reemplazados en la historia de la iglesia por los obispos, que cumplieron un rol más organizativo que misionero, aunque algunas iglesias recientemente han restablecido el rol del apóstol.

# Pablo: Sus cartas

Cuando Pablo escribió sus cartas, no sabía que estaba escribiendo gran parte de lo que luego se conocería como "el Nuevo Testamento" (escribió 13 de los 27 libros). Él pensaba que sólo estaba manteniendo contacto con las iglesias y sus líderes, enseñándoles, animándolos y planteándoles desafíos. Sin que él lo supiera, estaba sucediendo algo más profundo: Una vez más se estaba escribiendo la Escritura, tal y como lo reconoció Pedro (2 Pedro 3:15–16).

## Tercio escribe cartas

En la época neotestamentaria era común contratar los servicios de un amanuense (escritor profesional) cuando se escribían cartas o documentos. No solo escribían lo que se les dictaba sino que también ayudaban en la redacción de lo que se quería expresar.
Tercio, el escritor de Romanos, añade una frase y su firma al final (Romanos 16:22). Sin embargo, Pablo muchas veces hacía un agregado de su propio puño y letra al final de la carta para demostrar la autenticidad de esta (1 Corintios 16:21; Gálatas 6:11; Colosenses 4:18; 2 Tesalonicenses 3:17; Filemón 1:9).

**CARTAS EN TIEMPOS DEL NUEVO TESTAMENTO**
Carta escrita en papiro en el siglo I d.C. Las misivas siempre comenzaban con el nombre del escritor, del destinatario, un saludo y un agradecimiento por la vida del destinatario. La mayoría de las cartas del Nuevo Testamento siguen este formato.

## Romanos

Escrito en Corinto en el 57 d.C. durante el tercer viaje de Pablo, el libro de Romanos contiene el bosquejo más amplio (aunque no completo) de lo que el apóstol considera el mensaje cristiano, como preparación para su próxima visita. Por medio de argumentos convincentes, muestra el cumplimiento de las promesas de Dios a Abraham y que los gentiles son parte de esas promesas; no por guardar la ley judía sino por la fe que, según lo expresa Pablo, es la manera en que Dios siempre trató con su pueblo.

El foro romano, un predio cuadrado rodeado de edificios públicos y columnatas, era el centro del comercio y la vida social además del lugar donde se celebraban variadas reuniones públicas.

## 1 Corintios

Escrita desde Éfeso en el 55 d.C. durante su tercer viaje, Pablo responde a novedades preocupantes: la iglesia era un caos. Abundaban las discusiones; los miembros se iniciaban juicios entre sí; la inmoralidad iba en aumento; en la Santa Cena se excedían con la bebida y la glotonería, y abusaban de los dones del Espíritu Santo, que eran para edificación de la iglesia. Pablo podría haber perdido las esperanzas, pero la clave de todo es el amor hacia los demás (capítulo 13).

El templo de Apolos en Corinto, con el Acrocorinto de fondo, dominado por el templo de Afrodita, la diosa del amor. Corinto era reconocida por la comercialización de sexo, y "joven corintia" era sinónimo de prostituta. La iglesia por lo general luchaba contra el pecado sexual y la mundanalidad de la ciudad.

## 2 Corintios

La primera carta de Pablo no había resuelto los problemas y su visita había empeorado las cosas. Otra carta, lamentablemente perdida, había sido de considerable ayuda según informes de Tito. Y esta tercera carta, escrita a fines del 55 d.C., era la gozosa respuesta de Pablo, un padre espiritual visiblemente aliviado.

*Les he escrito con mucha franqueza sobre algunos asuntos... por causa de la gracia que Dios me dio para ser ministro de Cristo Jesús a los gentiles.*

ROMANOS 15:15–16

● VER TAMBIÉN
HECHOS DE LOS APÓSTOLES P102–103
PABLO: SUS ENSEÑANZAS P114–115
PABLO: SUS VIAJES P110–111

## RECEPTORES DE LAS CARTAS DE PABLO

Roma
Tesalónica · Filipos
Corinto
Éfeso · Colosas
GALACIA
MAR MEDITERRÁNEO

0 — 500 km
0 — 300 millas

## Gálatas

En esta carta implacable, Pablo denuncia que la iglesia había creído la mentira de que la gente debía convertirse al judaísmo antes de poder ser cristianos, y que debían observar la ley judía. Pablo reprende el error, recalcándoles que Jesús nos salva sólo por la fe.

Es probable que esta epístola haya sido escrita antes del concilio de Jerusalén en el 50 d.C., lo cual la convierte en una de las primeras cartas del Nuevo Testamento.

## Efesios

Escrita alrededor del 60 d.C. desde Roma, es probable que se tratara de una carta circular, dado que los manuscritos antiguos más confiables omiten las palabras: "en Éfeso" (Efesios 1:1) y que la carta no contiene referencias personales, aun cuando Pablo conocía bien a la iglesia. En primer lugar, escribe que la muerte de Jesús era parte del plan de Dios desde el principio, y que solo por medio de Jesús todo cobra sentido. Y segundo, mostró cómo esto podía ser llevado a la práctica en la vida cristiana diaria.

## Filipenses

Escrita desde Roma alrededor del 61/62 d.C., esta alegre carta agradece a la iglesia por lo que le enviaron durante su arresto domiciliario. Pablo había plantado esta iglesia, la primera en Europa, diez años antes; de manera que la amistad que se profesaban era de larga data. El punto focal del escrito es la persona de Jesús y contiene una maravillosa descripción de cómo el Hijo de Dios se hizo hombre (Filipenses 2:5–11).

## Colosenses

Escrita junto con Efesios (con la que tiene varias similitudes), esta carta menciona las herejías que se cometían en la iglesia, en especial referidas a creencias acerca de Jesús. Algunos que creían tener discernimientos secretos y especiales, que dictaminaban que ciertas normas religiosas ayudaban a los demás en su crecimiento espiritual, estaban apartando a los creyentes de la fe puesta solo en Jesús. Sin embargo, Pablo escribió que si Cristo era plenamente Dios, la gente no necesitaba nada ni nadie más.

La Vía Ignacia, principal arteria romana hacia el este, pasaba por Filipos y posiblemente fue recorrida por Pablo en el segundo y tercer viaje.

## 1 y 2 Tesalonicenses

Pablo había sido expulsado de Tesalónica durante su segundo viaje, por eso no había tenido tiempo de establecer la iglesia. Alentado por el informe positivo de Timoteo, escribe estas dos cartas (aprox. 50/51 d.C.) para alentarlos a continuar así. Ambas se centran principalmente en el regreso de Jesús dado que los tesalonicenses estaban preocupados por los que habían muerto antes del regreso de Cristo.

## 1 y 2 Timoteo

Estas cartas personales fueron dirigidas al pastor que Pablo había llevado a su lado cuando era un adolescente recién convertido. Están llenas de consejos sobre cómo conducir a la iglesia y la importancia de la propia vida y el carácter del individuo. La primera carta la escribió apenas lo liberaron del arresto domiciliario en Roma alrededor del 62 d.C., y la segunda, durante su último encarcelamiento, cuando supo que el fin estaba cerca.

Timoteo lideró la iglesia de Éfeso durante muchos años.

## Tito

Pablo había designado a Tito para dirigir la iglesia de Creta, cuando el apóstol visitó la isla luego de ser liberado del arresto domiciliario. La carta contiene instrucciones prácticas para un liderazgo sabio de la iglesia.

## Filemón

Esta breve misiva insta a Filemón a recibir a Onésimo, el esclavo fugitivo que había conocido a Pablo y se había convertido al cristianismo. Pablo le solicita que le dé a Onésimo una nueva oportunidad, como Jesús se la había dado al propio Filemón. El apóstol no podía cambiar la estructura social de la esclavitud, pero podía empezar a socavar sus cimientos.

Identificación romana para esclavos que solicitaba al que encontrara al fugitivo que lo enviara de regreso a su amo.

## Idea central: Aliento

El aliento es el tema principal de las cartas de Pablo al escribir sobre lo que Jesús hizo por las personas, asegurándoles el amor de Dios e impulsándolos a seguir adelante. Todos necesitan aliento y Pablo demostró que debía ser una característica principal en la vida de la iglesia.

113

# Pablo: Sus enseñanzas

## JESÚS, SÓLO JESÚS

El encuentro de Pablo con Jesús resucitado en el camino a Damasco hizo que todo cambiara para él. De repente, aquel a quien se oponía pasó a ser el centro de su vida. Gracias a su capacitación como rabino, Pablo pudo comprender que el Antiguo Testamento había sido la preparación para la llegada de Jesús, y al explicar este concepto se convirtió en el primer gran teólogo de la iglesia. Sin embargo, no era tan solo un erudito ya que su corazón pastoral hacia las personas y su corazón hacia los perdidos hizo que su enseñanza fuera profundamente práctica.

### Jesús

Si bien Pablo conocía con claridad los hechos básicos, no nos dice demasiado acerca de la vida terrenal de Jesús, tal vez porque escribía cartas para situaciones en particular y no un Evangelio. Se concentró en la enseñanza misma de Jesús de que había venido a morir por las personas, y Pablo lo interpretó a la luz del Antiguo Testamento. No obstante, aclaró que no se trataba de un hombre que había muerto por nosotros sino Dios mismo. *"Toda la plenitud de la divinidad habita en forma corporal en Cristo"* (Colosenses 2:9). (Ver también Filipenses 2:5–11, Colosenses 1:15–20; Tito 2:13.)

### La resurrección

Al encontrarse con Jesús en el camino a Damasco, Pablo no necesitó que nada lo convenciera de la resurrección. Él lo consideró un sello divino de aprobación del sacrificio de Jesús. Por eso, para Pablo la resurrección no era un "adicional optativo" ni solo una imagen que demostraba que la muerte no es el fin, sino que era un evento real, sin el cual no existiría el mensaje cristiano. *"Y si Cristo no ha resucitado, nuestra predicación no sirve para nada, como tampoco la fe de ustedes…. Y si Cristo no ha resucitado, la fe de ustedes es ilusoria y todavía están en sus pecados"* (1 Corintios 15:14,17).

De los diversos símbolos de la fe cristiana, los más conocidos son el *crucifijo* y la cruz. Algunas tradiciones usan el crucifijo (la cruz con Jesús clavado en ella) para recordar el sufrimiento y la muerte, mientras otros usan una cruz vacía para recordar la resurrección.

### La cruz

Por haber estudiado el Antiguo Testamento durante toda su vida, Pablo era capaz de explicar mejor que nadie la manera en que los sacrificios y los rituales del Antiguo Testamento apuntaban a Jesús y se cumplían en Él. El cuadro de abajo resume las cuatro explicaciones principales de Pablo acerca de la muerte de Jesús.

| JESÚS MURIÓ COMO: | ALGUNOS VERSÍCULOS | AHORA SOMOS: |
|---|---|---|
| **Un sacrificio:** su muerte en nuestro lugar, como cumplimiento de todos los sacrificios del Antiguo Testamento. | Romanos 3:25; 5:6–7 | **Limpiados** |
| **Una redención:** pagó el precio para liberarnos de la esclavitud del pecado, así como Israel había sido liberada de la esclavitud en Egipto. | Romanos 3:24; Efesios 1:7–8 | **Comprados** |
| **Un veredicto:** Dios nos declara "inocentes", no por algo que hayamos hecho sino porque Jesús pagó por todos nuestros pecados. | Romanos 3:21–26; 5:1–2; 8:1–2 | **Justificados** |
| **Una reconciliación:** quebró las barreras que nos separaban de Dios y entre nosotros. | Romanos 5:9–11; Efesios 2:14–22 | **Amigos** |

2000 AC
1900 AC
1800 AC
1700 AC
1600 AC
1500 AC
1400 AC
1300 AC
1200 AC
1100 AC
1000 AC
900 AC
800 AC
700 AC
600 AC
500 AC
400 AC
300 AC
200 AC
100 AC
1 DC
100 DC

*Me propuse más bien, estando entre ustedes, no saber de cosa alguna, excepto de Jesucristo, y de éste crucificado.*

1 CORINTIOS 2:2

● VER TAMBIÉN
ENCARNACIÓN P85
JESÚS: MUERTE Y RESURRECCIÓN P98–99
PABLO: SUS CARTAS 112–113
REGRESO DE JESÚS P122

## LA LEY JUDÍA

La insistencia de Pablo de que los gentiles podían ser cristianos sin cumplir los requisitos de la ley judía lo metía continuamente en problemas, en especial con los judaizantes (judíos cristianos que creían que esto era esencial). Pablo enseñaba que para un gentil, ser circuncidado y guardar la ley judía sería como cambiar su libertad cristiana por la esclavitud.

## La iglesia

Para Pablo, la "iglesia" no era un adicional optativo sino una parte esencial de la vida cristiana. Era la demostración viva del reino de Dios y del nuevo pueblo de Dios (Efesios 2:11–22), donde todas las barreras han sido derribadas (Gálatas 3:28).

Empleó diversas figuras para mostrar que la iglesia no era una simple organización, y la describió como:

■ Un cuerpo
■ Una familia
■ Un templo
■ Un ejército

En la época neotestamentaria, 'iglesia' jamás se usó en referencia a un edificio o a una denominación sino al 'pueblo de Dios'. La palabra griega para iglesia, *ekklesia* (literalmente: 'los llamados afuera'), en su origen era un término político ('una asamblea'); pero se comenzó a usar para describir a aquellos que Jesús había 'llamado' para que dejaran este mundo y formaran parte de su nuevo pueblo y su reino.

Este mosaico con un ave enjaulada simboliza la idea del alma prisionera del cuerpo, una idea griega que Pablo rechazó de plano. El cuerpo no es una prisión de la que uno deba liberarse, ni tampoco un estorbo que deba ser despreciado sino que es "templo del Espíritu Santo". Por esta razón, Pablo invita a la gente: "honren con su cuerpo a Dios" (1 Corintios 6:19–20). Podemos observar que el cuerpo humano y no solo el espíritu o el alma son importantes para Dios, según lo expresa la enseñanza bíblica de que el cuerpo será resucitado y gloriosamente transformado cuando Jesús regrese (1 Corintios 15:35–57). Por lo tanto, a los cristianos les importa lo que la gente haga con su cuerpo.

## El Espíritu Santo

Dado que Pablo había sido lleno del Espíritu Santo (Hechos 9:17–19), se había convencido de que era imposible creer o vivir la vida cristiana sin la ayuda del Espíritu Santo. La vida en el Espíritu *era* en realidad el cristianismo, y cualquier otra cosa estaba por debajo. Creía en los dones del Espíritu (Romanos 12:3–8; 1 Corintios 12:7–11, 27–31), e incluso cuando la iglesia de Corinto los malinterpretó y usó mal, Pablo no les ordenó detenerse sino que les enseñó a usarlos de manera adecuada (1 Corintios 12:7–14:40).

## Antiguos credos cristianos

Los escritos de Pablo contienen lo que los eruditos consideran antiguos credos cristianos (declaraciones de fe), y el más básico es: "Jesús es el Señor" (Romanos 10:9; 1 Corintios 12:3). Otros pasajes se refieren a la venida, vida, muerte y resurrección de Jesús (Filipenses 2:6–11; Colosenses 1:15–20; 1 Timoteo 3:16).

## Idea central: Libertad

Los cristianos creen que cada vez que intentamos ganarnos el favor divino por medio de leyes o rituales, estamos abandonando la libertad que Jesús obtuvo para nosotros en la cruz y estamos regresando a la esclavitud (Gálatas 5:1). La Biblia declara que la verdadera libertad es ser guiados por el Espíritu Santo en vez de por las obligaciones o la presión de los demás, y hacemos lo correcto porque podemos, no porque debamos hacerlo.

# Luchas en la iglesia primitiva

## EL PROBLEMA JUDÍO-GENTIL

El mensaje cristiano atrajo a personas de distinto origen, lo que inevitablemente causó problemas. A esta diversidad de grupos en ocasiones les costaba llevarse bien, en particular los judíos con los gentiles. Los primeros no veían motivos para abandonar sus prácticas tradicionales y los últimos no encontraban razones para iniciarlas. No es de extrañar que se generaran tensiones.

### Judaizantes

A la iglesia le habrá significado un gran impacto descubrir que cuando Jesús dijo: "Hagan discípulos de *todas* las naciones" (Mateo 28:19), hablaba en serio. Al principio, el mensaje cristiano había estado dirigido a los judíos pero enseguida, por medio de Pedro, los gentiles comenzaron a creer en Jesús (Hechos 10:1–48). No obstante, es triste que no todos estuvieran conformes, por lo cual al poco tiempo los judíos cristianos comenzaron a cuestionar a Pedro por su proceder (Hechos 11:1–3). La cuestión se complicó cuando el apóstol comenzó a predicar en sitios distantes y llamaron a un concilio de la iglesia para resolver el problema (Hechos 15:1–35).

Jerusalén y las decisiones que allí se tomaban estaban muy alejadas de las naciones gentiles, de modo que los grupos de judaizantes (de una palabra griega que significa "adoptar las costumbres judías") concentraron su atención en las iglesias establecidas por Pablo, e iban pisándole los talones diciendo que él no les había predicado el evangelio *completo*, en especial la necesidad de ser circuncidados y obedecer la ley judía.

Siendo él mismo judío, Pablo se oponía tenazmente a estos intentos de hacer que los gentiles adoptaran costumbres judías, y lo consideraba un ataque a la libertad y a la gracia del evangelio. Incluso le hizo frente a Pedro acusándolo de hipócrita (Gálatas 2:11–21), y les dijo a los gálatas que eran necios por dejarse influenciar por los judaizantes (Gálatas 3:1–3). Para Pablo, hacer que los gentiles obedecieran la ley era sencillamente "un evangelio diferente".

### Tensiones iniciales

La iglesia casi siempre se ocupó de asistencia social, como vemos en Hechos 6. Sin embargo, la distribución diaria de alimentos a las viudas había generado tensiones cuando los judíos griegos (los que habían nacido fuera de Palestina y hablaban griego) se quejaban de favoritismo hacia los judíos hebraicos (los nacidos en Palestina y que hablaban hebreo). Los apóstoles resolvieron

el problema haciéndoles elegir a siete ayudantes griegos. Todo volvió a la calma y la iglesia creció aún más (Hechos 6:7).

Este fue el primer indicador de que no siempre sería sencillo reunir a personas de distinto origen y que convivan en armonía, pero los apóstoles estaban decididos a que así fuera.

### El libro de Hebreos

No obstante, los judíos cristianos no tenían todo a su favor. Algunos tuvieron que enfrentar grandes presiones e incluso persecución por parte de su familia y sus amigos por haberse convertido en cristianos (parecidas a las que hoy en día enfrenta un musulmán que se convierte al cristianismo).

Hebreos fue escrito para ese grupo (aunque no sabemos quién ni cuándo lo escribió). Al enfrentar la presión de regresar a la fe judía, el escritor se cuestiona: "¿por qué querrían hacer eso? Abandonaron el judaísmo porque no servía, vieron que Jesús es mejor; mejor que todo lo que el judaísmo tiene para ofrecer. De manera que ¿por qué querrían dar la espalda a Jesús y regresar a todo aquello? (capítulos 1–10). No cedan; sigan adelante" (capítulos 11–13).

Hebreos contiene fuertes declaraciones sobre los peligros de caer, algo que con frecuencia preocupa a algunos cristianos. Sin embargo, los lectores deben saber que no se refiere a que el cristiano vaya a perder la salvación si comete un pecado grave (ya que siempre puede ser perdonado), sino que habla de la falta de esperanza para los judíos cristianos si estos regresan al judaísmo.

*"Corramos con perseverancia la carrera que tenemos por delante"* (Hebreos 12:1). Para aclarar un concepto, el Nuevo Testamento con frecuencia usa imágenes relativas al atletismo, un deporte popular en el mundo griego. Este es el estadio de Afrodisias.

Hebreos menciona que los rituales y los sacrificios del Antiguo Testamento carecen de fundamento en sí mismos. Son tan solo una sombra que conduce a Jesús, el único que puede brindarles lo que estos prometían.

116

*Debemos dejar de ponerles trabas a los gentiles que se convierten a Dios.*
**Hechos 15:19**

● **Ver también**
CIRCUNCISIÓN P19
HECHOS DE LOS APÓSTOLES P102–103
JACOBO/SANTIAGO P106–107
PABLO: SUS ENSEÑANZAS P114–115

## El concilio de Jerusalén

El concilio de Jerusalén (una reunión de apóstoles y ancianos de aprox. el 50 d.C.), fue el primero de muchos concilios en la historia de la iglesia. Este en particular prestaba atención a ambas partes en el debate entre judíos y gentiles (Hechos 15), hasta que Jacobo aportó una solución aceptada por todos: los gentiles no tendrían que ser circuncidados ni obedecer la ley judía, pero se establecieron cuatro lineamientos para vivir en santidad que restringía cualquier licencia gentil y apaciguaba cualquier susceptibilidad judía. Estos eran: los gentiles no debían comer carne sacrificada a los ídolos ni carne de animal estrangulado que todavía tuviera sangre en él (que no fuera "kósher"), ni beber sangre, ni tampoco practicar la inmoralidad sexual sino que debían resistir las presiones culturales permisivas. Si respetaban estas leyes judías, los gentiles podrían comer con los judíos, que era la mayor expresión de comunión. La decisión fue recibida con gozo y alivio, aunque no detuvo a los judaizantes que seguían pisándole los talones a Pablo.

Representación del concilio de Nicea en el 325 d.C. Siguiendo el precedente del concilio de Jerusalén, los líderes de la iglesia convocaban a conferencias para debatir y tomar decisiones sobre temas relevantes. El resultado más importante del concilio de Nicea fue la confirmación de la fe de la iglesia en Jesús como Dios y como hombre.

### COMIDA OFRECIDA A LOS ÍDOLOS

Un grave problema que enfrentaban los gentiles convertidos era si podían o no comer comida sacrificada a los ídolos. La carne que quedaba de los sacrificios paganos solía comerla el adorador junto con sus amigos en una fiesta organizada en el templo (lo que hoy sería un almuerzo de trabajo o un festejo), si no, la vendían en el mercado. ¿Qué debían hacer los cristianos entonces? ¿Debían dejar de comprar carne (dado que desconocían su origen)? ¿Debían rechazar las invitaciones a las comidas o fiestas de personas no cristianas? Algunos decían que "sí" mientras otros sostenían que "no" (dado que, de todas maneras, los ídolos no existen). Esto generó importantes tensiones en las iglesias gentiles, ni qué hablar donde había judíos cristianos, y Pablo dedicó tres capítulos en 1 Corintios (capítulos 8–10) a este tema, y enfatizó que la preocupación del cristiano debía ser no tanto los derechos personales sino el hermano más débil. Un principio valioso también para nuestros días.

## Idea central: Legalismo

El legalismo es la creencia de que las personas deben "hacer" determinadas cosas para ganarse el favor de Dios. Esto conduce invariablemente a una actitud superior hacia los que no concuerdan con esa manera de pensar y a un intento por hacer que sean como nosotros. Los cristianos creen que el legalismo no entiende la libertad que Jesús puede darle a las personas y la vida que da su Espíritu Santo.

# Días oscuros

Como al principio la consideraban otra secta judía y, por lo tanto, una *religio licta* (religión autorizada por el estado), Roma acordó permitir que el cristianismo existiera. Sin embargo, cuando los emperadores romanos comenzaron a proclamar su divinidad y los cristianos se negaron a adorarlos, Roma se les opuso. Los judíos también sintieron la fuerza del poder de Roma y una gran revuelta judía fue reprimida de manera cruel y despiadada, lo que terminó en el saqueo de Jerusalén y la destrucción del templo. La mano de hierro de Roma comenzaba a sentirse.

### LOCURA Y PERSECUCIÓN

Las cosas comenzaron a cambiar con el emperador Nerón (54–68 d.C.). Al borde de la locura, incendió Roma en el 64 d.C. para poder reemplazarla con un modelo de ciudad que él tenía, y luego acusó a los cristianos del desastre. Esto originó un breve pero cruel período de persecución durante el cual los cristianos fueron arrojados a los leones en la arena o usados como luminarias humanas en las fiestas en los jardines de Nerón. Tanto Pedro como Pablo fueron masacrados durante esta persecución. Según la tradición, a Pedro lo crucificaron cabeza abajo en el circo de Nerón, y Pablo, como ciudadano romano, fue decapitado en la Vía Ostia. Algunos años más tarde, Juan fue enviado al exilio a la isla de Patmos, donde es probable que haya trabajado como esclavo en las canteras. Al escribir el libro de Apocalipsis, Juan menciona cómo habían sido asesinados o encarcelados los cristianos (Apocalipsis 2:10,13), casi con seguridad por rehusarse a adorar al emperador.

## Culto al emperador

El culto al emperador se origina en la gratitud del pueblo hacia Roma por la paz (la *pax romana*) conseguida. En el 29 a.C., Pérgamo de Asia Menor le pidió permiso a Octavio (luego conocido como César Augusto) para adorarlo como dios, y el permiso fue concedido. Juan luego llamaría a esta ciudad "donde mora Satanás" (Apocalipsis 2:13) y describió a Roma como la gran "bestia" que blasfema contra Dios (Apocalipsis 13:1–10).

El culto al emperador como si fuera dios se difundió con rapidez y las ciudades se disputaban la construcción de templos al soberano. Este comenzó a ser conocido como "dios", "hijo de un dios", "salvador del mundo", títulos que los cristianos reservaban solo para Jesús y que, por consiguiente, se negaban a usar en referencia al emperador. Así también se negaban al juramento de lealtad: "César es el Señor". Esto costó la vida de muchos cristianos.

El Coliseo (o Anfiteatro Flavio) en Roma, iniciado por el emperador Vespasiano y terminado por Domiciano, con una capacidad para 50.000 personas sentadas. Aquí asesinaron a muchos cristianos, arrojados a los animales salvajes o forzados a pelear con gladiadores; todo por diversión.

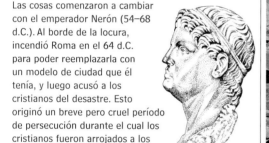

IZQUIERDA: antiguas catacumbas (tumbas) en Roma. El terreno debajo de la ciudad había sido excavado en un laberinto de pasadizos para la extracción de piedras y la excavación de cloacas. A fines de evitar la costumbre romana de cremación, los judíos comenzaron a enterrar a sus muertos en estos pasadizos subterráneos, práctica imitada por los cristianos (con énfasis en la resurrección del cuerpo). Cuando Roma comenzó a ver en el cristianismo una amenaza, los cristianos terminaron bajo tierra (literalmente). Las catacumbas se convirtieron en un excelente sitio para las reuniones clandestinas.

> *Entonces los entregarán a ustedes para que los persigan y los maten, y los odiarán todas las naciones por causa de mi nombre.*
>
> MATEO 24:9

● VER TAMBIÉN
APOCALIPSIS P120–121
OPOSICIÓN Y PERSECUCIÓN P103
PAX ROMANA P86

## La primera revuelta judía (66–73 d.C.)

Cuando las autoridades de Jerusalén dieron por finalizado todo sacrificio extraño (incluso el ofrecido al César), como represalia por el sacrificio pagano ofrecido afuera de una sinagoga de Cesarea, Roma reaccionó con brutalidad. Los soldados ingresaron al templo, saquearon el oro y asesinaron a más de 3500 manifestantes, pero una turba indignada los reprimió y tomó por asalto la Fortaleza Antonia. La revuelta se diseminó con rapidez por toda la nación.

Al otro lado del imperio, los gentiles contraatacaron y asesinaron judíos (solo en Alejandría mataron a 50.000). Semejante disturbio era inconcebible para Roma y Vespasiano fue enviado a restaurar el orden. Reconquistó Galilea, dejó las ciudades en ruinas, ejecutó a los hombres y capturó a las mujeres y los niños como esclavos. Cuando regresó a Roma en el 68 d.C. para ser emperador en el lugar de Nerón, su hijo Tito siguió con la campaña y sitió Jerusalén. En el 70 d.C. abrieron una brecha en las murallas. Asesinaron a miles, saquearon la ciudad y destruyeron el templo, que jamás sería reconstruido. Desde la postura de un cristiano, el propósito del templo había sido sustituido por el sacrificio de Jesús, hecho de una vez y para siempre. Dios había terminado con el templo y este ya no tenía razón de ser.

### EL SITIO DE MASADA

Luego de la caída de Jerusalén, algunos zelotes huyeron a Masada, un afloramiento rocoso en el desierto de Judea que se eleva a 460 m (1500 pies) por encima del nivel del Mar Muerto. Allí, Herodes había construido un palacio cuyos restos pueden apreciarse en primer plano. Resistieron hasta el 73 d.C., pero los romanos construyeron una enorme rampa hasta las murallas. Al reconocer que ya no tenían esperanzas, los judíos asesinaron cada uno a su propia familia, y luego se suicidaron. Cuando los romanos por fin consiguieron trepar los muros, solo hallaron cadáveres.

## Actitud hacia el gobierno

A pesar de la persecución, tanto Pedro como Pablo declararon que los cristianos debían ser buenos ciudadanos (1 Pedro 2:13–17; Romanos 13:1–7), someterse a las autoridades y orar por ellas. Si ellos pudieron escribir esto acerca de Nerón, es un gran desafío para los cristianos de hoy a que tengan esa misma actitud hacia sus gobernantes, sea que concuerden o no con lo que hacen. Pedro y Pablo no aprobaban el abuso de poder de Roma; sencillamente decían que incluso un mal gobernante es mejor que la anarquía, porque la paz brinda la oportunidad de que se predique el evangelio cristiano.

### SEÑALES SECRETAS

Para marcar los lugares de encuentro o identificarse entre sí, los cristianos usaban "señales secretas". Una de las más comunes era el pez, en griego *ichthus*.

Se trataba de un acróstico (cada letra reemplaza a una palabra): *Iesous Christos Theou Uios Soter* (Jesús Cristo, Hijo de Dios, Salvador).

## Más gentiles en la iglesia

Luego de una segunda revuelta judía (131–135 d.C.) Jerusalén se convirtió en ciudad romana, la religión judía se declaró ilegal y Judea comenzó a llamarse Palestina. Muchos judíos y cristianos huyeron del lugar. Al hacerlo, los cristianos perdieron las raíces judías de su fe y de ahí en más el cristianismo comenzó a ser una fe de los gentiles. Recién antes del regreso de Jesús, según lo expresa Pablo, habrá un importante retorno de los judíos a Jesús como su verdadero Mesías (Romanos 9–11).

## Idea central: Persecución

*"'Ningún siervo es más que su amo'. Si a mí me han perseguido, también a ustedes los perseguirán"* (Juan 15:20). Jesús jamás prometió que seguirlo a Él sería sencillo y, a lo largo de la historia, la gente ha perseguido a sus seguidores en vez de enfrentar el desafío del mensaje cristiano. Sin embargo, si quienes lo seguían debían enfrentar persecución (de cualquier clase), Jesús prometió estar especialmente con ellos en esos momentos.

# Juan y el Apocalipsis
## ¡GANAMOS NOSOTROS!

2000 AC
1900 AC
1800 AC
1700 AC
1600 AC
1500 AC
1400 AC
1300 AC
1200 AC
1100 AC
1000 AC
900 AC
800 AC
700 AC
600 AC
500 AC
400 AC
300 AC
200 AC
100 AC
1 DC
100 DC

Al aumentar la persecución, los cristianos estaban lógicamente confundidos. ¿Por qué triunfaba la maldad? ¿Estaban a resguardo los martirizados? ¿Cuánto faltaba para que Dios *hiciera* algo? Escrito durante el reinado de Nerón (54–68 d.C.) o Domiciano (81–96 d.C.), el Apocalipsis responde esos interrogantes. Los cristianos creen que Dios le dio a Juan una visión tras bambalinas donde contempló a Jesús en control de la historia y llevándola hacia el clímax, cuando se cumplirá finalmente el plan de Dios.

## Cómo entender el Apocalipsis

El libro de Apocalipsis es difícil de entender, pero tres datos básicos sobre su estilo ayudarán al lector:

**1. Es *apocalíptico*:** emplea lenguaje figurativo por medio de símbolos y números para transmitir su mensaje. Si bien puede resultar dificultoso para el lector actual, los primeros lectores de Juan lo habrían comprendido con claridad. De modo que lo mejor para entenderlo, en vez de imponer al texto ideas modernas, es importante preguntarse: "¿Cómo interpretaron esto los lectores originales de Juan?"

**2. Es una *carta*:** fue escrita por Juan durante su exilio en Patmos y enviada a siete iglesias de Asia Menor (Apocalipsis 1:4) para alentarlas en momentos que enfrentaban persecución. Aunque profetizaba sobre el futuro, su principal propósito era ofrecer esperanza inmediata a los destinatarios.

**3. Es una *revelación*:** el título en inglés *(Revelation)* manifiesta que Dios deseaba *revelar* las cosas y no *ocultarlas*. Por lo tanto, no se trata de un libro enigmático para descifrar la fecha del retorno de Jesús (un enfoque bastante común en nuestros días). Su mensaje es simple: se desarrolla una batalla y los cristianos a veces sufrimos por eso, pero Satanás es derrotado y su derrocamiento final está asegurado.

### LAS SIETE IGLESIAS DE APOCALIPSIS

**ÉFESO**
Alentada por perseverar pero cuestionada por haber perdido su primer amor (2:1–7).

**ESMIRNA**
Advertida sobre la llegada de la persecución, pero Jesús le dará la victoria (2:8–11).

**PÉRGAMO**
Ha permanecido fiel pero se está mezclando con la mundanalidad (2:12–17).

**TIATIRA**
Fiel y laboriosa pero se ha vuelto tolerante con la inmoralidad (2:18–29).

**SARDIS**
Tiene reputación de ser fuerte y viva pero en realidad está muerta y debe despertar (3:1–6).

**FILADELFIA**
Animada a aprovechar cada oportunidad que Dios da, a pesar de la oposición (3:7–13).

**LAODICEA**
En una ciudad famosa por sus bancos, vestimentas y ungüentos para los ojos, la iglesia es pobre, desnuda y ciega; pero Jesús no ha renunciado a ella (3:14–22)

*"Mira que estoy a la puerta y llamo. Si alguno oye mi voz y abre la puerta, entraré, y cenaré con él, y él conmigo"* (Apocalipsis 3:20). Los cristianos creen que la promesa de Jesús sigue en pie.

## Otros escritos de Juan

Juan también escribió un Evangelio y tres cartas (1, 2 y 3 Juan). El Evangelio fue para ayudar a las personas a conocer quién era Jesús, mientras que las cartas fueron escritas para reafirmar en la fe a quienes ya lo conocían. Los falsos maestros proclamaban tener revelaciones secretas y afirmaban que los demás también las necesitaban. Sin embargo, en sus cartas Juan les asegura a los lectores que ya tenían todo lo necesario: Jesús y su Espíritu Santo.

Todos los escritos de Juan enfatizan el poder del amor, tanto de Dios hacia nosotros como nuestro amor unos con otros. La Biblia afirma que nada tiene poder como para vencer esta clase de amor, ni siquiera la muerte.

*El Hijo de Dios fue enviado precisamente para destruir las obras del diablo.*

**1 JUAN 3:8**

● **VER TAMBIÉN**
DANIEL P74
DÍAS OSCUROS P118–119
ESPERANZA PARA EL FUTURO P122–123
EVANGELIO DE JUAN P79

Para asegurar una entrega segura y sin peligros, las cartas se sellaban con cera. Juan vio los rollos de la historia sellados con siete sellos (para mayor seguridad) que sólo Jesús puede abrir (Apocalipsis 5:1–8:1). Solo Él da sentido a la historia y conoce su destino.

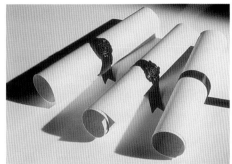

## Apocalipsis: Diferentes enfoques

Existen diferentes enfoques para interpretar el Apocalipsis, algunos un tanto contradictorios. Se pueden clasificar en tres tipos principales:

■ **Preterista** (relativo al pasado): Todos los eventos descritos o profetizados se cumplieron en el siglo I d.C. (visión de la iglesia primitiva).

■ **Futurista:** mientras algunos de los eventos se cumplieron en el siglo I, la mayoría sucederán en los últimos tiempos antes del regreso de Jesús (visión desarrollada durante fines del siglo XIX y principios del XX).

■ **Idealista:** Se trata de eventos simbólicos de la verdad atemporal del triunfo del bien sobre el mal (por ejemplo, una visión sostenida por San Agustín).

## Estructura

Apocalipsis puede analizarse desde diferentes perspectivas, pero presentamos un enfoque basado en el importante número "siete" usado por Juan:

■ Siete cartas: Jesús alienta y desafía a las iglesias (1:1–3:22).

■ Siete sellos: Jesús abre el rollo de la historia (4:1–8:1).

■ Siete trompetas: advertencias de Dios al mundo (8:2–11:19).

■ Siete visiones de la batalla: Satanás intenta destruir a Jesús y al pueblo de Dios, pero Dios protege a su pueblo (12:1–15:4).

■ Siete copas: juicio de Dios al mundo (15:5–16:21).

■ Siete visiones de la caída de Babilonia (17:1–19:10) ("Babilonia" = Roma o el judaísmo).

■ Siete visiones de la victoria de Jesús: la caída de Satanás y el juicio final (19:1–21:4).

■ Conclusión: La nueva creación; ¡Jesucristo vuelve pronto! (21:5–22:21).

La llanura de Meguido, donde Juan ve a los gobernantes que oponen la última resistencia contra Dios (Apocalipsis 16:16). En la historia de Israel muchas fueron las batallas libradas allí. Por lo tanto, en un libro simbólico como este, tal vez Juan haya querido que sus lectores tomaran esta batalla en sentido simbólico más que literal.

## Uso de números

La literatura apocalíptica usó los números de manera comprensible. Tendríamos que recordarlo en la interpretación que hagamos de Apocalipsis.

■ 7 = *perfección* (del séptimo día de la creación, cuando Dios descansó). Por eso, las siete iglesias simbolizan a la iglesia de Dios en su totalidad.

■ 6 = *cerca de la perfección o imitándola,* pero sin lograrlo. El número de la bestia (Apocalipsis 13:18) es "666"; pero jamás será "siete", nunca será como Dios, por más que lo intente.

■ 3 1/2 = *la mitad de siete; incompleto, malo.* Por eso, los 3 1/2 años de sufrimiento (Apocalipsis 11) son malos, pero limitados.

■ 4 = *el número del mundo.* De ahí, los cuatro ángulos de la tierra (Apocalipsis 20:8), los cuatro seres vivientes (Apocalipsis 4:6–7).

■ 10 = *lo completo.* Por eso, 1000 = 10 x 10 x 10 = absolutamente completo. Los 1000 años (Apocalipsis 20:4) es el tiempo total estipulado por Dios.

■ 12 = *el pueblo de* Dios (de las doce tribus de Israel). De ahí los 24 ancianos (Apocalipsis 4:4) = 12 líderes de Israel + 12 apóstoles de la iglesia, que representan la totalidad del pueblo de Dios a lo largo de la historia.

En ocasiones los números se combinan. Por lo tanto, 144.000 no debe tomarse como el número exacto de personas que entrarán al cielo (Apocalipsis 7:4), sino que se trata de una combinación de doces y dieces. Es decir: 12 x 12 (todo el pueblo de Dios) x 10 x 10 x 10 (absolutamente completo) = 144.000 (absolutamente todo el pueblo de Dios). En otras palabras, no faltará ni uno.

## Idea central: Victoria

Aunque el desenlace pareciera incierto, los cristianos creen que la victoria está finalmente asegurada para todos los que confían en Jesús y en su muerte en la cruz, donde Satanás fue despojado de su poder (Colosenses 2:15; Apocalipsis 12:7–9; 20:1–3). El creyente sólo debe seguir confiando en Jesús.

# Esperanza para el futuro

## LA VIDA A LA LUZ DE LA ETERNIDAD

2000 AC
1900 AC
1800 AC
1700 AC
1600 AC
1500 AC
1400 AC
1300 AC
1200 AC
1100 AC
1000 AC
900 AC
800 AC
700 AC
600 AC
500 AC
400 AC
300 AC
200 AC
100 AC
1 DC
100 DC

Los primeros cristianos creyeron con absoluta certeza que Jesús regresaría pronto, y las numerosas persecuciones solo aumentaron la expectativa. Sin embargo, de a poco comenzaron a darse cuenta de que esto no sucedería en su generación porque la Biblia afirma que Dios espera que muchos crean antes de que Jesús regrese (2 Pedro 3:9). Aunque este regreso no se ha concretado todavía, la Biblia afirma que sucederá algún día y que se cumplirá así el plan de Dios y la restitución del Edén. Los cristianos creen que hay verdadera esperanza en el futuro.

### ¿Qué sucede cuando morimos?

La muerte no es lo opuesto a la vida sino al nacimiento. La Biblia dice que la muerte es tan solo una "partida", en la cual la gente abandona su cuerpo para entrar a la presencia de Dios. Por eso Jesús prometió al hombre que estaba crucificado a su lado: "Hoy estarás conmigo en el paraíso"; sin demoras, ni purgatorio, ni reencarnación, ni sueño eterno. Los cristianos creen que al morir ingresan al cielo y están "con Cristo, que es muchísimo mejor" (Filipenses 1:23), donde permanecerán seguros, bendecidos y libres de enfermedades y dolores hasta el regreso de Jesús.

*'Mas ahora Cristo ha resucitado de los muertos; primicias de los que durmieron es hecho'* (1 Corintios 15:20, RVR 1960). Las primicias era la primera gavilla de la cosecha entregada a Dios (Levítico 23:10–20) como expresión de que todo lo cosechado pertenecía a Él. En el mismo sentido, la resurrección de Jesús es la expresión divina de que la 'cosecha de resurrección' restante (los que creen en Jesús) con seguridad también volverá a la vida.

### El regreso de Jesús

Jesús enseñó que un día regresaría. En ese momento, destruirá el mal, juzgará a los pecadores, completará su propósito en los creyentes y establecerá una nueva creación de Dios. En Marcos 13:24–37 Jesús dijo que su regreso será:

■ **Personal** (versículo 26): Su regreso no es una metáfora de la muerte, sino que Jesús regresará tal como se fue (Hechos 1:11).

■ **Público** (versículos 24–27): Su regreso no será secreto sino evidente. El término griego más usado en el Nuevo Testamento para referirse al regreso es *parusía* y se usaba para los visitantes de la realeza, cuando todos los ciudadanos debían acercarse a darle la bienvenida al rey.

■ **Triunfante** (versículo 26): Su regreso no será humilde (como la primera venida) sino una aparición espléndida y gloriosa (1 Tesalonicenses 4:13–18).

■ **Inesperado** (versículos 32–37). Solo el Padre sabe cuándo regresará Jesús (versículo 32), por eso los cristianos consideran que tratar de calcular la fecha es un sinsentido. La vida transcurrirá de manera normal hasta que Él aparezca de improviso (Mateo 24:36–44).

*"Yo soy la resurrección y la vida. El que cree en mí vivirá aunque muera. Y todo el que vive y cree en mí no morirá jamás"* (Juan 11:25–26). Los cristianos creen que esta promesa de Jesús es cierta para todos los que confían en Él.

*"El Señor mismo descenderá del cielo con voz de mando, con voz de arcángel y con trompeta de Dios, y los muertos en Cristo resucitarán primero… Luego los que hayamos quedado, seremos arrebatados junto con ellos en las nubes para encontrarnos con el Señor en el aire. Y así estaremos con el Señor para siempre"* (1 Tesalonicenses 4:16–17).

*¡Aquí, entre los seres humanos, está la morada de Dios! Él acampará en medio de ellos.*
**APOCALIPSIS 21:3**

**VER TAMBIÉN**
DANIEL P74
LA CRUZ P114
REINO DE DIOS P90
RESURRECCIÓN DE JESÚS P99

### LOS ÚLTIMOS DÍAS

Los cristianos con frecuencia creyeron estar en "los últimos días". Sin embargo, el Nuevo Testamento considera "últimos días" todo el período que va de la ascensión de Jesús hasta su retorno, no solo la última porción. Entonces, en vez de tratarse de un fin hacia el que la gente *se dirige,* "los últimos días" son el fin, el borde del precipicio por el que *transitan* y del que pueden ser arrebatados en cualquier momento. Por esta razón, para los cristianos es importante estar preparados.

## El cielo: destino final del creyente

Dios, a su manera y a su tiempo, llevará este mundo a su fin. Según su divina promesa, Jesucristo regresará a este mundo en persona, de manera visible y glorificado; los muertos resucitarán y Cristo juzgará a todos los hombres con justicia. Los injustos serán enviados al infierno, el sitio de castigo eterno. Los justos, con sus cuerpos resucitados y glorificados, recibirán su recompensa y habitarán por siempre en el cielo con el Señor.

## El milenio

Las tres diferentes perspectivas del milenio, el reinado de 1000 años de Cristo (Apocalipsis 20:1–7), sostenidas por los cristianos son:

■ Mil años literales que *culminarán* con el regreso de Jesús (enfoque "posmilenial")

■ Mil años literales que *comenzarán* con el regreso de Jesús a gobernar mientras Satanás está atado. Su venida final y el juicio vendrán después (enfoque "premilenial")

■ Un período simbólico (dado que Apocalipsis usa todos los demás números de manera simbólica) que abarca el tiempo entre la primera y la segunda venida (enfoque "amilenial")

## Oposición en el fin de los tiempos

Mientras algunas cosas caracterizarán todo el período "del fin" (apostasía, religiones falsas, maldad, persecución, aumento de catástrofes), la Biblia menciona la aparición de un gran opositor, justo antes del regreso de Jesús, la encarnación final de la oposición a Él. Llamado "anticristo" (1 Juan 2:18–22; 4:3; 2 Juan 1), "el hombre de pecado" (2 Tesalonicenses 2:3) y (para algunos intérpretes) "la bestia" (Apocalipsis 13:1–10). Su destrucción final está asegurada (Apocalipsis 19:19–20).

Jesús usaba la imagen tradicional del vertedero de basura de Jerusalén, "Gehena" (generalmente traducido "infierno") para describir el destino de aquellos que rechazan a Dios. El infierno es un sitio de profunda oscuridad, de castigo eterno y de tormento. Parte de la agonía del infierno es el reconocimiento de que uno ha escogido estar separado de Dios, fuente de toda bondad y bendición.

## Idea central: Estar listos

*"Por lo tanto, manténgase despiertos, porque no saben qué día vendrá su Señor"* (Mateo 24:42). La Biblia invita a todos a estar listos ya que esta vida es la única oportunidad de prepararse para la eternidad. Por medio de la fe en Jesús, los cristianos creen que es posible estar preparados.

GÉN
ÉXODO
LEVÍT
NÚM
DEUT
JOSUÉ
JUECES
RUT
1 SAM
2 SAM
1 REYES
2 REYES
1 CRÓN
2 CRÓN
ESDRAS
NEHEM
ESTER
JOB
SALMOS
PROV
ECLES
CANT
ISAÍAS
JEREM
LAMEN
EZEQ
DAN
OSEAS
JOEL
AMÓS
ABDÍAS
JONÁS
MIQUEAS
NAHÚM
HABAC
SOFON
HAGEO
ZACAR
MALAQ
MATEO
MARCOS
LUCAS
JUAN
HECHOS
ROMAN
1 COR
2 COR
GÁLATAS
EFESIOS
FILIP
COLOS
1 TES
2 TES
1 TIM
2 TIM
TITO
FILEM
HEBR
SANT
1 PEDRO
2 PEDRO
1 JUAN
2 JUAN
3 JUAN
JUDAS
APOC

123

# Índice

# Reconocimientos

## FOTOGRAFÍAS

**Alamy Ltd**: Páginas 25 (arriba derecha) 26, 27 (arriba), 51 (abajo), 52 (abajo), 67 (centro), 80 (abajo), 105 (centro), 109 (abajo), 116 (abajo), 117 (abajo), 121 (arriba).

**ASAP**: Página 37 (arriba derecha).

**Bridgeman Art Library**: Páginas 9, (arriba) Dos folios de la Biblia de Gutenberg, impresa en el taller de Juan Gutenberg, 1455 (pergamino) por German School, (siglo XV) Universitatsbibliothek, Gottingen, Alemania/ Bildarchiv Steffens, 12 Techo de la Capilla Sixtina: *La creación de Adán*, detalle de los brazos extendidos, 1510 (fresco) (post-restauración) por Buonarroti, Michelangelo (1475–1564) Museos y Galerías del Vaticano, Ciudad del Vaticano, Italia, 13 (centro) Ms Hunter 229 f.8r *Expulsión del Paraíso*, c.1170 (vitela) por English School, (siglo XII) © Glasgow University Library, Escocia, 14 *The Animals Entering the Ark* por Savery, Jacob II (1593–1627) colección privada © Christie's Images, 17 (arriba derecha) prisma de arcilla ('Weld-Blundell Prism') con la lista sumeria de reyes, gobernantes desde 'antes del Diluvio' hasta rey Sin-magir o © Ashmolean Museum, Universidad de Oxford, Reino Unido, 20 (izquierda) Dios el Padre con Abraham (vitral) por English School (siglo XV), Priorato de Great Malvern, Worcestershire, Reino Unido, 22 (izquierda), *El Sacrificio de Isaac*, 1765 (óleo sobre lienzo) por Losenko, Anton Pavlovich (1731–73) State Russian Museum, San Petersburgo, Rusia, 29 (derecha) toro Apis, Período Tardío (bronce macizo fundido) por Egipcia, Dinastía XXVI (664–525 a.C.) Colección Privada © Heini Schneebeli, 73 (izquierda) Ritón en forma de íbice, de Irán (oro) por Acaeménides, (550–330 a.C,) National Museum of Iran, Teherán, Irán/ Lauros /Giraudon, 77 (abajo derecha) Estatua de Zeus, copia romana de una escultura griega, período helénico tardío, primera mitad del siglo I d.C. (mármol) © Muzeum Narodowe, Varsovia, Polonia/ En préstamo de Lancut Castle Museum, Polonia, 79 MS 58 fol.27v Página introductoria del Evangelio de San Mateo que muestra símbolos alados de los cuatro Evangelistas enmarcados en paneles © The Board of Trinity College, Dublín, Irlanda, 117 (centro) *El Concilio de Nicea* (témpera sobre panel) por Melkite School, (siglo XVII) The Abou-Adal Icon Collection/ © Held Collection.

**British Museum**: Página 52 (arriba izquierda) (© The Trustees of the British Museum).

**Corbis**: Páginas 10, NASA, 82 (abajo izquierda) Peter Turnley.

**David Alexander**: Páginas 11, 13 (arriba derecha), 15 (izquierda), 21 (abajo), 22 (abajo), 28, 36 (centro), 40, 41 (arriba), 44 (abajo), 51 (arriba), 57 (arriba y abajo), 62 (arriba centro) 66, 70, 75 (abajo izquierda), 80 (centro), 81 (abajo), 83 (arriba izquierda), 84, 86 (centro), 88 (arriba y abajo), 91. 93 (arriba y abajo), 94, 99 (arriba derecha), 104 (abajo), 110, 112 (abajo derecha), 115 (arriba derecha).

**freestockphotos.com**: Página 119 (derecha).

**Getty Images**: Páginas 44 (izquierda) (© Ahmad Khatleib), 65 © Getty Images, 122 (izquierda) (© Tim Ridley) y (arriba) (©Peter Millar), 123 © Jan Cobb Photography/Getty Images.

**Hanan Isachar**: Páginas 22, 30 (arriba y abajo), 37 (centro), 49 (derecha), 53, 55 (centre left), 68 (bottom,) 75, (arriba) 78, 85, 89 (arriba), 90 (abajo), 97 (arriba), 100, 104 (izquierda), 106, 115 (centro), 119 (abajo).

**Jenny Walmsey**: Página 114.

**John Rylands**: Páginas 76 (centro izquierda) © University Library of Manchester, 99 (arriba derecha) (© Andre Brutmann/Rex Features), 107 Bettmann/Corbis UK Ltd.

**Jon Arnold**: Páginas 16 (abajo) (© Alan Copson), 19 (arriba) (© Peter Adams), 24 (izquierda) (© Joe Malone), 25 (© Jon Arnold), 29 (© Jon Arnold), 30 (© Jon Arnold), 61 (© Jon Arnold), 77 (© Hanan Isachar), 86 (© Jon Arnold),112 (© Demetrio Cassaco), 113 (© Jon Arnold), 115 (© Jon Arnold), 116 (© Jon Arnold), 118 (© Jon Arnold).

**Jonathan Self**: Página 61.

**Lion Hudson plc**: Páginas 13 (arriba izquierda), 15 (derecha), 18 (izquierda) 23 (arriba derecha) 24-25 (abajo), 36, 38, 42, 43, 46 (arriba y abajo), 47 (centro) 50 (centro), 56 (arriba derecha y abajo izquierda), 57 (derecha), 59 (derecha), 65 (arriba), 72 (abajo) 76 (arriba), 77 (abajo izquierda - dibujo) 78 , 81 (arriba derecha), 87 (centro), 89 (derecha e izquierda) 90 (derecha), 93 (centro), 95 (derecha e izquierda), 101 (centro), 104 (arriba), 105 (arriba), 113 (derecha),116 (abajo) 118 (izquierda), 121 (centro).

**Punchstock**: Páginas 74, 108 (abajo), 122 (abajo), 123 (centro).

**Scala, Florencia**: Página 44 (Buen Pastor, Vaticano, Museo Pío Christiano © 1990 Photo Scala, Florencia).

**Todd Bolen/BiblePlaces.com**: Páginas 33, 77 (arriba), 97, 108.

**Zev Radovan**: Páginas 9 (abajo), 16 (arriba), 19 (centro e izquierda), 25 (arriba izquierda), 27 (centro), 29 (abajo), 30 (arriba centro), 32, 36 (abajo), 39 (arriba y abajo), 41 (abajo), 45, 47 (arriba), 50 (abajo), 54, 55 (arriba y centro, abajo), 56 (abajo derecha). 58. 59 (arriba). 60, 61 (arriba derecha), 62 (arriba derecha), 63. 64, 67 (abajo derecha y arriba), 68 (arriba), 69 (abajo), 71, 72 (arriba), 73 (arriba derecha) 75 (abajo derecha). 81 (arriba izquierda). 82 (centro derecha y centro izquierda), 83 (arriba derecha), 90 (izquierda), 101 (arriba derecha), 112 (centro), 118 (abajo), 120 (centro).

## MAPAS

Todos los mapas por **Simon Emery (Aqua Design)**, basados en cartografía por **Richard Watts (Total Media Services)**.

## ILUSTRACIONES

**Jonathan Adams**: Páginas 30, 65

**Martin Sanders**: Página 31.

**Nick Talbot**: Página 35.

**Rex Nicholls**: Páginas 87 (centro), 90 (centro), 98 (arriba), 112 (centro derecha).

**Simon Emery (Aqua Design)**: Páginas 8, 35, 43, 45, 87, 89, 94, 96, 98.

**Stephen Conlin**: Página 95.

**Steve Noon**: Página 49.

**Lion Hudson**
Editor responsable: Morag Reeve
Editor del proyecto: Jonathan Self
Concepto y diseño: Nicholas Rous
Investigación de elementos gráficos: Juliet Mozley, Kate Leech
Gerente de producción: Kylie Ord

**B&H Publishing Group**
Coordinación de la edición en español: Leticia Calçada